HELL'S ANGEL

A vida e a época de
Sonny Barger
e do Hell's Angels Motorcycle Club

Título original: Hell's Angel: The life and times of Sonny Barger and the Hell's Angels Motorcycle Club
Copyright do texto © 2001, 2000, Sonny Barger Productions
Copyright desta edição © 2015, Edições Ideal

Hell's Angels e o logotipo da caveira ("death head") são marcas registradas pertencentes à Hell's Angels Motorcycle Corporation e usadas com autorização.

Todos os direitos reservados. Nenhuma parte desta publicação pode ser reproduzida, armazenada em sistema de recuperação ou transmitida, em qualquer forma ou por quaisquer meios (eletrônico, mecânico, fotocópia, gravação ou outros), sem a permissão por escrito da editora.

Editor: **Marcelo Viegas**
Capa: **Nancy B. Field**
Projeto Gráfico e Diagramação: **Guilherme Theodoro**
Tradução: **Eduardo Ribeiro**
Revisão: **Christiano Sensi e Michelli Crestani**
Diretor de Marketing: **Felipe Gasnier**
Conselho Editorial: **Maria Maier**
Assessoria de imprensa: **Laura D. Macoriello**
Agradecimento especial: **André Magalhães "Tenente" e Hells Angels Nomads Brazil**

CATALOGAÇÃO NA PUBLICAÇÃO
Bibliotecária: Fernanda Pinheiro de S. Landin - CRB-7: 6304

B251h

Barger, Ralph
  Hell's Angel : a vida e a época de Sonny Barger e do Hell's Angels Motorcycle Club / Ralph "Sonny" Barger, com Keith e Kent Zimmerman ; tradução de Eduardo Ribeiro. - São Paulo : Edições Ideal, 2015. 288 p. ; 23 cm

  Tradução de: Hell's Angel: the life and times of Sonny Barger and the Hell's Angels Motorcycle Club
  ISBN 978-85-62885-40-2

  1. Barger, Ralph. 2. Hell's Angel. 3. Motocicletas - Clubes - Estados Unidos - Califórnia - Biografia.
  I. Keith, Zimmerman. II. Kent, Zimmerman, 1953-. III. Título.

CDD: 923.64106609794

03.07.2015

EDIÇÕES IDEAL

Site: www.edicoesideal.com

ID-30

HELL'S ANGEL

A vida e a época de
Sonny Barger
e do Hell's Angels Motorcycle Club

RALPH "SONNY" BARGER
COM KEITH E KENT ZIMMERMAN

SUMÁRIO

AGRADECIMENTOS
pág. 11

PREFÁCIO À EDIÇÃO BRASILEIRA
pág. 13

INTRODUÇÃO
pág. 15

1. REUNIÃO EM CUSTER
pág. 27

2. O TRABALHO BRAÇAL EM OAKLAND, JUNGLE JIM'S E RALPH, O ESTIVADOR
pág. 37

3. DORMINDO NO SNAKE PIT
pág. 51

4. HARLEYS, CHOPPERS, FULL DRESSERS E MOTOS ROUBADAS
pág. 75

5. OS ORGULHOSOS, OS RAROS (E SUJOS)... OS HELL'S ANGELS
pág. 93

6. OLD LADIES, MELHORES AMASSOS E A DAMA DE LIVERMORE
pág. 123

7. OS EXCITANTES E LISÉRGICOS ANOS 1960
pág. 145

8. ATRAVESSANDO O PAÍS, PORTEVILLE E ATIRANDO COM UMA AUTOMÁTICA
pág. 165

9. LET IT BLEED: SEM SIMPATIA PELOS DIABOS DE ALTAMONT
pág. 185

10. ASSASSINATO, CAOS, PROBLEMAS COM A JUSTIÇA
pág. 197

11. NA CADEIA: OS ANGELS NUMA FRIA
pág. 215

12. RICO É O CARALHO: A LEI COM UM NOME ESQUISITO
pág. 233

13. TRAÍRAS, INFILTRADOS E INFORMANTES DO GOVERNO
pág. 255

14. TAZ VENCE O CÂNCER
pág. 265

15. OAKLAND NO RETROVISOR, ESTRADA CAREFREE PELA FRENTE
pág. 273

POSFÁCIO: O BALANÇO FINAL
pág. 283

AGRADECIMENTOS

Obrigado a todos que ajudaram a fazer do clube e de mim aquilo que somos hoje.
– Sonny

Obrigado a Fritz Clapp, Jim Fitzgerald, Cisco Valderrama, Sharon Barger, Bud e Shirley Rogers, Kent Russell, Mouldy Marvin Gilbert, Bobby Durt, Big Al Perryman, Guinea Colucci, aos Hell's Angels de Oakland, Paul Slavit, Diane Austin, Bob Blasier, Ben Schafer, Paul Bresnick, Ben Myron, Tony Scott, e especialmente a Deborah Zimmerman, Gladys Zimmerman, Sonny, Noel e Sarrah.
– Keith e Kent Zimmerman

PREFÁCIO À EDIÇÃO BRASILEIRA
Por Duda *

Rio de Janeiro, início dos anos 1970. Um período sombrio e de forte cunho nacionalista estava em seu auge. As importações eram proibidas, a censura imperava e a violência estatal fazia parte do nosso dia a dia. Dentro desse contexto, uma das poucas fontes de informação sobre os movimentos sociais e musicais internacionais que revolucionavam o mundo naquele período (era a época áurea do movimento Hippie e dos grandes concertos de rock) eram os filmes que passavam em sessões de meia noite nos cinemas da zona sul da cidade, e foi justamente em uma dessas sessões que ouvi pela primeira vez falarem o nome Hells Angels.

Na tela, um homem falava corajosamente sobre as condições precárias em que o show mostrado no filme ocorreu e sobre as consequências inevitáveis de tal fato e falava em nome dele próprio e em nome de seus irmãos, confrontando os trejeitos e maneirismos dos membros da banda, a cobiça dos organizadores, a incapacidade das autoridades e a evidente intenção dos produtores e editores do filme de transformá-los em culpados pela catástrofe em que se converteu o evento.

Ao sair do filme manifestei minha admiração pela coragem desse homem e, para minha surpresa, descobri que era o único não só entre aqueles que me acompanhavam, mas também em uma parcela significativa da imprensa da época. Nesse dia decidi que queria ser como esse homem e, quem sabe um dia, poder dizer a ele a importância que ele teve na vida de um adolescente de classe média em uma cidade remota de um país do Terceiro Mundo.

Desde então a vida me proporcionou várias oportunidades em vários lugares do mundo e não desperdicei nenhuma delas como não pretendo desperdiçar mais essa.

Obrigado, de novo, Ralph "Sonny" Barger, meu irmão.

Um dia a história dos Hells Angels Brazil talvez seja contada. É uma história de mais de 40 anos de luta e com momentos bem peculiares, mas enquanto esse dia não chega, saibam todos que, nesses dias tão prolíficos em termos de moto clubes e motociclistas adeptos do estilo "biker", desde a mais brilhante das motocicletas de grife até a mais suja das "ratbikes", desde os seriados de televisão até as notas de rodapé em produções menores, todos têm um débito com as histórias contadas neste livro – e não poderia existir melhor pessoa nem forma mais apropriada de contá-las.

Que todos possam aproveitar a boa leitura.

---

* *Eduardo Geraldo Rodrigues de Jesus, o Duda, é formado em odontologia e trabalha como dentista no Rio de Janeiro. É Hells Angel desde 1986 e um dos membros fundadores do Hells Angels Nomads Brazil em 1993.*

INTRODUÇÃO

Eu sempre soube que se eu contasse a minha história do jeito certo, exatamente como tudo aconteceu, sem ressalva alguma, os motociclistas e as pessoas que amam a liberdade e a estrada aberta estariam lá para apoiar o meu livro e transformá-lo num sucesso de vendas. E foi o que aconteceu. Logo nos primeiros meses de lançamento, *Hell's Angel* arrebentou de vender nos Estados Unidos, no Reino Unido, Canadá e Alemanha. Traduções estão saindo na Itália, Noruega, Suécia, Dinamarca, Japão e até na Turquia e na Estônia. Como a minha Harley Road King, o livro realmente decolou.

Gente de todo o mundo visitou minha página na Internet, www.sonnybarger.com, e publicou suas mensagens pessoais de apoio. Eles parecem ter entendido minha principal mensagem: a liberdade custa caro, não seja um rato; e às vezes você tem que literalmente lutar para ser livre. E os leitores finalmente tomaram contato com a história real dos Hell's Angels depois de décadas de baboseiras que os senhores da lei saíram despejando através da mídia e dos seus artigos e livros mal intencionados. Esta era a chance de apagar todas as mentiras e distorções.

A maioria dos escritores e autores assinam livros e dão entrevistas para a imprensa apenas nas grandes cidades como Nova York, Chicago, Los Angeles, e quem sabe em Denver e São Francisco. E só. Bem, eu não poderia deixar o meu povo de fora.

Logo após o lançamento oficial do livro na cidade de Nova York, com uma sessão de autógrafos e uma festa que contou com o pessoal do clube local, a Turnê Sonny Barger 2000 Rota 66 saiu de Chicago e seguiu seu caminho através dos Estados Unidos em direção à ensolarada costa californiana. Eu queria autografar meus livros em verdadeiras regiões americanas, como Springfield (tanto a de Illinois como a do Missouri), St. Louis, Tulsa, Oklahoma, Amarillo, e por aí afora. Depois de Amarillo, fomos para o Oeste, meu território, passando por regiões como Novo México e Arizona, desviando para Vegas e, finalmente, Califórnia e a Costa Oeste.

Além das livrarias, tivemos sessões de autógrafos em lojas de motos e em concessionárias da Harley-Davidson por todo o caminho. As lojas de motos foram a melhor pedida, os lugares para realmente encontrar quem é durão. Eu acho que me senti mais confortável no meio de um lugar cheirando a graxa ou num espaço cheio de Harleys expostas do que numa livraria. Se atraíamos trezentas pessoas a uma livraria, uma loja de motos deve ter atraído algo em torno de seiscentas a oitocentas pessoas.

Depois da Turnê Rota 66, disparei em direção aos quatro cantos dos Estados Unidos, incluindo Denver, Minneapolis, Cleveland, Buffalo, Rochester, Portland, Seattle, além de muitas cidades do Nordeste. Autografei centenas de livros nos maiores eventos de motociclistas, como o Black Hills Rally em Sturgis, Dakota do Sul, o Four Corners Rally perto de Durango, Colorado, o Biketoberfest em Daytona Beach, o New England Bike Spectacular em Boston, o Hollister Independence Rally na Califórnia, e até o Bulldog Bash em Strafordshire, na Inglaterra (foi a primeira vez que viajei para lá). O clube também se envolveu, já que muitos *chapters*[1] Hell's Angels locais apareciam e bancavam as sessões em suas áreas.

No evento que aconteceu em minha terra natal, Oakland, trinta *Hell's Angels* rodaram comigo até a loja da Harley da cidade. Naquele dia eu assinei quase novecentos livros durante um grande evento de música ao vivo, com motocicletas customizadas em exposição e garotas de biquíni lavando as motos. Os policiais, temerosos, ficavam subindo e descendo a rua enquanto nos vigiavam. Estávamos celebrando. Uma sessão de autógrafos com a cara dos *Hell's Angels*.

Enquanto escrevo, a última etapa da minha turnê sobre duas rodas inclui sessões patrocinadas pelo HAMC[2] em Phoenix e Anaheim. De lá, vou para Laughlin River Run, em Nevada, e então para mais dois eventos em Washington e Idaho (patrocinados pelo nosso *chapter* local Washington Nomads). Depois disso, voarei para Oslo e Copenhague, e então volto para mais sessões bancadas pelo HAMC em Laconia, New Hampshire, Cape Cod e San Diego.

Já deu pra entender. Eu estou na ativa e a estrada não tem fim, e estou bem onde quero estar. Dez meses após ter comprado a minha Harley-Davidson Road

---

1 Nota do tradutor: Palavra usada para designar os diferentes núcleos do clube pelo mundo. Os Hell's Angels no Brasil não traduzem essa expressão, usando-a em inglês. Nos países de língua espanhola, usa-se "capítulo".

2 HAMC: Hell's Angels Motorcycle Club.

King, devo ter percorrido mais de sessenta e cinco mil quilômetros, sem contar as viagens de avião. Cada sessão de autógrafos parece ter sua própria história.

Eu convido pelo menos dois integrantes do clube para rodar comigo o tempo todo nessas ocasiões. Durante a Turnê Rota 66, no trecho que vai de Chicago a St. Louis e Kansas City, havia mais de quarenta membros do clube rodando comigo. Foi muito divertido. Eu disse aos editores para não reservar nenhum quarto chique de hotel. Tudo o que precisávamos era de gasolina e lugar para dormir. Estávamos numa boa e só queríamos um motel (onde deixaríamos os funcionários apavorados), um pouco de festa com as nossas motos (que sempre ficavam às nossas vistas), e tirar uma pequena soneca antes de seguir em frente na manhã seguinte.

Quando cheguei ao estacionamento da livraria em St. Louis, estávamos um pouco adiantados. A moça da livraria deu uma olhada no relógio e apontou para uma taverna do outro lado da rua, "Podem esperar no bar do outro lado da rua, Sr. Barger. É por minha conta". Com quarenta Hell's Angels sedentos egressos de Chicago e Minneapolis na minha cola, eu refleti se ela tinha noção do que estava sugerindo. Fomos comportados.

Então chegamos à Doc's, a loja da Harley-Davidson em St. Louis; o gerente nos deu umas camisetas de graça e, embora estivéssemos agendados para uma hora, assinamos mais de quinhentos livros. A remessa esgotou.

Assim que desci da moto em Albuquerque, um Hell's Angel veio até mim e me agarrou.

"Ei, irmão, como estão as coisas?"

Eu estava um pouco cansado, tinha acabado de chegar da estrada, mas fui legal com ele, mesmo sem conhecer o cara. Notei que ele usava o *patch* da caveira[3], mas na flâmula de baixo estava escrito "Internacional". Aquilo me pareceu muito estranho. Primeiro pensei que era um *patch* australiano, mas não, eu estava enganado. Fiquei desconfiado, então perguntei para o sujeito, "Ei cara, eles deixam você usar um *patch* escrito 'Internacional' por lá?".

Ele apenas encolheu os ombros.

Eu disse a ele, "Bem, nós não; quero conversar contigo sobre isso quando

---

3 Nota do tradutor: Em inglês, os Hell's Angels originalmente se referem ao símbolo do clube como "Death Head *Patch*" (Caveira da Morte, ao pé da letra).

acabar a sessão de autógrafos". Entrei na livraria e já tinha uma fila de umas trezentas pessoas me esperando. Sentei e assinei dois livros quando esse cara do *patch* estranho veio de novo andando na minha direção. Um dos membros deu um tapa no meu ombro. "Ei, Sonny, olha só aquilo."

O cara estava usando uma caveira copiada do pôster do filme *Hell's Angels Forever*. O desenho do pôster não era autêntico; nós o alteramos um pouco justamente para que não ficasse igual ao *patch* original do HAMC. Saltei da cadeira e fui em direção ao cara da caveira falsa.

"Me dá licença um instante", eu disse, e então puxamos o cara de lado. "Quem diabos é você? O que está pegando?", indaguei.

"Eu moro aqui em Albuquerque", ele disse.

"Me dá esse *patch*", ordenei a ele.

"Por quê?", ele respondeu.

Resposta errada.

Nós tomamos a jaqueta do cara, assim como a sua camiseta com a palavra "Oakland" escrita; dei-lhe outra camiseta para vestir, e mandei ele se enturmar e remoer sua estupidez. Tranquilizei o pessoal na fila (alguns pareciam um pouco assustados), dizendo que estava tudo bem. "Sinto muito pelo atraso. Está tudo sob controle. Não se preocupem." Então me acomodei e voltei a assinar os livros.

Também em Albuquerque, meu guarda-costas, Joby, dos Hell's Angels de Cave Creek, foi preso por andar armado. O evento de Albuquerque foi numa livraria que fazia parte de um complexo comercial que tinha muito mais coisas do que apenas livros. Havia também uma loja de bebidas e um restaurante que servia bebidas. Bem, Albuquerque é mais ou menos como o Arizona; você pode andar com uma arma à mostra na rua, mas não pode entrar com ela em estabelecimentos que vendem bebida (nem nos bancos). Enfim, livraria, loja de bebida, diabos, nós não sabíamos. Joby, no fim, foi preso por posse de arma de fogo. Demos quinhentos paus para um advogado e o caso foi resolvido. O juiz disse, "Você pode andar armado, mas não em Albuquerque". Cara, eles nos adoram em Albuquerque.

Durante os primeiros autógrafos, o pessoal da livraria me disse que seria ótimo se eu assinasse algo em torno de oitenta a cem cópias. Especialmente as mulheres, que gerenciavam muitas das livrarias, estavam satisfeitas com a maneira como as coisas estavam indo, principalmente quando vendíamos quatro ou cinco vezes mais do que as expectativas. A *Publishers Weekly* divulgou um informe sobre quão bem organizados nós éramos, quão insólita era a turnê e quão surpresos os donos de livrarias estavam com o sucesso do livro. Depois de um tempo, eu entrei num ritmo em que conseguia assinar cerca de 120 livros por hora, incluindo as pausas para tirar fotos, cumprimentar as pessoas ou advertir as crianças que chegavam acompanhadas dos pais sobre não fumar. Um monte de motociclistas trazia seus filhos, então eu aproveitei a chance para perguntar a eles, "Vocês sabem por que eu falo desse jeito?", referindo-me à minha voz rouca.

Olhando para a gaze adesiva que cobre o buraco de minha garganta, eles geralmente sacodem a cabeça.

"Porque eu fumava cigarro. Prometa-me que você nunca vai fumar cigarro."

Os pais abriam um sorriso e a criança e eu apertávamos as mãos para firmar o acordo. Espero ter conseguido afastar alguns jovens clientes da grande indústria do tabaco.

Normalmente, depois de duas ou três horas de autógrafos, as moças dessas livrarias vinham e me perguntavam se eu precisava dar uma pausa. Na tentativa de não quebrar o ritmo, eu educadamente negava. "Não, senhora, temos uma longa fila de pessoas aqui esperando. Vamos atender todas elas."

Aquilo suscitava nessas gerentes de modos comedidos um certo espírito de fora da lei. "A próxima vez que um escritor boca mole chegar aqui reclamando de ter que dar autógrafos por apenas quarenta e cinco minutos", ela disse, "eu vou mandá-lo se foder!". É isso aí, garota!

Outra vez eu estava autografando numa livraria na cidade de Oklahoma, quando um caubói alto entrou na loja e se juntou à fila. Ele parecia frio e malvado, e eu podia senti-lo olhando fixamente para mim na medida em que caminhava lentamente em minha direção. Quando finalmente chegou perto da mesa, percebi que ele sequer comprara um livro. Pensei comigo mesmo, "Rapaz, eu sabia que esse maldito veio aqui pra arranjar briga". Ele parou bem do lado da mesa e eu puxei a cadeira um pouco para trás. Estava pronto para saltar, agarrá-lo primeiro, e sequer dar a chance de fazer qualquer movimento.

"Sabe de uma coisa", ele disse, "acho que agora eu saquei qual é a sua."

"O que foi que você sacou?", perguntei, pronto para virar a mesa e sair dando porrada.

"Vocês, Hell's Angels, são exatamente como nós, caubóis", ele respondeu.

"Vocês querem correr com suas motocicletas sem a intromissão do governo, e nós só queremos criar nosso gado sem o governo fungando nos nossos pescoços. Muito obrigado. Li o seu livro duas vezes."

Ele deu meia volta e foi embora.

Tinha vezes em que as filas eram tão compridas que alguns dos meus fãs terminavam de ler o livro inteiro enquanto esperavam chegar a sua vez de pegar um autógrafo e dizer "olá!". Em Modesto, onde minha irmã Shirley insistiu em armar uma sessão, o Legends Harley-Davidson Cafe estava tão entupido de gente que o gerente da livraria precisou andar a fila inteira implorando para as pessoas comprarem somente um livro cada para que não acabasse muito rápido. Nós o pegamos de calças curtas. Eles deviam ter acreditado em Shirley. Ela sabia da multidão que apareceria.

Na semana anterior, eu assinei mais de oitocentos livros na loja da Harley em San Diego, até se esgotarem. Foi o que nos deu visibilidade, e acabamos na lista de mais vendidos do *New York Times*.

A maioria das cidades em nossa turnê eram próximas uma da outra e era fácil fazer uma por dia. Geralmente a rota entre os lugares era de trezentos quilômetros. De vez em quando, meu trem[4] de motociclistas podia desfrutar a chance de enrolar o cabo[5] na estrada aberta. Quando encerramos em Oregon, fomos direto para Englewood, no Colorado, à loja da Harley-Davidson em Columbine. Aquela foi uma de nossas viagens mais longas. Rodamos tão rápido que chegamos um dia antes. Curiosamente, a última ocasião em que eu tinha estado em Englewood fora em 1988, quando os federais me colocaram na cadeia. Após Englewood, foi a vez de enfileirar nossas motocicletas em direção ao rally Four Corners perto de Durango, no Colorado. O evento estava marcado muito cedo para a distância. Percorremos a cerca de cento e trinta ou cento e quarenta quilômetros por hora, sem parar. Considerando que chegamos lá com um dia e meio de atraso, as filas de pessoas esperando para pegar autógrafo eram demasiado longas. Desci da moto e comecei a assinar, imediatamente. Eu nunca gosto de desapontar quem quer que seja.

Tínhamos duas lojas da Harley marcadas quando chegamos a Los Angeles.

---

4 Nota do tradutor: é como os motociclistas chamam uma fileira de motos em movimento. Em inglês: "pack".

5 Expressão usada pelos motociclistas para "aceleração máxima". Em inglês, "full throttle".

Mas primeiro fomos para a Book Soup, onde tudo correu bem, ainda que estivéssemos concorrendo com um jogo do Lakers. Na Glendale Harley, na manhã seguinte, comecei a autografar antes do combinado. Quando acabou, eu tinha rabiscado "Sonny" em quase setecentos livros.

Na mesma tarde, tínhamos marcado uma visita ao Universal Studios CityWalk, para dar as caras numa butique da Harley. Mas um problema surgiu quando os seguranças do shopping onde a loja ficava decretaram que não era permitido aos membros do clube entrar exibindo os *patches*. Foda-se essa baboseira. Guardas intrometidos, ligando para livrarias e estações de rádio e sondando nossas sessões de autógrafos não eram novidade. Então cancelamos o evento da Universal. Suas restrições eram inaceitáveis. O mesmo dono da loja da Harley em Glendale, que tinha nos tratado tão bem, era dono da loja da Universal City. A culpa não era dele. Depois de um dia inteiro autografando em Glendale, fiquei até um pouco mais tarde e assinei alguns livros a mais para que pudessem vender ao pessoal que não pôde nos ver na Universal City.

No dia seguinte, visitamos uma descolada loja de roupas usadas que ficamos sabendo que vendia um *patch* falsificado dos Hell's Angels. Cinco de nós fomos até a loja. Assim que entramos, o rosto do atendente ficou pálido. Perguntei a ele onde tinha arranjado o *patch* de mentira. Tirei a jaqueta com o *patch* falso do cabide e levei até o caixa. Daí saquei minha faca e comecei a remover o *patch* da jaqueta de couro.

"Ninguém a não ser um Hell's Angel tem permissão de vestir algo como isso. Sem contar que esse *patch* é falsificado."

O vendedor balbuciou algo sobre aquilo ter sido adquirido pelo dono, que não estava lá.

"Ei", o cara disse. "Eu... Eu vou dar esse negócio pra vocês, tudo bem? Já que estão todos aqui, por que não aproveitam e levam a jaqueta também?". Pete jogou uma moeda na gaveta do caixa como pagamento e saímos de lá pacificamente com o *patch* de mentira.

A parada seguinte foi em Venice, na Califórnia. Foi divertido participar da sessão na sede de um grupo de escritores chamado Beyond Baroque. Foi diferente dos outros eventos, tinha um clima meio... Cabeça. Meus dois coautores, Keith e Kent Zimmerman, leram trechos do livro, e então foi a vez de Dennis Hopper aparecer e me apresentar como um de seus heróis americanos favoritos. Alguns clubes de motociclistas marcaram presença, incluindo uns caras legais do clube Vietnam Vets em suas Harleys. Eles estacionaram as motocicletas na grama, motociclistas misturados a veteranos, veteranos misturados a escritores, e todos nós cercados por garotas com os peitos de fora. Eu me senti quase como nos anos sessenta.

Eu sabia que os policiais locais e federais continuariam metendo seus narizes nas coisas, embora eu não estivesse preocupado com eles. Em Oregon, a polícia baixou numa livraria e disse para o gerente, "Você sabia que os Hell's Angels mataram uma pessoa na última sessão de autógrafos? Você deveria cancelar esse evento". É claro que tudo aquilo era mentira.

Eu dei uma entrevista para uma rádio em Los Angeles; os tiras ligaram para o apresentador antes que fosse ao ar e pediram para escutar a fita. Poucos meses depois, tínhamos um evento em outra loja da Harley. Um *chapter* local patrocinou e promoveu o acontecimento, então muitas pessoas estavam ansiosas e se preparando para aparecer. Poucos dias antes dos autógrafos, o chefe da polícia encarregado disse ao dono do estabelecimento que se ele patrocinasse um evento dos Hell's Angels em sua cidade, a polícia não levaria mais suas Harleys para fazer manutenção naquela loja. Ele cancelou o evento, mas nós fizemos mesmo assim num pequeno bar afastado, perto da estrada.

A melhor história da turnê envolvendo a polícia aconteceu na Flórida, no Daytona Biketoberfest, um evento de motociclistas de proporções superlativas.

Os esquadrões antigangues geralmente ficavam à nossa espreita. Durante um intervalo nos autógrafos, fui dar uma volta à procura de um lugar para comer. Terminamos num 7-Eleven. O estacionamento estava literalmente apinhado de milhares de pessoas acampadas por ali. Milhares de motociclistas. Muitos deles me reconheceram, pois tinham me visto dando autógrafos, então acabei me enturmando e celebrando com o pessoal.

Lá de cima vinham três guardas de moto, uns garotos grandes, deviam ter uns vinte anos, com suas calças curtas, uniformes de polícia e capacetes de motociclista. Eles davam voltas fitando a aglomeração, zelando pela paz. Rá!

Eles me perceberam ali no meio e gritaram. "Ei, ei, ei!"

"Vocês estão falando comigo", perguntei.

"Sim."

"Em primeiro lugar, meu nome não é 'Ei'." (Aprendi essa com o Lurch na prisão.)

"Aproxime-se", ordenou o tira, um sargento, de cima de sua moto. "Eu preciso falar com você."

Todos que estavam ali chegaram mais perto para ver e ouvir o que ia acontecer. Estávamos todos num grande círculo e as pessoas observando, na tentativa de imaginar qual era o lance rolando entre um Hell's Angel faminto e três policiais de ronda em suas motos.

"O que você pensa que está fazendo?", o sargento me indagou.

"Eu vim aqui para comer."

"Não, eu quero dizer, o que você está fazendo com esse *patch*? Não é permitido usar *patches* dos Hell's Angels nesta cidade."

"Foda-se", murmurei.

"Bem, vou ter que checar a sua identidade", disse o mais alto, o sargento.

Eu estava de saco cheio, faminto e tentando desesperadamente manter a calma. "Olha, vocês já checaram a minha identidade".

"Nós, quem?", ele perguntou.

"Como é que eu vou saber? Alguém da divisão de gangues, eu presumo." Em todas as cidades, os primeiros policiais a me abordarem eram geralmente da divisão de gangues local. Quando me mandam encostar na estrada, normalmente sou detido até que alguém do esquadrão dê carta branca para que eu possa prosseguir.

O tira lança mão de seu walkie-talkie, com todo mundo ouvindo, e liga para o centro de comando. Esse sargento estava agindo com seriedade e profissionalismo enquanto latia no aparelho preso por uma tira ao seu ombro. Dava para ouvir a voz do outro lado da linha.

"Escute, eu tenho um Hell's Angel parado aqui", dizia, "e ele está usando um *patch*. Ele disse que o pessoal já lhe deu carta branca. Seu nome é Ralph 'Sonny' Barger. Você pode checar isso pra mim?"

Longa pausa. Todos os presentes escutam o barulho quando o capitão lá do centro de comando grita para o jovem policial no walkie-talkie:

"NÃO SE META COM ESSE CARA!"

Eu sabia que tinha passe livre. "Até mais, sargento." Pedi um burrito e dei o fora.

Essa é a minha vida. Pilotar minha moto, encontrar velhos amigos e gente nova, autografar livros. Estou percorrendo aquela infinita, longa estrada... Talvez seja a mesma estrada que corta a sua cidade.

– Sonny Barger

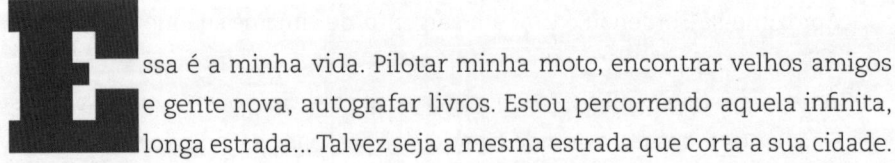

O "Chief" na moto, em Oakland, outono de 1965. Da esq. para dir.: Clifford "Skip" Workman, Michael "Tiny" Walters, eu e minha moto, e atrás de mim o Little Ron.
(foto: Gene Anthony)

No Deserto de Mojave, filmando *Hell's Angels '69*. Os Hell's Angels são mostrados pilotando motocicletas de motocross ao invés das tradicionais Harleys. Da esq. para dir.: Zorro, Terry The Tramp, Magoo (de chapéu), Skip Workman e eu.
(foto: Ralph Nelson)

1
REUNIÃO EM CUSTER

Uma *run*[1] de motocicletas é uma verdadeira celebração coletiva, uma festa em movimento. Trata-se de um verdadeiro show de força e solidariedade quando você é um Hell's Angel. Significa libertar-se e fugir de toda a merda. Os Angels não encaram *runs* em busca de encrenca; nós o fazemos para acelerar nossas motos e para curtir com os amigos. Somos um clube.

Quase todos os Hell's Angels são grandes pilotos. Um grupo de Hell's Angels cruzando a estrada, emparelhados uns aos outros e viajando a uma velocidade superior a cento e trinta quilômetros por hora, é uma singular experiência. Participar de um trem de motos é algo além, uma coisa totalmente inigualável. É rápido e perigoso e, por Deus, é preciso tomar cuidado. Qualquer coisa que acontecer com o sujeito à sua frente acontecerá com você. Não é como os outros veículos. É preciso estar atento. É como o Fuzzy, um Angel de Oakland, uma vez disse: "Caramba, tem vezes que fazemos até cento e quarenta quilômetros por hora na chuva. Nem com o meu carro eu costumo correr tão rápido!".

Quando começaram a brotar *chapters* dos Hell's Angels fora do estado da Califórnia, na segunda metade dos anos sessenta, é que nós começamos a promover *runs* que cruzam países, como os Estados Unidos e as World Runs. Visitávamos os novos clubes ao longo do caminho, e eles iam se juntando ao trem. Cara, íamos de Oakland a Nova York naquelas motos duras e elas sacudiam tanto que, se você dirigisse a noventa quilômetros por hora, já estava

---

[1] Nota do tradutor: é como os Hell's Angels se referem aos passeios e viagens de moto. No Brasil, por exemplo, as reuniões anuais são chamadas de "Brazil Run".

Não mexa com essa turba! Da esq. para dir.: Cisco, Zorro, Terry The Tramp e Deacon, em 1968.
(foto: acervo pessoal de Cisco Valderrama)

ótimo. A vibração te deixava formigando e atônito por até uma hora depois. Se você rodasse quatrocentos ou seiscentos quilômetros num dia, no final ficava todo quebrado. Outro grande problema era que precisávamos achar um posto de gasolina aproximadamente a cada sessenta quilômetros, já que aquelas motos estilo anos sessenta, com tanques pequenos, não aguentavam mais do que noventa. Hoje, numa Harley FXRT, com seus assentos emborrachados e tanques espaçosos, você não só desfruta de uma *run* mais suave, como pode rodar oitocentos ou novecentos quilômetros por dia com pouca gasolina sem ter que ficar se preocupando.

As principais diferenças entre os Hell's Angels e o resto do universo motociclista são nossas motos e o modo como as pilotamos. Isso é uma coisa muito séria pra gente. Nós somos as nossas motos. E nós sabemos disso. Os tiras sabem disso e todo o mundo também deve saber. A lei e a estrada são uma coisa só. Mesmo atualmente, se a polícia fica sabendo que tem um grupo de Hell's Angels na área, eles chegam em peso, recrutando reforço policial pelo caminho. Esse pacto mútuo firmado entre eles tem sido usado contra nós desde que me conheço por gente. Hoje não é diferente do que rolava no passado. Nós seguimos em frente e eles continuam na nossa cola com suas estratégias de vigilância e seus equipamentos de rádio, fiscalizando e intimidando. Não procuramos encrenca e nem temos intenção de causar confusão, mas, por Deus, sempre acontece alguma coisa.

As reações do braço da lei dependem de onde você está. Estávamos na estrada em direção ao Texas e até Oklahoma. Quase chegando na cidade de Oklahoma, dez ou doze patrulheiros estaduais nos pararam e nos conduziram até a fronteira da cidade. Não éramos bem-vindos por lá, nem sequer para abastecer.

No Texas, um policial me perguntou: "Me desculpe parceiro, mas... Por que você e os seus amigos andam com esses facões?"

"Porque somos delinquentes e não podemos carregar uma arma como a sua", respondi.

Certa vez, no Missouri, quinze de nós estavam sentados à beira da estrada, descansando, quando um guarda parou, saiu do carro, veio até nós e disse, "Vocês se importam que eu faça uma pergunta idiota?"

"Não se você não se importar com uma resposta idiota."

"O que quinze Hell's Angels da Califórnia estão fazendo sentados à beira da estrada no Missouri?"

"Nós nos perdemos de quatro ou cinco do grupo e agora não sabemos onde estão."

O oficial pensou por alguns segundos. "Talvez eu possa te ajudar. Posso passar um rádio para o pessoal e quem sabe conseguimos localizá-los". Ele entrou em contato com uma porção de estações e outros policiais, e assim que os localizou nos passou as coordenadas de como chegar até nossos irmãos.

Por outro lado, havia um patrulheiro no Texas que topou conosco na estrada na saída de Amarillo. Ele ficou assustado, ou achou que estava fazendo o seu trabalho, e pediu reforços. Eles interditaram a estrada à nossa frente, armados com metralhadoras. Outra vez, seguíamos para a Carolina do Sul quando fomos parados e pediram as identidades de cada um de nós. Tomamos uma canseira de mais de duas horas, a troco de nada. Tiras conseguem ser uns cuzões quando querem.

Ralph "Sonny" Barger

O Hell's Angels Motorcycle Club promove quatro ou cinco grandes *runs* por ano e provavelmente quinze ou vinte festas e *runs* menores. Se você multiplicar isso pelos quarenta anos[2] de atividade do clube de Oakland, é muita coisa. Mas de todas as *runs*, tem uma em particular que se fixou na minha memória: foi a vez que participamos da grande Black Hills anual em Sturgis, Dakota do Sul, em 1982. Vou tentar descrever da melhor forma possível, porque minha mente é meio seletiva. Nós apelidamos a *run* de "Reunião em Custer".

Havia outro clube participando – cujo nome eu não vou mencionar porque é um dos grandes e estivemos em conflito com eles por anos –, que no começo de 1982 declarara publicamente que a única razão pela qual um Hell's Angel não ia para Sturgis era porque eles (esse outro clube) marcavam presença por lá.

Fiquei sabendo desse lance pelos caras do clube de Nova York, e minha reação imediata foi "Foda-se. Eu estou indo para Sturgis". É claro, quando anunciei que estava a caminho, todo o *chapter* de Oakland entrou em ação e juntou-se a mim. Eles também estavam a caminho de Sturgis. Logo, a notícia se espalhou por todos os outros *chapters* dos Hell's Angels. A reação era sempre a mesma. Todos estavam indo para Sturgis. A "Reunião em Custer" estava apenas começando.

Nós já tínhamos planejado uma *run* pela Costa Oeste até a cidade de Frisco, no Colorado. Então decidimos que, depois de curtir alguns dias por lá, todos montariam em suas motos e seguiriam direto para Sturgis. Todos os Hell's Angels – da costa leste a costa oeste – se encontrariam num ponto determinado, de maneira que pudéssemos seguir em grupo até Sturgis sem interferência nem da polícia nem de clubes rivais.

A questão era como fazer isso sem que ninguém percebesse.

Mouldy Marvin e alguns dos seus amigos da Costa Leste tinham um velho ditado: HARCOC – Hell's Angels Reunião em Custer ou Outra Coisa! Sabendo que muitos Hell's Angels tinham os telefones grampeados, Marvin ligava para os Angels da Costa Leste e dizia, "H-A-R-C-O-C. Sacou? Fim da tarde. Sexta". A mensagem se espalhava rapidamente: o pessoal da Costa Leste se reuniria em Custer, Dakota do Sul, e se juntaria aos *chapters* da Costa Oeste por lá para que todos os Hell's Angels seguissem juntos com suas motos até Sturgis.

---

2 Nota do editor: a primeira edição deste livro é de 2000.

A *run* de Oakland para Frisco (Colorado), e depois para Custer começou normalmente. Todos nos encontramos na sede do clube em Oakland no último domingo de julho de 1982. A saída estava marcada para as nove da manhã e esperávamos umas trinta pessoas.

Cada membro é responsável por sua própria máquina. Ele tem que checar se a moto está em boas condições de rodar na ida e na volta de um longo trajeto. Antes da *run* de sábado até Colorado, vários de nós se encontraram lá em casa na sexta para uma festa na garagem. Se você precisasse regular alguma coisa, checar o amortecedor, trocar o óleo, substituir um pneu, todo mundo ajudava. Se alguém precisasse de uma correia nova e você tivesse uma sobrando, você emprestava para o irmão até que ele pudesse devolver na volta da jornada.

Fico meio hiperativo nas vésperas, por isso já trato de fazer a vistoria com antecedência. Eu meio que curtia inspecionar na época do exército. Vários caras me enchiam o saco por causa disso, mas foda-se, é o que eu gosto de fazer.

Não fazemos isso à toa. Você não faz ideia da revigorante sensação quando todo mundo dá a partida na moto e estamos prontos para sair. Temos uma rígida marcação de posições na parte da frente do trem. Eu sempre ficava à esquerda, e os demais líderes iam bem na frente do grupo. Geralmente o vice-presidente vai na frente à direita, porque ele é o cara mais "regularizado" do nosso grupo. Ele cuida do dinheiro da fiança. Desse ponto para trás, vira uma maldita corrida de arrancada, cada um brigando por sua posição. Caras como Deacon e Fuzzy seguram firme em seus guidões, nenhum deles abrindo espaço. Depois que os dez primeiros postos estão definidos, os demais se aglomeram logo atrás. Mouldy Marvin é um sujeito enorme e valentão (com um QI de 180, me disseram) que um monte de caras prefere seguir. Por quê? É que sempre que ele topa com algum obstáculo ou qualquer outra coisa na estrada, ele avisa o pessoal de trás. E ele faz isso com gestos, sem olhar para trás. À noite, ele saca sua lanterna para iluminar os sinais na estrada. É por isso que Marvin anda bem à frente.

Mas tinha também uns caras que ninguém queria ficar atrás, como o Fu Griffin; ele sempre rodava com um par de tênis balançando pelos cadarços amarrado na traseira da moto. Não dava pra prever quando um iria se soltar e te acertar bem na cara. A cento e trinta por hora, isso machuca até um Hell's Angel.

Liderar um trem de motos é uma arte, porque você precisa ter a habilidade de antecipar coisas, como a mudança nas linhas de tráfego, motoristas ruins, paradas para abastecer e paradas na estrada. O trem do clube de Oakland é bastante longo, deve ter pelo menos oitocentos metros. Eu nem penso em fazer uma única manobra sem calcular; sou responsável pela segurança de todos os pilotos. O limite de velocidade também é importante. Sabemos que dá pra chegar até cento e trinta, cento e quarenta quilômetros em uma *freeway*, mas em algumas regiões, se você não seguir o limite de velocidade, é certo que vai se ferrar. Finalmente, você precisa conhecer todo o seu trajeto e quantos quilômetros são possíveis percorrer, levando em conta a capacidade dos tanques do resto da turma. Depois de rodar uns cento e cinquenta quilômetros, cabe a mim a decisão de parar para abastecer. Antes de deixar o posto de gasolina, alguém faz a contagem das motos. Não queremos deixar ninguém para trás ou que alguém se perca.

Depois que deixamos Oakland, demoramos alguns dias para chegar em Frisco, no Colorado, bem perto de Denver. Dormimos ao relento e o clima estava bom. À noite fizemos aquela costumeira celebração, com muita festa e uma enorme fogueira. Também tivemos os tradicionais espíritos de porco que chegaram para sondar o que estava pegando. Essa perna da viagem rolou sem incidentes.

Quando os integrantes da Costa Oeste chegaram em Custer, na Dakota do Sul, ganhamos mais uma centena de irmãos, o que nos deu um total de mais ou menos quatrocentos Hell's Angels prontos para partir. Cara, aquilo virou um verdadeiro exército, e juntos estávamos prontos para encarar um gigantesco trem até Sturgis. Seguiríamos unidos na estrada, irmãos, até que o vento parasse de soprar, a grama parasse de crescer, e o rio parasse de fluir.

Depois de mais uma noite de festa, na manhã seguinte prosseguimos de Custer até Rapid City (Dakota do Sul) pela Rodovia 90. De Rapid City até Sturgis era um trecho de mais ou menos quarenta quilômetros por uma estrada lisa e macia que passava por pequenos vilarejos, como Black Hawk e Tilford. Dava pra avistar planícies enormes, mas a estrada estava preenchida de um acostamento ao outro por Hell's Angels. O rugido das Harleys tomava conta da paisagem. Cisco, o presidente do *chapter* de Oakland, lembra-se dos números. "Éramos como as Cruzadas, Genghis Khan e a gangue de Jesse James, tudo misturado.

Esse era o mesmo território no qual [o líder indígena] Cavalo Louco levou seus guerreiros Sioux em 1876 para lutar contra o General George Armstrong Custer."

Eu pilotava à frente do trem e sentia que nenhuma força poderia nos parar. Era como se eu tivesse me transformado no Chefe Cavalo Louco liderando um batalhão de centenas e centenas de motociclistas, todos acelerando a cento e trinta quilômetros por hora. Os moradores dos vilarejos escutavam o rugir dos motores muito antes de nos verem. A polícia local apenas ignorava; avisos de "Fechado" surgiam pendurados nas fachadas dos comércios, com suas portas trancadas; mães pegavam seus filhos nos jardins e corriam para dentro das casas. Carros passavam para o outro lado da rodovia. Mas outros, como os fazendeiros, tiravam seus chapéus e os seguravam ao lado do coração, e os bombeiros locais nos saudavam.

Os membros que não tinham problemas com a justiça estavam fortemente armados. O porte de armas era permitido em Dakota do Sul, então quem tinha, levava. Cisco usava seu colete de um jeito que conseguia carregar duas pistolas 59 Smith & Wesson pendendo para fora dos bolsos. Também não era obrigatório o uso de capacete, mas Deacon usava seu capacete de batalhas medievais. Combinava com a espada que ele carregava nas costas.

Chegamos em Sturgis, descemos das motos e andamos pela cidade de cabeça erguida. Havia mais de cinquenta mil motociclistas na cidade aquele dia, e o clima era pesado. As pessoas suspeitavam que os Hell's Angels estivessem lá por alguma razão especial. A multidão estava atônita, e assim que começamos a descer a rua, ela se abriu como o Mar Vermelho. Alguns motociclistas, temerosos de que fôssemos chegar arrancando seus *patches*, anteciparam-se e os jogaram no chão, correndo para se esconderem nos bares. Outros apenas congelavam e ficavam imóveis. Todo mundo mantinha distância dos Hell's Angels. Uma caravana da polícia tirava fotos de nós, então pegamos nossas câmeras e tiramos umas fotos deles também. Por sua vez, os jornalistas fotografaram os policiais tirando fotos de nós enquanto tirávamos fotos deles. Era um circo.

Ficamos por lá umas quatro horas, apenas para ter certeza de que todos soubessem que estávamos na área. A notícia se espalhou, "Vamos botar pra quebrar." Mas ninguém apareceu.

Antes de partir, demos mais uma volta pela cidade inteira, rondando pelos bares abertos e pelas travessas. Tirando o Exército Americano, ninguém mais podia nos impedir de fazer aquilo que bem entendêssemos, aquilo que precisávamos fazer. Cinquenta mil motociclistas não tinham a coragem de se meterem com quatrocentos Hell's Angels.

Enquanto deixávamos a cidade, milhares de pessoas se aglomeraram nas ruas. Mas todos ficaram absolutamente calados. Alguns motociclistas acenaram de punhos cerrados para mostrar seu apoio.

Aqueles caras durões do clube que não posso citar o nome simplesmente evaporaram de Sturgis naquele dia. Se eles estavam lá, certamente conseguiram se camuflar habilidosamente, seja na condição de indivíduos ou de grupo. Quando nada acontecia, nós tomávamos uma atitude. "Quem se importa com o que vai acontecer, vamos nos divertir; hoje é um ótimo dia". Saímos de Sturgis e fomos curtir.

Se acontecesse alguma confusão naquela tarde, nós poderíamos ter morrido, mas ao menos teríamos morrido com classe e dignidade, porque acreditávamos em nossa irmandade e no brasão em nossas jaquetas.

Essa *run* de 1982 em Sturgis, a Reunião em Custer, foi muito importante para mim, teve um siginificado. Ali ficou provado, e seria provado um sem número de vezes nos anos seguintes, que eu estava onde tinha que estar, com o meu clube. Não tinha milhões de dólares e não estava na capa da *Time*, mas eu tinha respeito. O respeito daqueles que contavam comigo. Afinal, disse a mim mesmo, eu era Sonny Barger. Eu era um Hell's Angel.

Levante seus punhos! Entediado com a escola, eu entrei para o exército quando era menor de idade.

2
O TRABALHO BRAÇAL EM OAKLAND, JUNGLE JIM'S E RALPH, O ESTIVADOR

O clã Barger dividiu seu tempo entre Modesto, no centro da Califórnia, e Oakland, noventa e seis quilômetros ao norte. Quando nasci, meu velho, o Sr. Ralph Hubert Barger, trabalhava no Vale Central pavimentando a velha Rodovia 99 – antes mesmo que houvesse qualquer coisa como a estrada que corta todo o Estado. Meu pai dormia numa barraca perto do local da obra, em cidadezinhas de merda como Galt ou Tracy ao longo da Rodovia 99. Como a profissão o obrigava a ficar longe da família por algumas semanas, minha mãe, Kathryn Carmella Barger, minha irmã mais velha, Shirley Marie, e eu viajávamos como ciganos para lá e para cá, de norte a sul, entre Oakland e Modesto. Em Oakland, nós três geralmente ficávamos hospedados na casa da minha avó por parte de pai. Enquanto meu pai encarava tempestades de terra e a fumaça do asfalto, Kathryn Carmella nos criava entre um surrado cômodo alugado em Modesto e o humilde apartamento da minha avó em Oakland. Para se deslocar, nós três viajávamos num ônibus da Continental Trailways.

Vamos falar da minha mãe. Quando eu tinha quatro meses, ela fugiu com o motorista da Trailways. Ela me deixou com uma babá em Modesto no dia que terminou com meu pai, e nunca mais voltou. Quando a babá percebeu que ela tinha fugido, ligou para a polícia para me buscar. Lá estava eu, um bebê, desde cedo na delegacia, entregue ao serviço social. Meu pai e Shirley chegaram em casa e perceberam que eu não estava lá. Depois de algumas ligações, pegaram um ônibus até o distrito para dar queixa. Uma das memórias mais antigas de

Shirley é de estar olhando para o alto do balcão enquanto a assistente social me devolvia para o meu pai.

Doente, com problemas respiratórios, Kathryn Barger mudou-se mais para o sul em busca de um clima mais seco e quente, para uma cidade chamada Twentynine Palms, deixando que nos virássemos sozinhos. Naquela época eu nem sabia se minha mãe estava viva ou morta. Para o meu pai, ela já estava morta e enterrada.

O Sr. Ralph era um sujeito único: trabalhava duro e bebia muito. Se ele adorava trabalhar, amava ainda mais beber. Ele era um homem simples. Uma contradição ambulante. Um motorista que raramente dirigia um carro e sequer tinha carteira de motorista. Ele sabia dirigir, mas detestava, então pegava ônibus para ir a qualquer lugar que precisasse, a não ser que alguém lhe desse carona. Ou que desse para ir a pé.

Meu pai era mais ou menos da minha altura – 1.75 metros –, só que mais forte e mais atarracado. Ele pegava muitos trampos. Depois que terminou o trabalho da Rodovia 99, foi trabalhar num frigorífico, e depois numa empresa de fretes. Mas a maior parte de sua vida teve carteira assinada como estivador. Ele chegava todas as manhãs no Posto 70, batia o ponto e entrava na embarcação, carregando e descarregando carretas ou encomendas nas docas de Oakland. Ele nunca trabalhava às segundas, porque vivia bebendo aos sábados e domingos, por isso teve tantos empregos diferentes. A maioria dos lugares precisa de funcionários que trabalhem a semana toda. Mas com o Sr. Ralph as coisas não funcionavam assim.

Durante a Segunda Guerra Mundial, meu pai trabalhou içando fretes numa doca nos piers de Oakland, onde ele também lia diagramas e fazia serviços para os construtores de barcos. Depois da Segunda Guerra Mundial, ele retornou às tarefas básicas de motorista e beberrão.

Depois que minha mãe foi embora, Nora Barger, minha avó, uma viúva sessentona, nos levou de volta para Oakland permanentemente. Meu pai nos encontrou numa casa alugada no Lado Leste de Oakland, na rua 17.

Não trancávamos as portas. A porta da frente dava direto para a rua, mas nunca nos preocupamos. Nos anos 1940, os Estados Unidos eram bem diferentes. Você lia sobre a Depressão – a era de criminosos como John Dillinger, que roubava lojas e bancos, mas eles raramente invadiam as casas de família dos trabalhadores brancos ou negros; ao menos não nos bairros de Oakland. Poucos negros viviam na zona leste; a maioria deles vivia no limite oeste da cidade.

Todo domingo, a vovó Barger levava Shirley e eu para a igreja pentecostal, que era assustadora e repleta de crentes balbuciantes. Do outro lado da rua ficava a igreja católica de Santo Antonio. Todo Natal, recebíamos (na porta de casa) dois embrulhos de presente assinalados como "menino" e "menina", como cortesia de Santo Antonio. O jantar de Ação de Graças era basicamente um peru que meu pai trazia para casa, comprado em algum dos bares ou restaurantes da região, e que no dia seguinte cozinhávamos na sopa. Boas festas no melhor estilo Barger.

Nunca passamos fome. Sempre comíamos, mesmo que fosse uma só refeição ao dia. Às vezes a vovó fazia espaguete, mas nunca tinha salada ou legumes para acompanhar. Isso seria algo totalmente inusitado para uma refeição. Sequer tínhamos um refrigerador; apenas uma caixa de gelo – sem gelo.

O Sr. Ralph segurava as pontas como podia – aos trancos e barrancos – com a ajuda da Vovó Barger. Nós, os Bargers, vínhamos de uma típica mistura de linhagens imigrantes. Minha mãe era italiana; meu pai, uma mistura de alemão com holandês. Um de nossos primos era de fato uma subcelebridade. Dean Davenport era um dos combatentes de Jimmy Doolittle na Segunda Guerra. Ele era um marinheiro laureado com a medalha *Ruptured Duck* e quebrou a clavícula cumprindo uma missão na China durante a guerra. Ele foi interpretado por um ator chamado Tim Murdock no filme *Thirty Seconds over Tokyo*[1], de 1944.

Meu pai gostava de me levar para os bares no Jack London Square, não muito longe dos portos onde ele cuidava das cargas. Íamos a lugares como o First and Last Chance Saloon. Era normal para as crianças ficarem lá, perambulando dentro dos bares e tavernas, com seus pais. Eu sentava num banquinho bem ao lado de meu pai, beliscando *pretzels* e ovos cozidos. A duas quadras de casa havia sete bares; ação a cada esquina. Meu pai nunca precisava se deslocar muito para estar em casa. Seu endereço favorito do bairro era um boteco chamado Jungle Jim's.

O Jungle Jim's era escuro e decorado com um estilo pirata. O garçom mantinha uma comprida e colorida sequência de papagaios engaiolados, tagarelando em seus poleiros. Após uma tradicional aula de como ensinar palavrões aos pássaros, uma das primeiras palavras sujas que escutei veio dos bicos dos papagaios e não das bocas dos marinheiros de folga.

---

[1] Nota do tradutor: *Trinta Segundos sobre Tóquio*, em tradução livre. Título sem versão em português.

Papai não tomava bebidas fortes mesmo depois de velho. O negócio dele era cerveja. Para ele era normal chegar em casa do trabalho e virar dois engradados, com seis garrafas de Budweiser cada um, antes da janta, e então mais seis depois.

Meus parentes sempre me chamaram de Sonny. Se tem uma coisa – e apenas isso mesmo – pela qual sou grato à minha mãe são os resquícios da criação italiana que ela deixou para trás. Eu era Ralph Hubert Barger Jr., mas os italianos tinham essa antiga tradição de chamar seus primeiros filhos de Sonny. Eu não ligava. Pelo menos me livrei de ser chamado de Junior – sem mencionar Ralph ou Hubert – pelo resto da vida.

A vovó Barger morreu em 1946. Eu tinha oito anos, e foi um momento difícil para mim e Shirley, já que meu pai sempre precisava de alguém pra cuidar dele, fazer suas marmitas e lavar suas roupas. O bairro inteiro sabia que Shirley e eu vivíamos com um bêbado. Os caras do posto de gasolina Standart, do outro lado da rua, tomavam conta de nós. Eles nos davam uns trocados para ajudá-los a preencher os cadernos de cobrança com os selos da companhia. Quando meu pai saía bêbado do Jungle Jim's, ele costumava atravessar a rua até o posto; daí os rapazes avisavam à Shirley e a mim e nós íamos embora pra casa com o meu pai. Nós o arrastávamos para casa e o colocávamos na cama.

Ainda que me meu pai fosse fortão, ele não era muito bom de briga. Ele evitava conflitos a todo custo, e, como resultado, apanhou algumas vezes. Uma vez ele deixou crescer o bigode e alguns caras acharam que ele tinha ficado parecido com o Hitler, por isso bateram nele e roubaram todo seu dinheiro.

Amigos sempre apareciam lá em casa. Aos domingos, um sujeito chamado Erland costumava nos levar a algum lugar especial. Andar de carro sempre me deu enjoo, mas íamos pescar no rio Carquinez, aos batizados de navios de guerra e a shows aéreos. Como ele era piloto, chegou até a nos levar para passear de avião. Sua presença nos ajudou a atravessar algumas fases difíceis, mesmo que não fôssemos de lamentação. Para mim, o que importava é que tínhamos comida na barriga, roupas cobrindo o corpo e um rádio.

Eu meio que vivia trocando de escolas públicas. Passei pela Bella Vista Grammar School, depois pela Roosevelt Junior High School, e finalmente pela Oakland High. Eu era considerado um caso perdido. Não aceitava o autoritarismo. Desde que me conheço por gente – talvez por que meu pai me tratava mais como um amigo do que como filho – nunca aceitei que me dessem ordens.

Sempre que eu entrava em confusão, era geralmente a Shirley que ia me resgatar na escola. Eu era tímido, mas tinha um temperamento intragável. Fui suspenso da quinta série por um tempo porque o professor levou uma comigo. Eu o imobilizei pelas costas e não o soltava por nada, agarrado como um macaco furioso. Fui suspenso uma outra vez da Bella Vista depois de um incidente durante um jogo de softball no intervalo. O meu time, que nunca perdia, disputava contra o time que nunca ganhava um único jogo. O professor achou que seria mais justo deixá-los sair na frente com cinco pontos de vantagem. Nós fizemos quatro, enquanto eles não fizeram nenhum. Quando o professor anunciou que eles tinham vencido, fiquei bravo e o acertei com um taco de baseball nas pernas. Meu pai teve que ir me buscar na escola e fui banido por duas semanas. Até hoje, a injustiça daquele jogo me deixa puto.

Meu pai se casou novamente, com uma mulher chamada Sylvia. Vovó e a mãe de Sylvia eram amigas, e quando Sylvia veio do oeste, de Council Bluffs, no Iowa, para conhecer Oakland, ela nunca mais voltou. Ela se juntou com meu pai. Sylvia não era exatamente a mãe ideal, mas o Sr. Ralph parecia estar precisando de uma mulher pela casa novamente. Eu não suportava sua presença, e os pais dela também me embrulhavam o estômago. Eles eram uns caipiras. Quando Sylvia se casou com meu pai, seus pais se mudaram de Iowa e compraram um mercadinho em Hayward. Eles odiavam meu pai, porque ele gostava de beber e curtir. Sylvia engravidou muito rapidamente e uma das filhas, Virginia Lee Barger, nasceu antes do casamento.

Aqueles anos com Sylvia por perto foram um saco. Vou te dar um pequeno exemplo. Uma vez, estávamos indo para a igreja, quando ela de repente percebeu que tinha se esquecido de passar batom, portanto tivemos que voltar todo o caminho a pé. Sylvia era bastante dura quando fazíamos barulho ou estragávamos alguma coisa. Aprendemos rapidamente para que servia um interruptor.

Nos anos 1940 existia apenas um tipo de bicicleta, a Schwinn 26 polegadas de uma marcha com o guidão arqueado. Eu tinha uma vermelha e entrei numa briga feia com os pais da minha madrasta por causa disso. Eles achavam que eu não deveria andar de bicicleta. Com eles era sempre aquela coisa de, "Não pode ir, não pode fazer isso, não pode fazer aquilo". Eu pensava, cara, minha vida não é da conta de vocês. Eles argumentavam que eu era muito novo para sair por aí andando sozinho, me achando independente. Meu pai tinha outra opinião, então ele me deixava usar a bicicleta.

No verão e nos fins de semana, eu pedalava até o prédio da balsa em Oakland e embarcava para cruzar a baía de São Francisco. Para mim, São Francisco era a cidade grande. Quando você ia para São Francisco, estava indo para "a cidade". Comparada a São Francisco, Oakland era uma cidade caipira. São Francisco era só coquetel de camarão e ostras; Oakland era cerveja e amendoim.

Nesses trajetos – as *runs* inaugurais por Frisco – meus vizinhos de porta, Billy e Dale, me acompanhavam de bicicleta pela cidade apenas pela diversão e pra ver como os ricos viviam. Era simples – tudo o que precisávamos era de uma moeda para pegar a balsa. Quando se é jovem, vinte e cinco centavos valem para a semana toda.

Bastava descer da balsa para perceber a diferença entre Oakland e Frisco, ruas adentro, passando pelo cais. Billy, Dale e eu nunca tínhamos ido tão longe. Ficamos ali pela área do porto e nos aventuramos pela Market Street. Eles não tinham ciclovias ou áreas restritas. Andamos nas calçadas e nas ruas, zigue-zagueando e arrancando no meio dos homens em seus trajes de negócios ou dos casais de turistas.

Eu vi muitos prédios altos brotando de ambos os lados da Market Street. Nos hotéis de luxo, como o Sheraton Palace e o St. Francis, podia-se encontrar famílias chiques esperando por táxis brilhantes. Mulheres vestiam casacos de pele e nem estava frio. De volta pra casa, Oakland não exibia aqueles prédios altos no centro, apenas o antigo *Tribune,* com a torre do relógio.

Eu nunca perguntei ao meu pai se podia ir. Eu apenas ia. Passávamos algumas horas em São Francisco e pegávamos a balsa de volta antes do pôr do sol. Minha família só ia a São Francisco quando era pra visitar minha prima Karen, em Daly City. Eu só percebi quando fiquei bem mais velho, mas São Francisco, para mim, é uma cidade da Costa Leste na Costa Oeste, enquanto Oakland é uma cidade do Centro Oeste na Costa Oeste.

Assim que meu pai e Sylvia se casaram, eu fui diagnosticado com uma doença sanguínea. Eu tinha que tomar duas injeções de uma vez toda semana. Eles me levavam ao médico e me injetavam nas nádegas, onde tinha mais carne. Sempre conseguiam me enganar; minha madrasta fingia que estava me levando ao centro para comprar alguma coisa. Até que eu descobria que de novo estavam me levando para tomar aquelas malditas injeções. Aí é que estão as raízes da minha repulsa por agulhas.

Cheguei da escola numa tarde e descobri que Sylvia tinha largado do meu pai, levando minha meia-irmã, Virginia Lee, com ela. Ao partir, ela levou tudo – do pouco que tínhamos – inclusive a enciclopédia e o rádio; tudo que possuíamos, exceto nossas camas e pratos. Ela rapou tudo, até nossa insignificante poupança no banco para pagar a escola. Ela não foi longe – para San Leandro, a poucos quilômetros pela estrada. Na incerteza de que fosse encontrá-las novamente, meu pai arriscou uma estúpida e embriagada tentativa de suicídio. Sylvia e meu pai tinham ficado juntos por uns quatro anos. Nunca mais a vi, nem minha meia-irmã, desde que partiram.

Aos 15 anos, minha irmã, Shirley, tomou de volta o controle da casa. Ela cozinhava, limpava e cuidava, enquanto eu contribuía trabalhando em empregos casuais, escondendo o dinheiro que ganhava com uma vizinha da rua de baixo chamada Sra. Long. Ela cuidava do nosso ganha-pão, porque se nosso pai pegasse, cara, eu sabia para onde ele iria. Shirley e eu usávamos o dinheiro para comprar nossos uniformes escolares e outras coisas. O aluguel custava apenas dezesseis dólares por mês, mas o problema é que estávamos com um ano de atraso. Além disso, sempre dávamos azar. O pessoal da escola tinha dó da Shirley, por isso ela não precisava estar lá até a parte da tarde, o que lhe dava tempo para encaminhar meu pai para o trabalho e a mim para a escola com um saco de lanche.

Quando cheguei à adolescência, já estava de saco cheio da escola. O que há de novo? Foi quando comecei a trabalhar no armazém da esquina. O dono, Archie, e sua esposa me contrataram por dois dólares aos sábados; já estava de bom tamanho para um rapaz de treze anos. Pegando mais algumas horas depois da aula, logo eu já conseguia levar pra casa uns sete contos por semana. Quase trinta paus por mês significavam uma tremenda fortuna para um garoto.

Shirley fez 16 anos e fugiu com um cara mais velho da vizinhança. Eu me senti traído, mesmo que ela e seu amante tenham conseguido chegar no máximo até San Diego, deixando um rastro de cheques sem fundo que ela saiu passando sem ter a mínima noção do que estava fazendo. Ela foi pega e trazida de volta. Meu pai a recebeu com uma pilha de louça tão alta que, diabos – alguém precisava voltar para cuidar da casa.

Eu nunca me considerei um solitário na escola. Sempre gostei de estar rodeado de pessoas. Não estava interessado em esportes e toda aquela coisa. Eu praticava o "tô fora". Eu só andava com umas turmas invocadas e encrenqueiras; quanto mais rebelde, melhor. Uma noite, quando eu tinha catorze anos, depois de meu pai ter dormido no sofá, eu dei uma saída e fui me encontrar com alguns amigos. Fomos pedir carona para levar um amigo de volta para casa dele na região de El Cerrito. Acenamos e, quando percebemos que o cara que tinha nos dado carona parecia ter vinte e um anos, nós o convencemos a comprar uma caixa de cervejas. Depois de dirigir a noite toda bebendo cerveja, ele atravessou um sinal vermelho e bateu num carro no acostamento, que atingiu outro veículo. Todo mundo se machucou feio. Saí me arrastando de lá com um braço quebrado. A polícia ligou para o meu pai e ele cambaleou em direção ao hospital para me pegar. No dia seguinte, o acidente saiu nas primeiras páginas dos jornais de Oakland.

Meu pai Ralph Barger, minha namorada Sharon Hewitt e eu com vinte e poucos anos.

O Pix Theater era o principal ponto de encontro do bairro para a garotada se divertir. Não tinha aquele cenário dividido entre os atléticos, os ricos e os sujos. O Pix era o lugar onde rapazes comuns se encontravam depois da escola. Cruzando a rua havia um parque. Era para onde levávamos as meninas "fáceis" depois do cinema. Virando a esquina, ficava o Circle, um lugar onde você podia entrar com o carro e pedir hambúrguer e batatas ou sentar-se à mesa e escutar um doo-wop na jukebox.

Meus amigos e eu dirigíamos para baixo e para cima pelo bairro mesmo sem carteira de motorista, e a polícia nunca fez questão de checar. Às vezes um amigo mais velho nos levava para dar umas voltas no carro de seus pais, então rodávamos procurando alguém que pudesse comprar umas cervejas para nós. Dividíamos um pacote de seis garrafas entre quem estava no carro. Como não sou muito de beber, raramente terminava uma garrafa. Mas quando a polícia nos pegou com álcool, eu também fui parar na delegacia.

O que eu realmente gostava de fazer na escola era brigar. Eu arrumava briga pelo menos uma vez por semana no colegial. Para mim, uma briga era sempre um

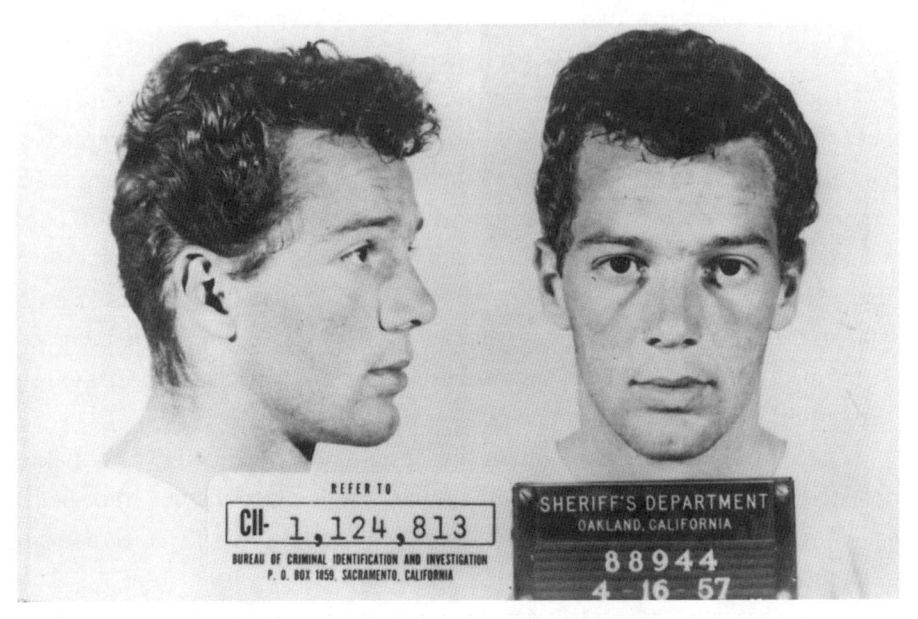

Fichado pela primeira vez, por dirigir alcoolizado em 16 de abril de 1957.

campeonato. Sempre tinha alguém para competir, e uma briga era uma briga. Não era tirania; opressores são aqueles que batem nas pessoas só porque são capazes. Eu lutava com todo mundo, mais novos, mais velhos, mais fortes, não importava.

Quando chegava algum novato na escola, lutávamos para ver quem era o mais forte. Isso fazia parte do processo de crescimento no Leste de Oakland. Brigávamos até por nossos amigos. Sempre se aglomerava aquela multidão de crianças sedentas para assistir uma briga diariamente depois da aula. Se eu entrasse numa briga e perdesse, jamais podia voltar para casa chorando. Chorar depois da briga nunca era uma opção.

Fui suspenso por duas semanas do colegial quando o diretor me pegou brigando depois da aula. Ele tentou me bater com uma cinta de couro. Quando eu me recusei a aceitar o castigo e me defendi, fui suspenso. Daí um professor disse a minha namorada que eu era uma má influência e que ela não deveria mais sair comigo. Então eu lhe dei uns tapas, e adivinhe – fui suspenso novamente.

Naquela época, eu não dava a mínima para as lições de casa. Eu estava ocupado lendo todos os livros de Zane Grey e outros dramas do Velho Oeste de escritores como Louis L'Amour. Reprovei em quase todas as matérias, já que raramente aparecia nas aulas. Pelo menos eu não estava matando nem roubando. Eu estava trabalhando em outra mercearia, fazendo trinta dólares por mês.

Eu acabei fundando um pequeno clube de rua em 1954, quando ainda estava estudando na Oakland High. Nós batizamos a nossa turma de Earth Angels, por causa da música do Penguins. Era um clube pequeno, de oito pessoas, mais alguns outros caras da escola. Usávamos nossas jaquetas com o colarinho levantado e o nome "Earth Angels" bordado nas costas. Os Earth Angels nunca faziam nada de especial. Não tínhamos nenhuma causa. Era apenas algo do qual se fazer parte. No colegial fazia sentido pertencer a um clube como os Earth Angels. Era como se você pertencesse a uma brigada. O importante era se juntar a um grupo de pessoas parecidas com você.

Aos catorze, eu já tinha fumado meu primeiro baseado, algo totalmente nefasto e proibido naquela época. Uma trouxinha de maconha por cinco paus, e cara, você já se garantia; era muito fumo! Nós enrolávamos no papel marrom e saíamos fumando pela rua.

Eu me pegava pensando se existia algo melhor do que aquilo. Pelo menos eu não conhecia. O que eu sabia era que estava sem rumo e precisava fazer algo a respeito o quanto antes. Entrar para o exército parecia ser a coisa mais esperta e mais rápida a se fazer. Shirley agora estava casada, então meu pai não via mais motivo para manter a casa. Ele se mudou para um hotel na região central de Oakland. A menos que eu fosse morar com a Shirley, não sobraria lugar para mim. Eu precisava me virar. Decidi me alistar. Havia apenas um problema: eu era muito novo.

Bem, acabei dando um jeito. Adulterei minha certidão de nascimento e apresentei o documento no recrutamento. O sargento encarregado da seleção me chamou quando a papelada apresentou problemas. "Deve ser algum engano", disse a ele. Ele assentiu, alterando minha data de nascimento com a caneta. Eu estava nas Forças Armadas, com a bandeira jurada em 14 de julho de 1955. Eu tinha dezesseis anos.

A Guerra da Coreia tinha acabado e a vigésima quinta divisão voltou para casa. Muitos daqueles veteranos fizeram de seu trabalho a atividade de ensinar a rapazes mais novos como eu a arte da vida boa. Os veteranos eram guerreiros entusiasmados, felizes pela sorte de estarem de volta e com vida. E eles eram mais do que apenas uns caras animados. Alguns pilotavam motos e ostentavam tatuagens. A guerra chegara ao fim, sem mais combates, mas algo permanecia entalado na garganta. Esse pessoal causou uma forte impressão em mim. Eu finalmente via uma razão para me regenerar, portanto, segui em frente. Aquilo era um tipo diferente de autoridade. As Forças Armadas me ensinaram como sobreviver.

O treinamento básico era simples. Os sargentos se esgoelavam e faziam os marmanjos chorarem, o que me rendia boas gargalhadas. Alguns coitados – tanto recrutados como alistados – frequentemente pulavam a cerca e surtavam, tentando imaginar o que tinham na cabeça quando assumiram aquele compromisso. Resumindo, estávamos sempre exaustos, treinando por horas e horas a fio até o limite. Os exercícios físicos eram seguidos de longas horas de estudos em sala de aula, quando acabávamos dormindo na carteira. Mas eu fazia quarenta contos por mês e, é claro, o exército ainda me dava roupa, cama e comida. Não era um acordo tão ruim.

Fui escalado para Honolulu, lugar estranho para um jovem alistado. Os locais nos olhavam reparando nos uniformes. Eu frequentava os bares com os soldados mais velhos e às vezes interagíamos com os civis nesses bares. Fazia tudo o que me designavam, e, em troca, eles me ensinavam coisas de meu interesse. Fácil assim. Aprendi como desmontar uma arma, como me enturmar e como sobreviver, em grupo e sozinho. O melhor de tudo é que eles me deram uma metralhadora. Mais tarde, aqueles treinos viriam a calhar.

Quando descobriram que eu era menor de idade, me levaram para o quartel general do batalhão e me expulsaram. Servi por catorze meses. O pior, pensei na hora, era que, se você fosse pego falsificando a idade, recebia uma baixa desonrosa. Mas eles tinham acabado de mudar o regulamento, então saí de lá com uma medalha de honra. Despachado de volta para Oakland, pude ficar dois anos sem trabalhar. Lá estava eu, aos dezessete anos, segurando uma medalha de honra que me tornaria uma pessoa destacada no futuro.

De volta para casa, continuava mantendo minhas roupas engomadas e minhas botas lustradas, tinindo de brilhantes. Depois de passar pelo exército, não dava mais para encarar um trabalho chato e tedioso. Até considerei me realistar, mas acho que não teriam me aceitado. Pelo contrário, me mandariam para um psiquiatra, que, depois de examinar as tatuagens que fiz no Havaí, me daria um diagnóstico de agressivo e desequilibrado.

Pilotando uma Harley com motor de 80 polegadas, em maio de 1959. Um modelo muito avançado para a época.

Peguei um trabalho noturno de zelador, mas era detestável trabalhar à noite. À noite eu queria sair com os meus amigos, então pulei fora e arrumei um emprego na fábrica da Chevrolet, polindo os capôs e as dianteiras dos carros conforme eles saíam da pintura na linha de montagem. Nós lustrávamos esguichando o polimento e depois encaixávamos o para-choque. Acabou que saí desse emprego também.

O trampo seguinte foi na Granny Goose Potato Chips, na linha de produção. Nós comíamos várias batatas que saíam das assadeiras, para avaliar o sabor. Eu as enfiava em enormes caixas de papelão e empilhava. E teve também outros depois desse, de cortar e talhar cachimbos num lugar chamado NACO e fazendo orçamentos para instalação de sistemas de prevenção de incêndios por borrifamento de água.

Na minha cabeça, não dava para ficar passando aperto nesses empregos das nove às cinco. E eu já sabia disso há tempos, para piorar. Aquela baboseira de autoridade era realmente um problema para mim, e na maioria desses empregos eu me deparava com esse tipo de situação. Eu continuava inquieto quando saí do exército, no mesmo nível de quando entrei. Algo precisava acontecer, e estava prestes a acontecer.

No bar El Adobe, horas antes dos conflitos entre Oakland e Frisco, em 1961. Da esq. para dir.: Tiny (parcialmente coberto), Lovely Larry, Terry The Tramp, Charlie Magoo (de costas), eu, uma pessoa não-identificada e Pete Knell, presidente do *chapter* de Frisco.

3

DORMINDO NO SNAKE PIT

Eu tinha nove anos quando aconteceu o tumultuado evento em Hollister, em 1947. O que havia começado como um evento oficial da Associação Americana de Motociclismo, rapidamente saiu do controle quando os motociclistas dos primeiros clubes fora-da-lei – como os Pissed Off Bastards e os BoozeFighters – ficaram bêbados e barulhentos, tirando rachas pelas ruas da cidade, atravessando sinais vermelhos. Aquilo era para ser um típico encontro anual, igual aos muitos que aconteceram antes. Mas tudo deu muito errado. Motociclistas barulhentos foram presos por seu comportamento obsceno, por embriaguez pública e atentado ao pudor. Se você escutasse os relatos dos meus amigos mais velhos, pensaria que o incidente em Hollister havia sido o maior exemplo do inferno sobre rodas da América. Olhando em retrospecto, provavelmente foi.

O Selvagem, estrelando Marlon Brando e Lee Marvin, estreou nas telas em 1954, quando eu ainda estava no colegial. O filme foi um tremendo sucesso, baseado nos fatos ocorridos em Hollister, na Califórnia, em 4 de julho de 1947. Um artigo escrito por Frank Rooney na revista *Harper's* em 1951 inspirou o roteiro. O impacto do filme parecia tão forte que os BoozeFighters acabaram depois disso, colocando a culpa na má reputação atribuída aos motociclistas depois do filme.

Lee Marvin virou meu herói instantaneamente, assim que assisti *O Selvagem*. Eu me identificava completamente com seu personagem, Chino. Marlon Brando no papel de Johnny era o babaca. Seus rapazes pilotavam Triumphs e BSAs e usavam uniformes. A atitute de Lee era mais do tipo, "Se você me ferrar, eu acabo com você". Lee e seus rapazes andavam com Harleys e Indians surradas. Eu certamente vi mais do Chino em mim do que do Johnny. E ainda vejo.

Entrei no exército como um garoto e sai de lá como um homem. Para me tornar um homem de verdade, no entanto, eu tive que passar pelo exército, e depois um tempo na prisão. Os dias de serviço nos quartéis lhe ensinam disciplina e sobrevivência. A prisão lhe ensina a ser pontual: quando aquelas portas se abrirem e fecharem todos os dias, é melhor você estar lá. Depois do exército e da prisão, você encara qualquer coisa.

Assim que entrei para o serviço militar, muitos de meus amigos da escola acabaram se tornando viciados em drogas. Acho que tive sorte de parar na hora certa. Já que não suporto agulhas, não acho que seria um drogado exemplar. A cena de drogas na Oakland dos anos 50 era de maconheiros de um lado, heroína do outro, com alguns comprimidos espalhados no meio. Dexedrina e Benzedrina eram os mais acessíveis. Eu pessoalmente não gostava de *speed*, porque até as doses menores me deixavam fritando por dias. Sempre tive energia o suficiente para me garantir disposição naturalmente.

Como meu pai morava sozinho em um quarto de hotel residencial na época em que eu saí do exército, decidi ficar com Shirley. Eu cuidava dos filhos da Shirley pra ela – e ela dizia que eu era bom nisso – mas não demorou para que aquele barulho todo das motos de meus amigos se aproximando a deixassem completamente maluca.

Como um cara das ruas, eu era um deles. Vestia minha calça Levi's justa, fumava Camel (e não Lucky Srike, a marca do meu pai), tinha atitude e andava de moto. Meus amigos e eu vestíamos camisetas com gola em "V", com um maço de cigarros preso na manga. Compramos coturnos pretos (com fivelas de prata) na loja de sapatos Red Wing, o mesmo lugar em que os trabalhadores de Oakland compravam as suas. Caso tivesse grana para comprar, uma jaqueta preta de couro só fazia sentido se você fosse um motociclista.

O primeiro clube de motociclistas do qual participei foi o Oakland Panthers, em 1956. Não durou muito. Éramos um bando de motociclistas locais que gostavam de curtir. Clubes sobre duas rodas estavam apenas começando naquela época. Duas semanas depois, percebi que não estávamos no caminho certo. Parecíamos desnorteados; não éramos como um clube de verdade. Éramos apenas um monte de moleques. Alguns nem sabiam os nomes dos outros. Eu precisava de um clube de homens compromissados, que fossem capazes de subir em suas motos e cruzar o país se quisessem, e não se importassem com regras ou compromissos. Poderíamos chegar a lugares tão distantes como Massachusetts ou Nova York em apenas um dia, ou pagar umas cervejas para você uma noite e sair na mão com você na outra. Eu precisava de mais do que meia dúzia de motociclistas de fim de semana. Eu precisava de uma segunda família. Queria um grupo menos interessado num casamento com duas crianças e mais uma a caminho num casebre em Daly City ou San Jose, e mais interessado em correr, queimar o asfalto e atravessar o inferno.

Eu tinha esperanças de que os Oakland Panthers se tornassem esse tipo de clube, mas isso não rolou. Pulei fora tão logo o criei. É claro que eles curtiam festas, mas quando a merda acontecia, ninguém ficava junto. Não tinha irmandade. Quando os policiais enquadravam alguém, o coitado estava sozinho. Era tipo, "Que se dane, tô saindo fora". O que eu precisava era mais solidariedade e menos pessoas preocupadas com seu próprio rabo.

Havia dúzias de clubes de motociclistas na cidade, como o Oakland Motorcycle Club – clubes familiares nos quais você podia ingressar para ir fazer piquenique com a mulher e as crianças. Aquilo definitivamente não era para mim. Tinha um outro grupo de motociclistas da região que se autointitulavam Pisano Boys. Muitos deles eram ex-soldados que serviram na Guerra da Coreia e na Segunda Guerra Mundial.

Durante ambos os conflitos mundiais, esquadrões de bomba e divisões de brigadas militares formaram seus próprios círculos fechados. Equipes de jovens recrutas e alistados inventavam um nome e criavam um logotipo bacana para mostrar o quão durões e malvados eles eram como combatentes. Os *patches* eram costurados nas jaquetas de piloto e as medalhas pareciam combinar com eles. Mulheres atraentes e mascotes sinistros eram pintados nos aviões. Uma unidade de bombardeiros aéreos nas Filipinas durante a Segunda Guerra podia ser chamada de Bomber Barons, ostentando um logo assustador, uma caveira usando uma jaqueta das Forças Aéreas e um invocado par de óculos de aviador.

O termo "Hell's Angels" já era balbuciado entre os militares desde a Primeira Guerra, quando um esquadrão usou o nome pela primeira vez. Nos anos 1920, em Detroit, um clube de motociclistas afiliado à Associação Americana de Motociclismo se batizou de Hell's Angels. O filme de aviação em preto e branco realizado por Howard Hughes em 1930, *Hell's Angels,* fez de Jean Harlow uma

Um grupo de pilotos acrobatas dos anos 1940, autodenominado como Hell's Angels.
(foto: acervo pessoal de Cisco Valderrama)

grande estrela. Um grupo de pilotos de guerra mercenários chamado Flying Tigers voava sobre a China, e um de seus esquadrões era autodenominado Hell's Angels. Na Segunda Guerra, alguns grupos também se chamavam de Hell's Angels, incluindo uma companhia de bombardeiros da Força Aérea Americana baseada na Inglaterra, o 358º Esquadrão de Bombas, e outro esquadrão da marinha (acho que era o 109º), além do 188º Esquadrão Aéreo, formado por paraquedistas em missão na Guerra da Coreia.

    As motocicletas desempenharam um importante papel durante as primeiras cinco décadas de guerra do século vinte. Assim como os departamentos de polícia e as patrulhas rodoviárias, que achavam mais fácil alcançar os criminosos em seus carros nas estradas com motocicletas, o General John J. Pershing perseguiu o famoso bandido Pancho Villa e sua cavalaria – ao longo da fronteira do México com a América – com um esquadrão de Harleys.

Nos idos de 1917, durante a Primeira Guerra Mundial, tanto as infantarias alemãs como as norte-americanas usavam motociclistas com sucesso como entregadores, patrulheiros ou mensageiros. Por conta disso, a Harley-Davidson Motorcycle Company assinou grandes contratos de fabricação de motos para a máquina de guerra norte-americana na Europa, fornecendo até vinte mil unidades. Durante os anos 1930 e 1940, a máquina de guerra nazista de Hitler treinou motociclistas para papéis de combate mais ofensivos, usando BMWs de tecnologia mais avançada. Nas divisões blindadas de Hitler, na Polônia ocupada e no Campo do Marechal Erwin Rommel, no comando do destacamento Afrika Korps, no norte da África, a confiança era total nos habilidosos soldados motociclistas. Ao invés de serem usados como patrulheiros ou mensageiros, os motociclistas acoplavam metralhadoras em suas motos, rodavam em missões de reconhecimento, descobriam emboscadas, pontes e territórios ocupados, cruzavam campos minados e escoltavam tanques.

Isso resultou em corajosos motociclistas, agressivos e incansáveis, egressos da Segunda Guerra, sem medo de acelerar até o talo e botar pra quebrar. Alguns se referem ao retorno dos motociclistas de guerra como o começo da cultura dos "motociclistas fora-da-lei", entre 1948 e o começo dos anos 1950. Antes da Segunda Guerra, os clubes de motociclistas eram como agremiações de cavalheiros – eles até usavam paletó e gravata. Depois da guerra, clubes como os BoozeFighters mantiveram tanto o agressivo espírito da guerra e do combate como o visual – jaquetas de couro de bombardeiro, óculos de aviador e cachecóis compridos. Uma de suas máximas era "Jesus Morreu para que Pudéssemos Correr."

Sem clube e entediado, eu saí rodando pelas ruas de Oakland com uma nova turma de rebeldes. Nós conversávamos sobre criar um novo clube. Um dos caras, Don Reeves, o Boots, usava uma espécie de *patch* customizado da Força Aérea que ele tinha achado em Sacramento: uma pequena caveira com um gorro de aviador sobre um par de asas no fundo. Eu achei aquilo muito legal. A flâmula embaixo trazia escrito "Sacto." (A flâmula é uma faixa costurada embaixo do *patch* que serve para identificar o nome da cidade-sede do *chapter* do clube.) Mais tarde descobriríamos que o *patch* do Boots pertencera a um extinto clube de motociclistas do norte de Sacramento. A sugestão de Boots foi a seguinte: dar ao nosso clube o mesmo nome do *patch*, Hell's Angels. Todos acharam o nome legal, então fomos até uma loja de troféus em Hayward e mandamos fazer um punhado de *patches* inspirados no desenho, em abril de 1957, sem ao certo ter certeza se existiam outros clubes chamados Hell's Angels espalhados pelo estado da Califórnia. Durante o nosso primeiro ano de existência, nós sequer usávamos "Oakland" bordado na flâmula. Ao contrário, éramos Hell's Angels "Nomads". Era a melhor definição para nós.

Em pleno verão de 1957, usando nossos *patches* feitos na loja de troféus, Ernie Brown e eu fomos a Gardena, no Sul da Califórnia. Assim que chegamos lá, minha transmissão pifou. Ernie e eu tínhamos descolado umas garotas, e lá estava eu empacado com uma moto quebrada a dez quilômetros de casa. Que diabos. Pelo menos as garotas estavam conosco.

Mas merdas acontecem. Chegou um cara do nada numa motocicleta e parou para checar o que havia de errado com a minha moto. Para minha surpresa ele também estava usando um *patch* dos Hell's Angels! Seu nome era Vic Bettencourt, e Gardena era a cidade-sede de um recém-criado *chapter* dos Hell's Angels no Sul da Califórnia. Vic levou Ernie e a mim para o *clubhouse* (sede do clube), nos deu as peças de que precisávamos – o irmão de Bettencourt era dono de uma loja da Harley em Massachusetts – e me ajudou a consertar a transmissão.

Depois eles nos deram comida e nos hospedaram por uns dois dias. Vic me contou que havia Hell's Angels no vale San Gabriel, Fresno, Berdoo (São Bernardino) e em Frisco. De acordo com ele, o primeiro clube nomeado como Hell's Angels foi fundado por volta de 1948 em Berdoo, por dissidentes de um grupo chamado Pissed Off Bastards, de Fontana, na Califórnia. Foi logo depois do incidente de Hollister. Os veteranos da Segunda Guerra de Berdoo – que pertenciam ao Pissed Off Bastards – costumavam vagar por aí em suas motos. As pessoas olhavam e diziam, "Olha lá um daqueles Hell's Angels".

Os Hell's Angels em São Francisco – do outro lado da ponte – devem ter sido um grupo bem inexpressivo. Nós nunca vimos nenhum deles em lugar algum de Oakland. Eles vieram de um clube chamado Market Street Commandos, que mais tarde se juntou com os Hell's Angels de Fontana para se tornarem o segundo clube Hell's Angels da história. Frank Sadilek foi um dos primeiros presidentes de Frisco a trocar a Triumph por uma Harley Sportster, no final dos anos 50.

Vic me deixou por dentro do que um clube de motociclistas deveria e não deveria ser. Ele tinha uma mente boa para gerenciar, sabia como as coisas deveriam ser feitas e conduzidas, e quais os procedimentos mais acertados para se seguir. Conversamos sobre reuniões, deveres, regras e regimentos – esse tipo de coisa – e tudo aquilo de certa forma me lembrava do exército. Isso me fez pensar sobre o que precisava ser feito para criar o primeiro *chapter* em Oakland, assim que Ernie e eu voltássemos. Mais tarde, alguns integrantes dos Hell's Angels do Sul da Califórnia nos visitariam em Oakland. Anos depois que nos conhecermos, Vic estava rodando numa rodovia interestadual e morreu atropelado por um carro.

Os Hell's Angels do Sul da Califórnia, de São Francisco e – antes de acabar – do Norte de Sacramento não tinham laços muito fortes. Tecnicamente, se levássemos em conta as regras atuais, o clube de Oakland seria considerado ilegal. Os *chapters* existentes nem sequer fizeram votação. Quando voltamos ao Sul da Califórnia para conhecer os outros *chapters* Hell's Angels, decidimos de uma vez por todas fazer as coisas direito e fundar um clube de verdade em Oakland, com o nome gravado nas flâmulas, e demarcar nosso território. Seríamos os únicos Hell's Angels legítimos no leste da baía, e ninguém se atreveria a mexer conosco.

Comparados aos outros *chapters*, éramos um grupo muito mais jovem. A maioria de nós em Oakland tinha entre 18 e 21 anos, enquanto a média de idade dos Hell's Angels nos *chapters* do Sul da Califórnia beirava os 26. Um membro de Oakland a quem demos o apelido de Barf tinha 29, e para nós ele era um ancião. Uma coisa que gostávamos era de uma boa zoeira. Era algo que sabíamos fazer, e que fazíamos muito bem.

Éramos jovens recém-saídos do colegial, na casa dos vinte anos, que não tinham nem um centavo no bolso. Vivíamos nas garagens dos amigos e tudo o que possuíamos eram as roupas no corpo e as motos entre as pernas. Se você tivesse dois pares de calças, era uma boa usá-las durante o inverno. Eu me lembro de quando um dos caras entrou numa loja de sapatos e roubou um monte de botas para o pessoal do clube. Mas quando ele chegou em casa, percebeu que eram todos pares direitos. A questão é que arriscávamos tudo e compartilhávamos tudo.

Conduzimos as primeiras reuniões do clube de Oakland seguindo um regimento "parlamentar" que o Vic nos passou. Boots tornou-se nosso primeiro presidente. Os integrantes originais eram: eu, Boots, Cody, Junior Gonsalves, Ernie

Brown, Al Jayne (que pilotava uma BSA) e um tatuador chamado Big Red, que fez de graça a minha primeira tatuagem do clube. Num dado momento, tanto Cody como Al deixaram o clube para seguir carreira como policiais em Oakland e Alameda. Poucos meses depois que Boots foi eleito presidente, ele pulou fora para seguir carreira como cantor de música country no Meio Oeste. Então, em 1958, eu assumi a presidência com grandes planos de minha própria autoria.

Regras e disciplina faziam total sentido para mim. No começo, os membros do clube não podiam brigar ou xingar nas reuniões. Se você xingasse, tinha que colocar dinheiro numa jarra. Uma das primeiras decisões pregava que, se fôssemos todos usar o mesmo *patch*, também estaríamos submetidos às mesmas regras. Para marcar nosso território o quanto antes, definimos regras táticas logo de cara. Por exemplo: não poderia haver *chapters* a menos de oitenta quilômetros de distância, exceto entre Oakland e Frisco, que estavam a menos de quinze quilômetros de distância. Quando surgiram novos *chapters* Hells Angel's em lugares como San Jose, Sonoma, Daly City e Vallejo, revogamos a regra da proximidade no Norte da Califórnia. Os clubes no Sul da Califórnia mantiveram essa regra por mais tempo, o que, olhando em retrospecto, realmente dói por conta do número de cidades pequenas com menos de oitenta quilômetros de distância. Com a influência dos rapazes de Oakland, logo todos os Hell's Angels ficaram mais focados e centrados, ao invés de serem um punhado de *chapters* usando o mesmo *patch*. Cada *chapter* tem sua própria identidade, mas todos seguem os mesmos valores de base.

Alguns Hell's Angels trabalham em empregos formais, outros não. Nunca precisamos de muito dinheiro. No começo, se você tinha cinco paus, já era rico. Dirigíamos até a casa da mulher de alguém, cada um contribuía com cinquenta centavos, e ela comprava hambúrguer e macarrão instantâneo pra fazer um rango. Dava pra matar a fome da galera. Mais ou menos um ano depois, alugamos uma casa para funcionar como *clubhouse* e nos mudamos para lá.

Chamávamos a sede de Snake Pit[1]. Era um casarão Vitoriano de esquina, bem na frente de um bar onde costumávamos beber, chamado 400 Club. Os membros que se instalavam no Snake Pit colaboravam com o aluguel. Em algumas noites o chão ficava cheio de gente dormindo, até mesmo na garagem. O Snake Pit era como uma segunda casa para Angels como Skip Workman, Johnny

---

1 Nota do tradutor: Ninho de Cobras, em português. Porém, os Hell's Angels aqui no Brasil usam este termo em inglês.

Dum Dum, Ray Flint e vários outros. Era um lugar de celebração; usávamos para festas, farras e encontros, além das reuniões oficiais dos Hell's Angels.

No começo do *chapter* de Oakland, o *patch* da caveira que todo mundo usava nas jaquetas era muito menor do que o atual. O *chapter* de Oakland estreou seu *patch* grande numa festa de Halloween em São Francisco, em 1959. Quando os irmãos de Oakland chegaram com seus novos *patches*, os outros *chapters* de Sacramento e Richmond gostaram. Mas os *chapters* mais antigos – Berdoo, Sul da Califórnia e São Francisco – não deram a mínima, optando por ficar com o *patch* original menor. Conforme os *chapters* no Norte da Califórnia aumentavam em número de membros, mais e mais Hell's Angels daquela região começaram a aderir aos *patches* maiores, que rapidamente se tornaram a regra, e não a exceção.

Uma vez que o número de membros cresceu muito no estado, mudamos a inscrição nas tarjas, que agora não mais traziam os nomes das cidades, e sim a palavra "Califórnia". Todos, menos a galera de Berdoo, mudaram para a tarja com a identificação "Califórnia", e chegou até a rolar umas rusgas com alguns membros de Berdoo. Teve um pessoal de Oakland que brigou na rua com alguns deles por causa do lance do *patch*. Eu mesmo me desentendi com integrantes do Sul depois que eles desrespeitaram nosso *patch*. Acredite, rolaram mais do que alguns conflitos e brigas entre diferentes *chapters*.

Mas quem nós apavorávamos mesmo eram os outros clubes. Um em particular, os Gypsy Jokers. Durante os anos 1960, os Jokers tinham base originalmente em São Francisco, Oakland e San Jose. O problema estava no fato de que os Angels de Frisco e os Gypsy Jokers eram amigos; logo, sempre que Oakland se voltava contra eles, Frisco botava panos quentes e fazia as pazes com eles de novo. Para os irmãos de Oakland, aquela merda era inconcebível, totalmente contra a filosofia Angel. Depois de uma confusão em Oakland, quando passaram a mão na mulher de alguém, nós acabamos com a raça de um grupo de Gypsy Jokers. Em retaliação, uma enorme turma de Jokers enquadrou dois Angels de Daly City no Golden Gate Park e detonou os caras usando tacos de baseball. Avisamos Frisco que deveriam parar de estragar as coisas, e então expulsamos os Jokers da Califórnia. Até recentemente, nós sequer permitíamos que eles andassem pela Califórnia usando seus *patches*. Eles evaporaram da Califórnia.

Em 1966, os Hell's Angels já extrapolavam o estado da Califórnia, absorvendo clubes que admiravam nossa reputação e que pediam para fazer parte.

Curtindo com o clube (sou o segundo a partir da esquerda, olhando para baixo). Repare na diferença de tamanho das caveiras nos *patches* dos membros nessa foto.

Omaha, no Nebraska, foi o primeiro *chapter* fora do estado. Em 1967, eu estava em Massachusetts, avaliando outro possível *chapter* em Lowell. Contávamos até com um clube na Austrália, que chamávamos de "os irmãos esquecidos". O clube de Frisco havia concedido a eles a permissão, mas ninguém mais teve notícias deles desde que entraram. Nosso primeiro clube na Europa foi na Suíça, concedido quando eu era presidente em Oakland, e dali por diante nos espalhamos como chamas de um incêndio.

Quando permitimos *chapters* em novos estados, é sempre após uma votação nacional. Quando um clube deseja fazer parte, deve nos comunicar oficialmente e nós vamos checar para ver se eles são pessoas dignas para tanto. Mandamos representantes para conhecê-los pessoalmente, e em troca eles designam alguns de seus integrantes para nos visitar. Eventualmente os convidamos para uma *run* ou duas, assim como alguns dos nossos vão lá conhecer de perto as festas deles. Num determinado momento – o tempo varia – votamos para decidir se eles podem se tornar *prospects*[2]. Finalmente, votaremos para definir o seu status de filiação. O mesmo processo usado com as pessoas vale também para os novos *chapters*.

Até meados dos anos sessenta, quando estávamos apenas na Califórnia, os Hell's Angels de Berdoo acompanhavam os novos *chapters* do Sul da Califórnia enquanto a expansão ao norte do estado era coordenada pelo *chapter* de Oakland. Berdoo e Oakland mantinham um contato direto a respeito da chegada de novos membros ao clube. Quando os Hell's Angels atingiram abrangência nacional, estabelecemos contatos no Leste e no Oeste. Se um novo *chapter* quisesse fazer parte, por exemplo, no Colorado, eles deveriam entrar em contato com a Califórnia por conta da maior proximidade com a Costa Oeste. Entretanto, como não havia nenhum *charter* no estado do Colorado, todos os membros dos Estados Unidos precisavam votar de modo a aprovar a inclusão.

Em meados dos anos sessenta, começamos a crescer rapidamente. Assim que sancionamos os *charters* oficiais dos Hell's Angels, ficou sob a responsabilidade de cada um zelar para que não surgissem clubes ilegais em sua região do país. Alguns motociclistas em Lowell, Massachusetts, começaram de forma ilegal e depois vieram nos contatar para saber o que fazer para se tornarem legítimos. Antes de aparecer lá e confiscar seus *patches* antigos, fomos contatados por um outro clube, chamado Disciples, que também queria fazer parte. "Beleza", dissemos, "vão lá e tomem os *patches* dos caras de Lowell se vocês forem durões o bastante". Os Disciples tentaram tomar os *patches* ilegais do pessoal de Lowell, mas não foram capazes de concluir o serviço. Portanto, o originalmente renegado clube de Lowell passou a ser Hell's Angels, enquanto o Disciples virou Outlaws.

Na época em que as regras eram mais flexíveis, você podia se apresentar em qualquer *chapter* que quisesse e pedir transferência com uma carta de recomendação de seu ex-*chapter* dizendo que você era um cara legal e um membro de caráter. Daí você era votado. Mas, por culpa de canalhas e infiltrados, tivemos que dificultar as transferências de membros. Atualmente, você tem

---

2 Nota do tradutor: "Prospect": estágio probatório que uma pessoa passa antes de ser aceita como membro do clube. Enquanto é um Prospect, a pessoa não tem o direito de ostentar o nome Hell's Angels e a caveira em seu colete, e usa apenas as palavras Prospect, o nome do clube e o estado ou país de onde ele vem.

que fazer parte de algum *chapter* por pelo menos um ano antes de pedir transferência. Passou a ser assim a partir do momento em que Red Bryant virou um informante. Red começou em Frisco, então pediu transferência para Santa Rosa e para os Nomads, tudo num espaço muito curto de tempo. Quando ele virou a casaca, muitos se viram encrencados até o pescoço. Os tiras gostam de falar que nós permitimos novos *charters* em função das habilidades de seus membros com drogas, invasões, assaltos e explosivos. Isso é tudo besteira inventada para que os informantes possam vender seus livros.

Aqui está o que o governo chama de Os Quatro Grandes: Hell's Angels, Bandidos, Outlaws e Pagans. Os Hell's Angels são os maiores dos quatro, e o primeiro a atingir abrangência internacional. Os outros três grandes clubes estão todos em atividade desde os anos 1950 e 1960, tendo sido influenciados pelos Hell's Angels.

O governo federal considera que os Hell's Angels são o maior clube de motociclistas fora-da-lei. Existem milhares de nós em todo o mundo e mais de cem *chapters* ativos; mais ou menos um terço está nos Estados Unidos. A Hell's Angels Motorcycle Corporation detém o registro da marca e concede licença aos *chapters* do clube. O apóstrofo é usado no nome do clube e da corporação, mas não no *patch*. Existem *chapters* do HAMC na Dinamarca, Austrália, Alemanha, Canadá, Reino Unido, Suíça, Brasil, África do Sul, e em muitos outros países.

O Outlaws Motorcycle Club é o segundo maior. Eles começaram em Joliet, Illinois, em 1959, abrangendo o sudeste dos Estados Unidos e Ontario, no Canadá. Eles contam com pelo menos quarenta e três *chapters* – trinta deles nos Estados Unidos, oito no Canadá, quatro na Austrália e um na França. Sem nenhuma representatividade na Califórnia, em 1994 os Outlaws fundaram um *chapter* em Brockton, Massachusetts, próximo ao nosso clube em Lowell. De modo a equilibrar as coisas, fundamos charters Hell's Angels em Chicago, South Bend e Rockford. Não gostamos da presença deles em Massachusetts, assim como eles não gostam de nossa presença no meio-oeste.

O Texas é o território dos Bandidos. O terceiro maior clube também possui *chapters* no Mississipi, Novo México, Dakota do Norte, Dakota do Sul, Wyoming e no estado de Washington. Os Bandidos se formaram em 1966 no condado de Galveston, Texas, e já devem somar vinte e oito *chapters* no mundo todo, incluindo Austrália, Dinamarca e Marselha, na França. Eles também estão tentando penetrar no Leste Europeu.

O Pagans Motorcycle Club, número quatro entre os Quatro Grandes, tem raízes na Costa Leste com forte presença em Nova York, Nova Jersey, Pensilvânia, Maryland, Virgínia, Ohio e Virgínia Ocidental. Eles também possuem *chapters* na Carolina do Norte, Carolina do Sul e Flórida. Os Pagans se formaram no condado de Prince Georges, Maryland, em 1959.

Além dos Quatro Grandes, centenas de outros clubes de motociclistas estão espalhados pelos EUA. O Hessians, por exemplo, é um dos muitos clubes localizados na região sul da Califórnia. Nenhum ex-membro de qualquer outro clube entre os Quatro Grandes é bem-vindo aos Hell's Angels. Raramente um membro de um clube grande se muda para outro, especialmente para os Hell's Angels. É aí que o problema começa. Permitir que um ex-membro de outro clube entre os Quatro Grandes entre no nosso é uma decisão ruim, e esta é uma lição que mais tarde aprenderíamos da pior maneira.

Conforme aumentava o nosso número de membros, começamos a parecer cada vez mais como um exército. Como não tínhamos nossos próprios broches ou fivelas, eu acabei – meio sem querer – dando o pontapé inicial numa associação de insígnias nazistas com o clube. Tudo começou inocentemente. No final dos anos 1950, Ernie Brown, nosso vice presidente, tinha um irmão mais novo que também entrara para os Hell's Angels, e seus três irmãos trabalhavam junto comigo. Um dia nós saímos para dar uma volta e eu mencionei que precisava de uma fivela nova para meu cinto. O irmão mais novo do Ernie disse, "Espera aí, Sonny, eu tenho um que meu pai trouxe da guerra. Vou te dar de presente."

Era uma linda fivela do exército alemão usada na Segunda Guerra, uma águia sobre uma suástica com a inscrição em alemão, "Deus está Conosco." Comecei a usá-la e as pessoas ficavam me questionando sobre ela o tempo todo. Não tinha nada a ver com política. Era só uma fivela que havia ganhado.

Depois disso, parece que a chama se acendeu.

O *Oakland Tribune* publicou fotos do Snake Pit de quando J. J. Thomas e sua gangue de policiais de Oakland nos deram uma geral. Uma foto mostra os policiais exibindo uma bandeira nazista que havíamos pendurado na frente da sede do clube para irritar as pessoas. Até hoje, os federais regularmente promovem batidas nas nossas sedes, geralmente acompanhados de grupos de repórteres e equipes de televisão no intuito de colaborar para que o noticiário do horário nobre seja mais excitante. As batidas foram ficando cada vez mais frequentes. Mas, agora, ao invés de armas e drogas, eles levavam nossos computadores e armários.

Essa coisa nazista saiu tanto do controle que os membros viam minha fivela e saiam à procura de algo com uma suástica ou uma cruz de ferro. Naquela época era fácil demais achar objetos autênticos da guerra nos mercados de pulgas e lojas de armamentos. Além do mais, isso irritava as pessoas pra valer, e esse afinal era o nosso objetivo. Logo, pensamos, "por que não?". Não demorou para que começássemos a usar capacetes, medalhas, tatuagens e braceletes, e uma famosa fotografia estampada numa revista de alcance nacional era um close no Skip, de Richmond, usando um capacete nazista.

George Lincoln Rockwell, do Partido Nazi Americano, veio me procurar. Ele não tinha sacado nada da brincadeira quando me propôs que eu organizasse uma corporação de motociclistas nazistas para ele. Cara, as paradas que vestíamos eram mais uns apetrechos para desfilar de moto por aí fazendo um estilo, não era uma filosofia. Eu disse não a Rockwell, eu não estava interessado, mas ele foi até Oakland mesmo assim; depois que nos conhecemos, ele me disse que tinha nos entendido e que mesmo assim queria um destacamento de motociclistas para seu grupo. Tempos depois, Rockwell foi assassinado por alguém de sua própria organização, alguém que ele expulsou, readmitiu, e depoi promoveu a segundo comandante, um grande vacilo da parte dele. Caras como Malcolm X cometeram o mesmo erro.

Em respeito aos nossos *charters* na Alemanha, paramos de usar qualquer coisa que se assemelhasse a uma suástica ou aos raios da sigla SS, já que eram absolutamente ilegais naquele país. Depois de uma votação em 1997, tiramos os raios dos nossos *patches* de *Filthy Few* também. Eu os tenho tatuados nas costas, e não vou removê-los.

O *patch Filthy Few* significa o seguinte: "o primeiro a chegar, e o último a sair". Alguém até disse uma vez, "Cara, quando o último de vocês se for, você estará imundo", e daí tiramos a denominação *Filthy Few* (em português, Poucos e Sujos). Durante um tempo, *Filthy Few* era um termo exclusivo de Oakland, e supostamente todo mundo que o usava tinha uma acusação pendente de assassinato. Então, os policiais presumiam que se você fosse um Hell's Angel e usasse o *patch Filthy Few*, você era um assassino em potencial, ou seja, que você de fato já tinha matado alguém em nome do clube.

Você ainda precisa ser convidado para se tornar um *Filthy Few* por um membro. Nos anos setenta, o termo começou a se espalhar por outros clubes. Havia também o Wrecking Crew. Alguns caras também usavam "Dequiallo", que significa algo como "Sem piedade" em espanhol. Se você der uma olhada nos livros policiais, vai perceber que eles ainda dizem que o Wrecking Crew e o Dequiallo são os caras que batem em policiais. Mais daquela baboseira policial.

"Um por todos, todos por um" significa que quando você arruma briga com um Hell's Angel, você está encrencado com todos. Todos sabemos o que devemos fazer se alguém sai da linha, o que às vezes acontece. Babacas ficam bêbados e acham que são durões, e tem um monte de gente assim por aí que gosta de desafiar um Hell's Angel. Se fôssemos brigar com cada um desses caras, caramba, brigaríamos sem parar. Ao invés disso, é mais fácil arrebentar de jeito um desses caras, para que os outros dez não venham tentar qualquer coisa.

Meu amigo de longa data e parceiro Johnny Angel.
(foto: acervo pessoal de Cisco Valderrama)

Quando fazemos isso, algumas pessoas podem até achar que não é justo. Nós nos juntamos para ajudar nossos irmãos, estejam eles certos ou errados. Pense nisso. Se o seu irmão está levando uma surra, você se importa se ele está certo ou errado? Dane-se. Certo ou errado, você vai defendê-lo. Se ele está batendo, tudo bem; mas a partir do momento em que começa a apanhar, deixa de existir a regra do mano a mano. Esse é o modo mais fácil de entender um Hell's Angel. Se seu irmão fosse perseguido por roubar um carro, você abriria as portas da sua casa para abrigá-lo, mesmo se ele estivesse errado? Nós, sim.

A Associação Americana de Motociclismo estava de olho nos Hell's Angels, e procurava maneiras de reparar sua imagem e limpar a reputação dos motociclistas em geral. Em 1948, depois que o incidente em Hollister denegriu sua credibilidade, eles rotularam os motociclistas rebeldes e fora-da-lei como "one-percenters" (em português, um por cento). De acordo com a propaganda da associação, um por cento dos motociclistas constituíam os clubes fora-da-lei que estavam manchando a imagem dessa cultura biker, enquanto os outros noventa e nove por cento eram os bons cidadãos à moda antiga – babacas, obedientes à lei.

Um incidente em particular ocorreu pouco menos de um ano depois que eu assumi o clube de Oakland. Estávamos na pequena cidade de Angels Camp, na Califórnia, para participar de um encontro da AAM. Mais de 3.700 motociclistas compareceram ao evento, mas nós fomos considerados um estorvo. Durante o evento, dois Hell's Angels de Sacramento cruzaram a cidade a mais de cento e sessenta quilômetros por hora. Ao chegarem no topo de um morro, suas motos perderam o controle e voaram sobre um trem de motociclistas que vinha pela colina. Os dois membros de Sacramento morreram, e a cena do acidente era realmente terrível.

A AAM sofreu um bocado com a repercussão na imprensa, e resolveram vetar qualquer evento futuro do gênero. Estranhamente, enquanto a AAM saía com a imagem ferida, a publicidade deflagrou ainda mais hostilidade para cima dos Hell's Angels, vinda do "mundo normal".

Desde então, fizemos de nossa missão ser a pedra no sapato da AAM. Marcamos uma grande reunião em São Francisco, e todos os clubes do Sul da Califórnia se encontraram com os clubes da Bay Area, e não eram só Hell's Angels. Havia representantes de outros clubes do estado, como os Executioners e os Galloping Gooses. E foi então que resolvemos orgulhosamente adotar o nome com que a AAM tinha nos tachado, os One-Percenters. Rascunhamos um desenho para o termo One-Percenter: um triângulo com um símbolo de "1%". Depois de finalizar o desenho, George Wethern e eu saímos e fizemos nossas tatuagens naquela noite. Mais tarde, já tínhamos até *patches* prontos. Mas a harmonia logo cessou. Os outros clubes queriam ser tratados como iguais, então os Hell's Angels acabaram abandonando essa coisa de One-Percenters. Não sentíamos que eles eram iguais, e não importava o que acontecesse, jamais trataríamos os outros clubes da mesma forma que tratávamos os nossos irmãos. Já que nossas regras diziam que você não podia roubar a moto de um One-Percenter, e também não era permitido bater em grupo em um One-Percenter, não nos parecia certo que os outros clubes merecessem ser tratados como Hell's Angels por outros Hell's Angels. Os One-Percenters começaram como qualquer um que não pertencia à AAM. Um grupo, um clube. O lance era: nós não somos One-Percenters – somos os Hell's Angels, os únicos e primeiros.

Já recebi muitas perguntas sobre a "iniciação no clube", e é claro que existe muita especulação nessa área. Vou te dar um exemplo: "Para se tornar um Hell's Angel, você tem que matar alguém". Para se tornar um Hell's Angel, nunca existiu nenhum rito ou iniciação, a não ser o período como *prospect*. Na condição de *prospect*, você é basicamente um subordinado para o clube; você tem que estar lá antes dos encontros para garantir que o clubhouse esteja em condições ideais, com as mesas e cadeiras arrumadas, café e comida. Ao final de cada evento, você tem que limpar toda a sede, um papel que deve ser desempenhado até que você deixe de ser considerado um novato. Mas os *prospects* também podem ser os mais desordeiros do grupo, como em Altamont: primeiro a chegar, último a sair, com muito a ser provado. Além disso, eles parecem ser os que mais se divertem.

O Hell's Angels é um clube que tenta se manter com o mínimo de regras possível. Todavia, as Regras Especiais da Califórnia eram um conjunto de regras impressas durante o final dos anos 1960. Depois de uma reunião na Califórnia, as regras foram banidas. Não sei bem o que aconteceu, mas alguém perdeu o seu impresso a caminho de casa, e ele foi publicado no dia seguinte no *San Francisco Chronicle*!

Aqui estão algumas das regras que foram divulgadas. Existem outras, mas são nossas próprias regras e somente nós podemos conhecê-las:

"As reuniões acontecem uma vez por semana em um dia e horário pré-determinado."

Nossas primeiras reuniões foram na casa de Junior Gonsalves, no porão dele.

"Quem faltar à reunião sem uma justificativa válida será multado em dois dólares."

Surpreende o quanto era caro, muita grana para aquela época. É quase o equivalente a cinquenta ou cem paus hoje em dia.

"Mulheres não podem participar das reuniões a não ser em ocasiões especiais."

Autoexplicativa.

"Será cobrada uma taxa de quinze dólares de todos os novos membros. O clube confeccionará seu *patch*, que será de propriedade do clube."

Os *patches* não pertencem aos membros; eles pertencem ao clube (agora uma corporação). Já tivemos muitos problemas com isso quando traíras e informantes entregam seus *patches* aos policiais. Quando os informantes se vão, nós os processamos para retomar a posse do *patch*. De acordo com nossas regras de conduta, os *patches* permanecem como propriedade do clube, mas nós geralmente não tomamos os *patches* de volta dos traíras.

Nosso *patch* é nosso símbolo, e é por isso que lutamos até a morte por ele. Se você perde um, é uma irreparável desonra; os tiras amam pegá-los por causa disso. Eles também amam receber mandados para levar as coisas do clube. Até nossas motos já foram confiscadas por causa das insígnias pintadas nelas.

Na época em que Rudolph Giuliani atuava como procurador do governo americano em Nova York, ele usou um de nossos *patches* no intuito de se promover. Giuliani, vestindo uma camisa branca e calça, exibia nosso *patch* na rua enquanto uma equipe de filmagem registrava seus movimentos e os do ex-senador Alfonse D'Amato de Nova York. Até hoje, ele diz que foi uma das coisas mais vergonhosas que ele já fez. Na minha opinião, ele deveria ter perdido seu emprego por mexer com evidências. Eu já vi Giuliani em um vestido, e se você me perguntar, ele tem mais talento para drag queen do que para motociclista.

"Não haverá brigas entre os membros do clube. Cada envolvido será multado em cinco dólares."

Ainda custam cinco dólares, um meio de intimidação.

"Novos membros precisam ser votados. Dois 'nãos' resultam na rejeição. Um 'não' precisa ser justificado."

No caso de vários membros votarem sim, e um votar não, aquele não pode ser o motivo de reprovação do novo membro. Porém, o membro que disse não tem que explicar seu voto, de modo que o resto de nós fique ciente de algo que não saiba. Ou talvez nós saibamos de algo que esse único membro contrário não saiba. O caso está aberto e, a não ser que nós consigamos persuadi-lo a votar sim, a pessoa que deseja ingressar está com azar. Dois votos negativos já eliminam a necessidade de explicação.

"Todos os novos membros precisam ter suas próprias motocicletas."

E nenhuma regra estabelece a obrigatoriedade de que seja uma Harley.

"Membros que tiverem peças extras as emprestarão para outros membros. Elas devem ser devolvidas ou pagas."

É um lance de irmãos cuidando uns dos outros.

"Não haverá roubos entre os membros. Qualquer um que for pego será expulso."

Roubar é como mentir, é desonesto, está no topo da lista de coisas erradas, e não é tolerado.

"Membros não podem pertencer a quaisquer outros clubes."

É claro, ninguém entra para mais de um motoclube, mas quando escrevemos as primeiras regras, não permitíamos que nossos membros fossem associados à AAM.

"Novos membros devem participar de três encontros com suas motos. Eles serão votados numa reunião seguinte. Os votos serão assinalados numa cédula de papel."

A filiação agora pode levar de um a quatro anos para ser votada. Esperamos até acharmos que o cara está pronto antes de votar. Ao invés de votar apressadamente e ele de repente não ser aprovado, mantemos o cara por um pouco mais de tempo, porque uma vez que se perde uma votação, você só pode tentar de novo depois de seis meses.

"Qualquer pessoa que se apresenta para ser votada está sujeita às regras do clube."

Essa regra tem a ver com os *prospects*; mesmo que você não faça parte do clube, você tem que obedecer a todas as regras.

"Para que possa ser votado a ingressar no clube, os candidatos a membros devem ser apresentados para voto numa reunião por algum membro."

Se você quiser fazer parte, deve ser trazido por alguém que já faz parte do clube com uma boa posição. Você é votado para se tornar um *prospect*. Aquele que te trouxer como candidato será seu *sponsor* durante todo o processo, mantendo essa relação até que sua adesão seja votada. Pessoalmente, não tenho sido o *sponsor* de ninguém faz anos.

"Aquele que for expulso do clube não poderá mais voltar."

Essa regra mudou. Você pode ser readmitido, embora seja algo raro.

"Nas *runs* em dupla, um membro pode deixar uma garota usar o *patch*."

No começo queríamos que o *patch* fosse visto, então nossas mulheres usavam os *patches*. Não é mais o caso. Ninguém a não ser um membro usa um *patch* dos Hell's Angels. Ostentar o *patch* de membro é uma boa maneira de arrumar encrenca.

"Qualquer um que perder seu *patch*, ou caso o *patch* seja confiscado por uma autoridade, o membro pagará uma multa de quinze dólares antes de conseguir outro *patch*."

Se estivéssemos em público e eu largasse meu *patch* em algum lugar, e algum Hell's Angel pegasse sem que eu percebesse, isso significa que qualquer um poderia ter pegado, logo sou multado.

"Nas *runs* pela Califórnia, armas serão disparadas apenas entre as 6h e 16h."

Essa é em referência às nossas *runs* de tiros pelo interior – como em Squaw Rock – onde é permitido atirar dentro de uma área demarcada. Squaw Rock era uma dessas áreas, que pegava toda a extensão da praia até as montanhas. Uma vez que muitas pessoas frequentavam a praia, se você fosse pego atirando em qualquer outro horário, a multa era alta.

"Não batizar a bebida do clube com entorpecentes."

Terry the Tramp[3] fez isso uma vez. Para cada regra criada existe uma história que a motivou no passado. Algumas pessoas não gostam de ficar alteradas quando não estão preparadas para isso, especialmente membros que estão sendo investigados ou cumprindo regime prisional semiaberto e podem passar por um teste de drogas.

"Não jogar munição em fogueiras durante as *runs*."

---

3 Nota do tradutor: "Terry, o Vagabundo".

Uns caras tinham costume de jogar balas no fogo. Nós agora incluímos qualquer coisa que exploda, sem poupar latas de Coca e cerveja fechadas.

"Não mexer com a esposa de outro membro."

Regra de máxima relevância. Esposa, namorada, apenas um caso, não importa o que seja, se ela é sua, ela é sua. Se você dormir com a mulher de alguém, está fora do clube. Existem cinquenta milhões de mulheres no mundo, e apenas umas mil mulheres de Hell's Angels com quem você não deve se meter.

"Você não pode tirar o *patch* de um membro de outro *chapter*."

Tomar o *patch* de alguém é um gesto simbolicamente perigoso. Isso representa capitulação, derrota. Digamos que alguém em San Jose ficou puto com um Nomad e bateu nele. Ele não pode pegar o *patch* do cara. Qualquer ofensa mais séria deve ser reportada numa reunião, e então será decidido o encaminhamento apropriado à questão. Só porque um cara pode me bater isso não lhe dá o direito de tomar o meu *patch*. Se alguém me bate e pega meu *patch*, sou capaz de matá-lo, mesmo que seja um membro.

"Não usar drogas durante as reuniões."

Em Oakland, também não é permitido fumar cigarros durante as reuniões.

"Pelo menos dois representantes de cada *chapter* devem estar presentes em uma reunião na Califórnia a cada dois meses."

Diminuímos para apenas um representante. As reuniões da presidência acontecem uma vez a cada semestre.

Por último, mas não menos importante, a pior regra que já criamos em todos os tempos:

"Pague por suas drogas."

Os tiras têm usado bastante essa contra nós. Criamos esta regra depois que dois membros se juntaram aos Nomads na Califórnia. Eles eram bons garotos, porém gangsters de pequeno porte. Eles encomendavam uma mercadoria com alguém, algo como um quilo de maconha. Quando o sujeito chegava para entregar o fumo, eles recebiam e se recusavam a pagar, e se o cara não gostasse da ideia, eles acabavam com ele. Esse era o negócio deles, artistas da enganação.

No começo, não nos importávamos; não era um lance do clube. Mas logo as pessoas começaram a generalizar a questão para além desses dois membros. Por conta do *patch*, virou uma coisa de que os Hell's Angels estavam passando os outros para trás. Daí algum outro Angel poderia estar passando na estrada e – boom! – sua moto ser atingida por um tiro. Então teríamos que encontrar o responsável, ir atrás do maldito para nos vingar. Muito aborrecimento. Criamos essa regra não porque sancionamos ou desaprovamos o comércio de drogas feito por membros. Basicamente estávamos dizendo que, se você quiser fazer negócios, vá em frente, cumpra a sua palavra. Mas os policiais e procuradores distritais usaram muito essa regra contra nós na corte, e isso causou muitos problemas. Atualmente, quando somos presos, ainda usam isso contra nós. Hoje em dia é até engraçado, deixou de ser uma regra.

Na verdade, deveríamos ter originalmente expandido esta regra para incluir roubos de motocicletas, porque cada indivíduo membro do clube roubou uma quantidade infinitamente maior de motocicletas sozinho do que mexeu com drogas. E motocicletas, acredite, são as coisas mais importantes nesse clube.

Novembro de 1959. Cavanhaque, costeletas, tatuagens e uma Harley stroker 1946, que quebrou logo depois dessa foto.
(foto: Charles Anderson)

4
HARLEYS, CHOPPERS, FULL DRESSERS E MOTOS ROUBADAS

Se alguém merece algo em todo esse mundo sobre duas rodas, esse alguém é Sonny. Ele mostrou o caminho. Você vê as pessoas usando seus *patches*, "Ride to live, Live to ride".[1] Tá bom, então. Quando a situação aperta, a primeira coisa que eles vendem é a moto. Sonny é aquele tipo de cara que impulsionou o estilo de vida biker. Não existia nenhum tipo de estilo de vida fora-da-lei como existe hoje até que ele inventasse.
– Cisco Valderrama, presidente dos Hell's Angels de Oakland

Eu sempre fui louco por motocicletas. Quando eu era criança, os policiais motociclistas de Oakland costumavam estacionar em frente à minha casa, à espreita para pegarem os motoristas que avançavam o sinal vermelho na esquina. Os oficiais do Distrito Policial de Oakland dirigiam Harleys e Indians, esta última uma V-twin flathead. Cara, eu reverenciava aquelas motos. Mesmo que eu realmente não gostasse de policiais, eu ia até lá e puxava papo com eles apenas como uma desculpa para observar suas motos. Uma vez, um dos policiais estava dando a partida em sua moto e meu cachorro King ficou assustado e o mordeu. Imaginando que eles jogariam King num moedor de cães, eu o agarrei e dei no pé. Mais tarde naquela noite o policial veio bater na

---
[1] Nota do tradutor: "Pilotar para viver, Viver para pilotar", em tradução literal.

nossa porta. Por sorte, meu pai amenizou a situação, e eles nos deixaram ficar com o King sob a promessa de que não mais o deixaríamos sair da casa.

As motocicletas se tornaram populares na Califórnia depois da Segunda Guerra. Muitos dos soldados que chegavam do Pacífico e que não queriam voltar para uma vida chata em Indiana ou no Kentucky escolhiam ficar na Califórnia. Uma motocicleta era o meio de transporte mais barato, um pouco perigoso e perfeito para arrancar e dar umas voltas. Além disso, eles podiam andar em grupo, como se estivessem novamente no exército.

A Califórnia, com seu clima ensolarado, tornou-se o epicentro da cultura da motocicleta, e por anos existiram mais motocicletas registradas no estado da Califórnia do que em todos os outros estados juntos.

Eu comprei minha primeira scooter, uma Cushman, quando tinha treze anos. As Cushmans tinham rodas pequenas e o motor posicionado num esquadro típico de scooter. Uma caixa oval no topo da estrutura servia de assento. Depois de dar a partida, um câmbio de duas velocidades fazia a moto rodar. Dava pra rodar naquelas porcarias até setenta por hora. As Mustangs pareciam motocicletas em miniatura, com um motor Briggs & Stratton e um tanque de gasolina razoavelmente pequeno. Durante o começo dos anos cinquenta, quando as Cushmans e as Mustangs eram realmente populares, uma Mustang nova custava algumas centenas de dólares, mas uma Cushman usada saía por vinte paus. Então andávamos de Cushmans.

Eu estava com o saco completamente cheio da escola. Só pensava em andar de moto. Um cara chamado Joe Maceo participava de campeonatos de stock-car representando um posto de gasolina da Signal que ficava na esquina de casa. Joe tinha vinte e um anos (velho e esperto aos olhos de um rapaz de catorze anos como eu). Eles chamavam os carros de hardtops[2]. Eram aqueles elegantes Fords 1932. Nós soldávamos umas chapas de metal no teto desses Fords e ninguém ligava se eles fossem destruídos. Joe e seu camarada Marty me deixavam pintar os números nos hardtops; nas noites de sábado todos íamos às corridas no Cow Palace, em São Francisco, e assistíamos Joe esmagar aquelas latarias.

Meu cunhado Bud (o marido da minha irmã Shirley) comprava carros usados e os reformava para tirar uma grana extra. Bud e Shirley tinham um quintal

---

2 Nota do tradutor: "Teto duro". Os carros de stock-car são chamados assim em razão de seus tetos de metal.

cheio de peças amontoadas que ele comprava mais barato e nós dois ficávamos ali trabalhando. Eu gostava de trabalhar nos carros, mas o que eu curtia mesmo eram as motocicletas. Comparada a um carro, uma moto é um lance muito mais pessoal. Você pode remover o motor e desmontá-lo todo em sua bancada sem ser obrigado a enfiar a cabeça no capô de um amontoado de ferro.

Inauguraram uma locadora de trailers ao lado da minha casa, e o cara que gerenciava o lugar também tinha uma moto. Ele me arrumava uns trampos e me levava para uns passeios em sua Norton. Andando de Norton, eu percebi o quanto elas eram muito mais potentes do que as Cushmans ou Mustangs.

Poupei um dinheiro e comprei minha primeira moto de verdade aos dezoito anos, depois de ter sido dispensado do exército. Os motociclistas na época eram em geral um pouco mais velhos do que eu. Eu era sempre o cara mais novo andando na frente com meus amigos, a maioria deles em seus vinte e poucos anos. Naquela época, as maiores marcas de motos eram: BSA, Triumph, Norton, Harley-Davidson e Indian. Fiquei atraído pela Harley e comprei um modelo 1936 que, contando com as taxas e o licenciamento, saiu por 125 dólares. O litro da gasolina custava noventa centavos, então encontrei uma maneira barata de cruzar as ruas de Oakland. Finalmente eu estava me sentindo livre.

As motocicletas eram construídas sobre quadros rígidos naquela época, o que significava que elas vibravam quando você as dirigia. Quando você passava em lombadas ou buracos, o impacto não era muito amortecido. A vibração constante fazia com que muitas partes e pedaços fossem se soltando e caíssem. Às vezes em movimento. Você tinha que regular constantemente sua moto para mantê-la em pleno funcionamento.

Mexer com motocicletas é uma das coisas que melhor sei fazer. A impressão é que eu trabalhei com isso a minha vida inteira, modificando, cortando, customizando-as ao meu próprio gosto, e depois mudando de ideia, desmanchando tudo e começando de novo.

As Harleys originais eram modelo flathead[3]. Uma flathead tem literalmente o cabeçote do motor achatado e válvulas laterais parecidas com as de um motor Ford flathead. Minha Harley 1936 tinha válvulas no cabeçote, ao invés

---

3 O motor chamado de Flathead ficou em linha de 1929 até 1974. Ele não tinha válvulas no cabeçote, que se tornava mais "plano" em função disso, daí o nome flathead (cabeça achatada, em português).

de válvulas laterais balançando para baixo e para cima. Esse tipo de motor era chamado de knucklehead[4], porque tinha grandes esferas de alumínio nas laterais onde iam as hastes, parecendo o topo de um punho fechado. Em 1948, a Harley mudou para um tampão de lata chamado de panhead[5], que por sua vez evoluiu em 1966 para uma tampa de alumínio chamada shovelhead[6]. Os diferentes cabeçotes de motor nunca eram "combinados" nas Harleys; quando eles mudavam, mudavam em todos os sentidos. Em 1984, a Harley mudou para um motor de visual diferente, que foi nomeado como Evolution head.

A Harley tem desfrutado de uma enorme fatia dentro desse mercado das grandes companhias de motos por décadas. Eles controlam cerca de cinquenta por cento das vendas de veículos de alto desempenho, com as motos japonesas dominando a outra metade. Como resultado, eles frequentemente ultrapassam um pouco o limite e vão com tudo para cima dos clientes.

Um representante da Harley-Davidson uma vez disse o seguinte: "Para atender a demanda, teríamos que aumentar demais a produção, e se fizermos isso, perdemos o mito". Enquanto eles continuam anunciando que estão aumentando a produção a cada ano, até dois anos atrás eu ainda achava que a Harley-Davidson barrava intencionalmente a produção para incitar a demanda. Agora existem companhias como a Titan, a American Eagle e a American Illusion imitando o modelo Softail da Harley. É aquele estilo das motos dos anos cinquenta que todos os motociclistas novatos desejam. Os modelos softail aparentam ter quadros tão rígidos quanto os antigos, mas na real não é bem assim, da mesma forma que não oferecem uma experiência necessariamente "suave". Embora elas sejam equipadas com amortecedores de impacto, se você dirigir a noventa quilômetros por hora numa estrada não será uma viagem suave. O motor não é montado sobre coxins de borracha; não é muito diferente do desempenho de uma Harley 1936. Elas ainda tendem a quebrar e vibrar se você acelerar muito rápido. Para pessoas que só querem dirigir até o bar num sábado à noite, a softail é a campeã de vendas da Harley na atualidade, e o design incorporou o

---

[4] Um dos mais emblemáticos motores da Harley. Era um motor de 60 polegadas, que ficou em linha de 1936 até 1947.

[5] Panhead: o nome diz respeito a uma característica do cabeçote, que se parecia com uma frigideira (frying pan) posicionada para baixo.

[6] Shovelhead. Outro nome originado em função do formato do cabeçote, que lembrava uma pá (shovel). Ficou em linha de 1966 até 1985.

visual atraente da chopper. No ano 2000, a Harley surgiu com um motor 88B que é contrabalanceado e não vibra.

A Titan, a American Eagle e a American Illusion investem naquilo que eles chamam de "clone bikes" (em tradução literal, "motos clonadas"), e embora alguns desses modelos sejam manufaturados nos EUA, elas não fabricam seus próprios motores e são apenas cópias das Harleys.

Contudo, os Hell's Angels viraram adeptos das Harley-Davidsons principalmente porque, ao contrário dos dias atuais, eles não tinham muita escolha. Em 1957, as únicas opções eram andar de Harley ou então de Triumph ou BSA. A fabricação das Indians já havia parado. Sempre foi um lance importante para os Hell's Angels pilotar máquinas fabricadas nos Estados Unidos. Em termos de acabamento, eu pessoalmente não gosto das Harleys. Eu ando de Harley porque faço parte do clube e essa é a imagem, mas, se eu pudesse, consideraria seriamente andar com uma Honda ST1100 ou uma BMW. Nós realmente vacilamos em não trocar para os modelos japoneses quando eles começaram a fabricar motos mais robustas. Eu poderia dizer, "Foda-se a Harley-Davidson. Você pode comprar uma ST1100 e a filha da puta vai fazer 180 quilômetros por hora do momento em que sair da fábrica até o final do dia." As novíssimas "rice rockets" atingem facilmente 290 quilômetros por hora. Embora já seja tarde demais para mudar, teria sido uma boa estratégia, porque as motos japonesas de hoje são muito mais baratas e mais bem feitas. Todavia, as motos japonesas não têm a mesma personalidade.

Eu tenho uma Harley FXRT porque é o melhor modelo da marca para aqueles que rodam muitos quilômetros. A Harley não as fabrica mais, mas elas são as melhores para ambas as modalidades – é uma boa moto para longas distâncias e também para manobras e curvas nas curtas distâncias. Não é tão pesada como seus outros modelos dresser, mas elas correm um pouco mais e ainda têm os saddlebags[7] para viagem. No caso da minha FXRT, no entanto, ela chega, quando muito, aos cento e cinquenta, quer dizer, até eu dar uma mexida nela. Depois que você mexe nela, ela perde um pouco da confiabilidade. Eu sempre digo: quanto mais rápida uma Harley, menos confiável ela é. As novas Triumphs podem fazer quatrocentos metros em dez segundos. Se você pegar uma Harley

---

7 Nota do tradutor: São aquelas malas de couro laterais, usadas nas motos para viagens.

de passeio para correr meio quilômetro desse jeito, é uma bomba. A pior parte dessa história é que, depois que você atinge tal velocidade com uma Harley, não dá mais para parar. Nesse momento, os Hell's Angels estão presos às Harleys, ou talvez estejamos ambos presos um ao outro. Um dia, seremos espertos o bastante para dizer adeus.

A Harley FXR é a moto preferida da maioria dos Hell's Angels atualmente. As FXRs têm um motor montado sobre coxins de borracha numa estrutura balanceada. Isso quer dizer que o esquadro possui amortecedores de impacto do lado direito e esquerdo na parte de trás. A Harley desenvolveu a FXR para atender à demanda de motociclistas como os Hell's Angels, que preferiam motos com um estilo mais despojado. A FXR e a FXRT são basicamente a mesma moto. A FXR é mais despojada, enquanto a FXRT foi desenhada como uma moto de viagem, com saddlebags e carenagem, que é uma peça de plástico que reduz o impacto do vento no piloto.

A FXR é uma moto eficiente nos quesitos velocidade e distância. Por anos, a maioria dos Hell's Angels comumente usou motos de estrutura rígida. Hoje em dia, o pessoal está mudando para as FXRs porque elas suportam melhor os trajetos interestaduais, percorrendo distâncias mais longas e a uma velocidade mais alta.

Entre os modelos que a Harley já fabricou, a FXR é a que mais se adaptou às necessidades, então todo mundo saiu comprando. A partir de 1993, a Harley-Davidson parou de fabricá-la. Quando lançaram uma série limitada, em 1999, jogaram o preço para 17 mil dólares. Em razão da demanda, as lojas as vendiam por mais de 25 mil. A Dyna Glide substituiu a FXR desde então. Em minha opinião, ela não é uma moto tão boa quanto a FXR.

O mais fascinante mesmo numa Harley-Davidson é o som... Todo mundo ama aquele ronco. Outro fator que deixa aqueles que têm uma Harley realmente fissurados é o seu poder de arranque, a força bruta que exala da ignição. Ela pega velocidade rapidamente uma vez que você avança para cento e quarenta quilômetros por hora. A maioria dos pilotos de Harley não se importa com alta velocidade, eles preferem aquele poder de arranque, aquele barulho que faz tremer a pélvis e te dá a sensação de força. As motos japonesas podem até ser fortes, mas elas não te dão aquela sensação de força. Você pode amarrar uma corda numa Harley e puxar um caminhão. Com as japonesas não dá pra fazer isso. Ainda que elas tenham potência para tanto, é capaz de você arrancar o engate.

No começo dos anos sessenta, a Honda veiculou um anúncio que dizia "As melhores pessoas estão numa Honda." Aquilo deixou os Hell's Angels de lado e distanciou a Harley do consumidor padrão. A Honda tinha aquelas motos miúdas, veículos de 50cc e 100cc, sendo as maiores de 450cc. Mais tarde, quando começaram a lançar umas de 900, 1100 e 1200, e até aquelas de 1500cc, cara, isso é uma tecnologia que a Harley não alcança. A Kawasaki e outras motos japonesas esportivas têm freios melhores, mais potência e são mais fáceis de dirigir.

O trunfo da Harley é a força bruta. Uma Harley zerada chega com algo entre 49cc e 52cc na roda traseira. Depois de mexer um pouco na minha, consigo deixar com 81cc na roda traseira.

Até 1984, as Harley-Davidsons tinham fama de vazar óleo. Mesmo as saídas da fábrica vazavam, e os vendedores tinham que colocar pedaços de papelão embaixo delas nos showrooms. As primeiras Harleys vazavam óleo porque os primeiros compartimentos da lataria tinham juntas de cortiça ineficientes. Às vezes os motores não eram montados apropriadamente. Se você ficasse sem ligar a moto durante uma semana, o óleo acumulava no bombeador e no carter. Assim que você dava a partida, espirrava óleo no chão inteiro. Após a implantação de um rigoroso controle de qualidade acrescido de um estudo e implementações na fábrica, eles, no fim das contas, conseguiram dar conta do problema com o novo motor Evolution.

Se você pega uma Harley mais antiga e dá uma reformada nela, é possível conter o vazamento. Você nunca será surpreendido por uma única gota de óleo embaixo da minha moto, porque eu me recuso a aceitar essa possibilidade. O que eu faço é me certificar de que todos os vedamentos estão perfeitos, que tudo está selado corretamente. Quando eu vejo óleo vazando, lavo todas as partes e substituo as juntas. Acho que sou um pouco fanático. A única vez que você verá uma gota de óleo pingando de minha motocicleta é depois de eu ter corrido bastante em alta velocidade. Saem gotas do tubo de respiro como resultado da condensação, um pouco depois que o veículo é desligado. Eu provavelmente poderia resolver esse problema instalando uma válvula PCV de mão única que faz com que o motor apenas absorva o ar, impedindo que o óleo saia. Mas eu prefiro deixar essa única gota vazar, porque eu quero deixar o meu motor respirar.

Com os limites de velocidade cada vez mais severos nos Estados Unidos, eu recentemente instalei um transmissor ReVTech de seis marchas da Custom

Chrome na minha moto. Dispor de uma sexta marcha ao invés do câmbio normal de cinco velocidades é como extenuar a potência e isso é muito bacana. Você chega aos cento e quarenta por hora sem precisar baquear o motor. Isso alivia o motor do estresse. Se você anda a uma velocidade dessas na estrada e isso demanda 5.000 rotações por minuto, é possível alcançar a mesma velocidade com 3.500 RPM. Também estou esperando meu motor CCI RevTech de oitenta e oito polegadas cúbicas para instalar o câmbio de seis marchas.

 A Harley-Davidson ainda precisa se converter às seis marchas, enquanto algumas motos nipônicas já possuem sete velocidades. Acredito que a maioria dos adeptos da Harley vai acabar aderindo às seis marchas. Quando tínhamos apenas três velocidades, o pessoal queria quatro. Quando a Harley passou para quatro, a galera sonhava com cinco. As Harleys de seis marchas são apenas uma questão de tempo.

 Ainda que a maioria dos entusiastas da Harley curta a Softail e dirigir a curtas distâncias, eles vão instintivamente desejar aquilo que os Hell's Angels querem – mais potência e mais eficiência na aceleração. As motocicletas ganharam motores maiores (de oitenta polegadas para oitenta e oito até noventa e cinco) porque pilotos como os Hell's Angels continuam pedindo por mais. Quando isso acontecer, os yuppies e os playboys vão querer ter aquilo que nós queremos.

As chamadas "choppers" dos Hell's Angels nasceram quando nós começamos a tirar os para-lamas dianteiros das nossas motos, remover o para-lama traseiro, e a trocar o guidão. Quando você assistir O Selvagem, repare nas motos. Lee Marvin e sua turma dirigiam Harleys e Indians com o para-lama frontal removido. Não é que eles tinham aderido a tanques menores ou rodas diferentes. Quando os Hell's Angels surgiram, nós começamos a desmontar nossas motos, improvisando e ferrando com os desenhos originais da Harley.

 Quando você comprava uma moto nova, ela vinha toda equipada. Primeiro tirávamos os para-brisas, depois tirávamos os saddlebags e substituíamos aquele assento grande e feio (com molas) por um menor, mais estreito. Também não precisávamos de todos aqueles faróis. Trocamos o enorme farol dianteiro para um holofote menor, substituímos os guidões por um par de barras mais altas, e os enormes tanques de gasolina foram trocados por tanques menores em forma de gota. Usamos os tanques de gasolina da Mustang até meados dos anos cinquenta, quando começamos a usar os tanques Sportster. Os tanques foram trocados por causa do visual, porque os largos e espessos tanques reservas numa Harley cobriam a parte de cima do motor. O formato da moto mudou radicalmente para algo mais simplificado, enquanto a "curvatura do corpo" ficou mais estreita e elegante. O visual era mais legal, com a parte da frente mais alongada e a roda dianteira menor. Sem contar que o motor ficava todo à mostra, um verdadeiro bônus para uma máquina de rua.

O próximo passo foi arrancar fora o para-lama dianteiro, e então cortar o de trás ou fazer um ainda mais fino com a capa de pneu de um Ford 1936. Isso resultava num bonito para-lama traseiro para uma Harley com um pneu de dezesseis polegadas, e era prático também.

A cor padrão do corpo da Harley costumava ser o preto. O tanque de gasolina e os para-lamas vinham em cores diferentes. Quando concebíamos nossas próprias motos, fazíamos o corpo da mesma cor que o tanque e o moldávamos de modo que nenhuma marca de solda aparecesse. Cromávamos todas as partes que fossem possíveis e instalávamos carburadores duplos. O resultado de toda essa customização que fazíamos vinha na forma de muitos troféus nas competições.

Eu me pintei como uma abóbora para combinar com a nova cor laranja da minha moto na noite do Dia das Bruxas no Filmore, em 1968. Alguém trouxe umas latas de tinta spray laranja, daí pintei minha moto com aquilo que mais tarde ganharia o nome de "Oakland Orange". Era tipo um laranja claro de corrida. O laranja virou uma cor muito popular entre os Hell's Angels de Oakland nos anos 1960, e muitos dos membros de Oakland pintaram suas motos nesta cor. Não existe nenhum simbolismo nisso, era uma escolha livre.

Pintávamos nossas caveiras e desenhos no tanque de gasolina. Tommy, o Grego, um velho pintor de carros de Oakland, era o nosso cara. Dava pra reconhecer imediatamente o estilo do Tommy porque ele tinha um jeito bem distinto de desenhar as chamas. O Big Daddy Roth também absorveu o estilo do Tommy. Von Dutch era outro artista cuja pintura customizada nós admirávamos, especialmente no Sul da Califórnia. Havia outros artistas como Len Barton (Bay Area), Gil Avery (Fresno), Art Hemsel e Red Lee, que eram todos bem conhecidos por pintarem desenhos legais nos tanques. Arlen Ness, um dos maiores vendedores de peças de motos atualmente, começou como pintor. Quando as Harleys chegavam zeradas da fábrica, caras como Arlen as desmontavam e pintavam todas as peças de uma única cor para combinar, usando sombreamentos chamativos, como por exemplo vermelho brilhante.

Ao contrário das choppers, as "full dressers" são motocicletas que mantém todas as peças originais de fábrica, com o acréscimo de acessórios de luxo como para-brisas Plexiglas, saddlebags de couro, antenas, para-lamas cromados, e muitos faróis. Coisas inúteis, cara. A gíria das ruas para as full dressers é "carroça de lixo", e antigamente você jamais veria um Hell's Angel numa dessas motos. O motociclista casual de fim de semana a caminho da casa da sogra geralmente andava de full dresser. Ou então policiais de folga.

Se eu fosse um motociclista como qualquer outro, minha escolha seria a Harley-Davidson Road King. A Road King é melhor do que a Dyna Glide quando se trata de longas distâncias. É uma espécie de versão menos extravagante da full dresser. Ela possui alguns acessórios, mas não tem adereços como rádio ou então aquele assento enorme para passageiro.

Cisco Valderrama, presidente do clube de Oakland, com uma Harley panhead 1965.
(foto: acervo pessoal de Cisco Valderrama)

Os Hell's Angels estabeleceram um estilo totalmente diferente de motocicleta. Assim como o Corvette e o Thunderbird ajudaram a criar o visual dos carros esportivos para a Ford e a Chevy, nós criamos o visual chopper para as Harley-Davidsons. Os Hell's Angels não ficavam comprando um monte de peças. Nós as fabricávamos. Eu fiz o primeiro guidão alto que tive na vida usando as cadeiras daquelas antigas mesas cromadas dos anos cinquenta, com tampa de fórmica. As barras dessas cadeiras não eram grossas, e por isso era fácil de moldar. Então era só cortar as duas pontas da cadeira, e pronto, você tinha um novo guidão.

Tínhamos outros truques para modificar nossas motos: pegávamos a parte maciça da frente de uma moto, serrávamos, pegávamos outra parte dianteira, arrancávamos, e soldávamos uma na outra para obter uma dianteira mais longa. Ao estender a parte da frente da moto, o corpo ficava mais rebaixado. Então instalávamos para-lamas mais estreitos, barras de apoio, e encostos. Fazíamos nossos próprios encostos e pés de apoio moldando metais, dobrando e soldando de acordo com as nossas preferências pessoais. Ao final dos anos 1960 e começo dos 1970, até modificávamos as motos para que o assento ficasse mais baixo, mas não cortávamos o corpo. Dava essa impressão porque nossos assentos eram posicionados mais atrás, sobre o para-lama traseiro.

As únicas partes que tínhamos mesmo que comprar eram as peças internas do motor e transmissão. Eu devo ter passado provavelmente metade da minha vida entocado numa garagem, portanto sempre tenho um monte de peças avulsas espalhadas pela minha garagem. A gente cortava o pêndulo do lado esquerdo da roda para dar mais leveza, de modo que a moto arrancasse mais rápido na partida.

Era um negócio de macho ter aquilo que chamávamos de embreagens suicidas ("suicide clutches"): você tinha que trocar de marcha com a mão esquerda e operar o sistema de embreagem com o pé esquerdo. Antes que as motos viessem com ignição eletrônica, nós instalávamos magnetos para eliminar a necessidade de baterias e bobinas. Um magneto gera eletricidade para as velas de ignição quando você dá a partida. Era apenas um novo jeito de deixar as nossas choppers mais leves.

Para uma largada mais rápida, também introduzíamos novos eixos e bielas sólidas, instalávamos válvulas maiores e novos pistões, perfurávamos o carburador e colocávamos mecanismos mais ágeis dentro dos transmissores, para que as motos acelerassem mais rápido. Tudo tinha a ver com a arrancada.

Os melhores negócios para os motociclistas eram as Harley-Davidsons das quais os departamentos policiais se desfaziam. A propósito, eles ainda as leiloam hoje em dia. Duzentos paus nos anos 1960 equivalem a sete mil dólares de investimento em motos e peças atualmente. A patrulha rodoviária – na época dos motores shovelhead – rodava cerca de trinta mil quilômetros com as motos antes de darem uma geral nelas. Depois de sessenta mil, eles as mandavam para as academias de polícia. O parâmetro usado era que eles pensavam que as motos, a essa altura, já teriam sofrido bastante desgaste em seu maquinário. Quando as academias as recebiam, eles as colocavam a leilão, e então nós aproveitávamos a oportunidade. Uma das razões pelas quais os Hell's Angels se tornaram leais às Harley-Davidsons é porque uma Harley sempre pode ser reconstruída, não importa o que aconteça com ela – ao menos que pegue fogo e seja incinerada. É por isso que ainda é possível ver Harleys 1936 pelas ruas hoje em dia. Elas são indestrutíveis se você faz uma manutenção correta.

No começo dos anos 1960, o número de série de uma motocicleta não importava muito. Ficava do lado direito da caixa do motor, e se o número batesse com a etiqueta, estava tudo certo, fosse ele um número de fábrica ou gravado com um furador. Os policiais nem ligavam se você tinha faróis ou carteira de motorista. Mas quando as motos começaram a ser roubadas, as leis ficaram mais enérgicas. A burocracia de registro de veículo tornou-se mais rígida e as regras aumentaram. Agora até a lataria tem um código de inscrição.

Muitos dos caras do clube acabavam experimentando coisas diferentes. Passávamos o freio para a parte do meio da moto, substituindo o antigo por um modelo hidráulico. A Harley-Davidson absorveu tal modificação e agregou a todos os seus modelos em estoque. Nós também mudamos os pedais de partida, tirando-os da parte da frente e colocando no meio. Então a Harley começou a fazer o mesmo em suas *Sportsters* e, mais tarde, nas *Big Twins*. Já nos mecanismos de partida, uma coisa que eu sempre fazia era cortar o pedal pela metade e adicionar uma polegada e meia, pois assim ficava muito mais fácil. Para dar a partida numa moto, você tem que rotacionar o motor o suficiente, e quanto mais rápido você faz girar o motor, mais facilmente ele dá a partida. Se, como eu, você pesasse 70 quilos e pisasse no pedal, aquela polegada e meia a mais dava mais força ao chute. Se você pesasse mais de 110 quilos como o Junkie George ou o Big Al, dar a partida numa moto era como estalar o dedo.

Demos forma e construímos uma moto que corria de forma incrivelmente macia, usando o mínimo necessário de peças e acessórios. As choppers foram depenadas em nome da velocidade, do visual e de um tremendo desconforto. Depois de toda a transformação, elas não eram as motos mais fáceis de dirigir, mas, caramba, elas esbanjavam estilo. Virou um lance de estilo e visual ter um encosto para a sua garota se acomodar. Quando desfilávamos por aí, as pessoas ficavam observando – e esse era o grande barato.

O governo começou a ficar de saco cheio dos clubes de motociclistas modificando suas motos. Daí aprovaram novas leis e, à medida que os membros dos clubes começaram a mexer nas motos e a acrescentar dianteiras mais compridas, a patrulha rodoviária aprovou emendas regulamentando a altura do guidão. Durante certo tempo, andamos sem os freios dianteiros. Não precisávamos deles. Uma pequena roda carretel com raios compridos sem os freios dianteiros ficava com uma aparência muito legal. Então uma lei foi aprovada, exigindo os freios dianteiros. Alguns de nossos guidões funcionavam muito bem numa altura acima dos ombros. A lei era enérgica e arbitrária na determinação de que os guidões tinham que ficar no máximo ao mesmo nível dos ombros. Eles argumentavam que você não poderia controlar a moto se o guidão estivesse muito alto, o que é uma insanidade. Tentamos explicar que os guidões acima dos ombros eram mais confortáveis em viagens longas. Mas os políticos boçais nem ao menos levaram em consideração o fato de que é assim [nessa posição] que uma pessoa controla seu carro no dia a dia. Observe as pessoas enquanto elas dirigem seus carros e note como suas mãos ficam posicionadas: no topo do volante – bem acima do nível dos ombros. É natural. Mas acho que a partir do momento em que os Hell's Angels assumiram isso, eles tinham que nos ferrar de alguma forma.

Antigamente, ninguém sequer pensava em usar um capacete. Agora, é claro, existem leis em muitos estados. Quando estive na cadeia em 1991, a Califórnia finalmente aprovou sua lei do capacete. Nos anos 1960, eu era enfático em não obedecer essa lei. Tinha um político em São Francisco chamado John Foran que lutou incansavelmente para emplacar a primeira lei obrigando o uso do capacete. Eu estava sempre no seu caminho, o confrontando, e por três ou quatro anos eu o enfrentei constantemente. Na última vez em que discutimos, ele chegou pra mim e disse, "Sabe de uma coisa, Sonny, ano que vem eu vou apresentar uma proposta diante da assembleia estipulando que apenas você seja obrigado a usar um capacete".

Isso virou uma verdadeira missão para o clube, e fomos até Sacramento para questionar suas leis nos degraus do edifício da Assembleia Legislativa. A imprensa sempre aparecia com suas câmeras quando os Hell's Angels engrossavam o movimento de batalha contra as leis do capacete, porque a indústria motociclística era muito cagona para assumir essa briga. A indústria se viu aprisionada num enorme dilema de relações públicas. Eles também não queriam que a lei fosse aprovada, mas estavam com medo de ficar com a imagem manchada. As fábricas de motos nunca quiseram que essa lei pegasse, porque usar um capacete dava a ideia de que andar de moto não era seguro. Os Hell's Angels não se importavam em serem rotulados negativamente por causa disso. Afinal, já estávamos acostumados com esse tipo de coisa.

É até engraçado pensar nisso atualmente, mas para que ficassem com uma aparência bacana e personalizada, nós modificávamos as Harleys a tal ponto que os revendedores sequer nos queriam perto de suas lojas. Nós acabávamos com o desenho e a imagem original da Harley ao remover partes de "suas" motos e substituí-las pelas nossas próprias peças. Algumas lojas da Harley-Davidson se recusavam a nos vender qualquer coisa. Os membros tinham o costume de enviar suas mulheres para comprar no lugar deles.

Para a Harley-Davidson, nós queimávamos o filme da cultura da motocicleta. Mesmo assim, nós também geramos bastante publicidade e lucro para eles, por conta da notoriedade que tínhamos e da nossa fidelidade às Harley-Davidsons. Nos anos 1950, as pessoas se sentiam tão intimidadas pelas Harleys que, se você pilotasse uma, era capaz de nem conseguir uma mesa num restaurante ou um quarto num motel.

Acredito que os Hell's Angels são os responsáveis por muitos dos modelos atuais e acabamento das motocicletas modernas. Quando você repara na atual customização das softail (não as full dressers), dá para perceber muito das nossas inovações em suas formas. Nossas choppers inspiraram até as bicicletas infantis, como a Schwinn Sting Ray. Foi apenas uma questão de tempo até que todo mundo começasse a fazer uma grana vendendo motocicletas customizadas. As motocicletas customizadas e os motores avulsos se tornaram um gigantesco negócio. Agradeça aos Hell's Angels por isso.

Hell's Angel

O roubo de motos sempre foi uma enorme, digamos, preocupação para clubes como o nosso. Os Hell's Angels têm uma regra que diz o seguinte: nenhum motociclista que venha participar de uma festa do clube poderá ter sua motocicleta roubada caso esteja estacionada na frente do *clubhouse* ou em frente à casa de um dos membros. Isso parece justo, não é? Em 1967, três Angels – Big Al Perryman, Fu Griffin e Cisco Valderrama – roubaram vinte e sete motocicletas em apenas um dia. Isso só pode ser um recorde mundial! Diz a lenda que havia vinte e sete motociclistas de um determinado clube da Califórnia que chegaram para curtir uma festa com os Hell's Angels de Richmond num fim de semana. Os policiais deram uma geral na casa e todo mundo foi pra cadeia. Cisco estava precisando de uma roda dianteira de vinte e uma polegadas, mas ele estava ciente dessa regra de não roubar nenhuma peça de moto estacionada em frente ao clube. Mas então ele ficou sabendo da festa e da prisão da galera, e pensou, ora, quem é que vai dar conta da falta de uma roda? Só que regras são regras. Foi quando Big Al e Cisco chegaram com o plano de roubar *todas as motos*. Foda-se a roda dianteira, eles queriam o pacote completo. Eles empurraram todas as motos para a rua de baixo e as deixaram estacionadas lá até o dia seguinte. Quando amanheceu, vieram com o papo de que não estavam transgredindo nenhuma regra – afinal, as motos não estavam mais estacionadas em frente ao clube, logo, não se configurava roubo. Com o Impala 65 de Cisco eles foram transportando as motos para Oakland, duas a cada viagem, e armazenaram todas na casa do Fu. No final da empreitada, os caras já tinham uma verdadeira loja de motos, vinte e sete, para ser exato, tudo por causa de uma roda dianteira avulsa. Eles desmancharam todas e viraram donos de uma gigantesca coleção de peças.

Daí eu acabei descobrindo o lance todo.

Cisco e Big Al estavam de novo numa enrascada. Eles fizeram merda. Eu disse para eles que se transgredissem qualquer mínima regra, eu os faria devolver uma por uma. Na real, uma vez que as motos estavam todas desmanchadas, os caras teriam que ir até a casa do Fu e levar a sua moto embora dentro de uma caixa.

Mas o mundo dá voltas: um ano mais tarde, em 1968, minha moto, meu doce, meu orgulho, meu tesouro, foi desmanchada – e eu fiquei puto da vida. *Sweet Cocaine*. Eu não conseguia acreditar que alguém pudesse roubar minha belíssima moto construída à mão. *Sweet Cocaine* estampou a capa da trilha sonora do filme *Hell's Angels '69*. Eu a construí peça a peça, e jamais uma chave fora usada naquela moto sem que um doce tiro de cocaína tivesse sido aspirado. Quando terminei aquela moto, fiz uma versão Sportster menor do mesmo modelo para a minha namorada Sharon, e dei a ela o nome de *Little Cocaine*.

Eu estava em Hayward, numa loja de joias, escolhendo um anel para a minha irmã quando escutei duas mulheres que trabalhavam lá comentando.

"Ele deve ter vindo de carro, porque não estou vendo nenhuma moto."

"Vocês estão se referindo a mim?", perguntei a elas. "Minha moto está bem ali fora."

Fui até a rua, e constatei que *Sweet Cocaine* não estava mais lá. As duas mulheres chamaram a polícia, mas quando a polícia apareceu, eu disse a eles que estava a pé. Que era um engano. Por dentro, eu estava possesso de raiva, mas, por fora, eu não queria que nenhum tira se envolvesse na busca. Mantive a calma. Liguei para o clube e agendei uma reunião de emergência.

"Todo mundo procurando minha moto", disse num momento de fúria. "Ninguém, eu disse ninguém, vai andar de moto nesta cidade até que eu tenha a *Sweet Cocaine* de volta."

Sharon ficou do lado do telefone em casa enquanto todo mundo vasculhava a área. As primeiras ligações chegaram e alguém disse ter visto um Cadillac rosa perto da loja onde eu estava. Fui de bar em bar, intimando as pessoas, perguntando sobre a moto, o Cadillac, e nada. Eu a queria de volta imediatamente. Enquanto isso, todos os ladrões de motos conhecidos foram chamados. Rick Motley, um dos mais famosos ladrões de motos – agora morto – ligou em casa e disse pra Sharon que ele preferia ter o exército, a marinha, a aeronáutica e a tropa de choque atrás dele do que Sonny Barger e os Hell's Angels.

Então finalmente chegamos a uma pista. Um entregador do lado de fora da loja de joias tinha visto um cara dirigindo uma moto, e ele vestia um colete com apenas uma inscrição na parte de baixo. Com uma vaga descrição do cara e a cor do seu *patch*, chegamos rapidamente até um clube chamado Unknowns. Conhecíamos o bar que eles costumavam frequentar, então queimamos o chão até lá, enquadramos alguns deles e perguntamos a eles onde estavam seus *prospects*. Prospects são os aspirantes a membros capazes de fazer qualquer coisa, a qualquer hora, para qualquer um, em nome de conseguir entrar para um clube. Indaguei sobre seus *prospects* porque eles eram uns malucos filhos da puta sem cérebro, sem história, e geralmente sem futuro. De acordo com um dos membros, dois *prospects* estavam desmanchando uma moto que tinham acabado de roubar. Eu disse a eles, "aquela moto é minha, seu filho da puta, e você vai me ajudar a recuperá-la".

Os *prospects* que roubaram a moto não sabiam a quem ela pertencia. Porém os caras que ordenaram o roubo provavelmente estavam cientes de que era minha. Os caras que estavam desmanchando a moto já tinham quase terminado o serviço quando descobriram o registro, e aí se ligaram que estavam na merda. Ao invés de devolverem a *Sweet Cocaine,* resolveram jogá-la no estuário de Oakland.

Cercamos todos os envolvidos, amarramos os caras e os conduzimos até a minha casa na estrada Golf Links. Sharon ficou responsável por vigiá-los, mas ainda bem que os amarramos porque já era tão tarde que Sharon acabou pegando no sono com sua arma em punho. A cada meia hora, ou algo perto disso, a porta da frente se abria e mais um cúmplice era jogado na sala. Quando encontramos o último cara, começou a punição. Pegamos um de cada vez e começamos o castigo: utilizamos coleiras de cachorro com rebites pontiagudos para chicotear, e quebramos alguns dedos usando martelos. Um deles gritou, "Por que vocês não nos matam logo e acabam com isso?".

Depois, tomamos todas as suas motos, vendemos e encerramos as atividades desse clube.

Moral da história: não seja pego roubando a moto de um Hell's Angel, especialmente se ela pertencer ao presidente.

Um retrato oficial do clube de Oakland, do começo dos anos 1980.
(foto: Sharon Barger)

5

OS ORGULHOSOS, OS RAROS (E SUJOS)... OS HELL'S ANGELS

A história do Hell's Angels Motorcycle Club é a história de uma seleta irmandade de homens que vão lutar e morrer uns pelos outros, seja qual for o motivo. Os Hell's Angels de Oakland, como todos os clubes, valorizam a individualidade de seus membros. Pessoas vêm e vão, vivem e morrem – e muitos desses homens ainda estão lá, mandando ver ao lado dos caras mais novos, até hoje. Verdade seja dita: alguns deles são muito estranhos. Mas eles são totalmente únicos. Você precisa deles ao seu lado quando a parada fica tensa, quando os punhos começam a levantar ou as balas começam a voar.

A coisa toda com os apelidos começou quando a publicidade em torno dos Hell's Angels nos transformou em celebridades das ruas. Logo que a imprensa começou a nos perseguir, um repórter enfiou um microfone na cara de John Terence Tracy. "E, senhor, qual é o seu nome?" Sem pensar duas vezes, Marvin Gilbert chegou atravessando, "Por quê? É Terry, the Tramp[1]." O repórter se virou e perguntou ao Marvin, "E quanto a você, senhor, qual é o seu nome?" Dessa vez, Terry devolveu, "É Marvin, Mouldy[2] Marvin." Esses nomes – inventados ali na hora – ficaram para a vida toda. No meu caso, sempre serei chamado de Sonny, enquanto alguns dos membros mais antigos se referem a mim como Chefe.

---

1 Nota do tradutor: Em português, Terry o Vagabundo.
2 Nota do tradutor: "Mouldy", em inglês, quer dizer algo como "mofado" ou "bolorento".

Skip Workman, vice-presidente do *chapter* de Oakland.
(foto: acervo pessoal de Cisco Valderrama)

    Um dos primeiros membros em Oakland foi o Skip[3] Workman. Quando Skip – nascido Clifford Park Workman – terminou de cumprir serviço na marinha, ele aportou na Bay Area[4]. Ele era de New Harbor, no Maine. Sua mãe vinha de uma família abastada. Durante o colegial, Skip era campeão de luta livre. Ele manjava mais de enforcamentos e golpes do que Hulk Hogan e ficava parecendo o Popeye bêbado quando arrumava briga no bar. Se tinha um lance que o Skip

---

3 Nota do tradutor: "Skip" geralmente é a nomenclatura que se dá a um capitão de equipe.
4 Nota do tradutor: Região da baía de São Francisco, ao norte da Califórnia.

amava era ser um Hell's Angel de Oakland. Skip esteve conosco ao longo dos anos 1960 e 1970, e foi vice-presidente por muitos anos.

Quando o conheci, ele tinha uma full dresser, uma Harley 1956 – que tinha um visual clássico. Ele a comprou novinha, sem qualquer modificação: rodas de dezesseis polegadas, para-lamas completos, *saddlebags*, para-brisas, banco largo, e um esquadro reto (ao invés de curvado). Um dia, enquanto acelerávamos pra valer sobre as poças de lama de Oakland, Skip capotou sua moto e caiu inconsciente. Levado às pressas ao hospital naval Oak Knoll, os médicos e enfermeiras não acreditavam que ele tinha sido um oficial da marinha. Lá estava ele, todo estatelado numa maca, cheio de tatuagens, com a barba sebenta, o cabelo sem corte, e um *patch* dos Angels. Durante a estada de Skip no hospital, eu desmontei sua Harley e fiz dela uma chopper. Ele curtiu.

Skip trabalhava na fábrica da General Motors local, em Fremont, e morava bem onde a Avenida 79 desembocava na Foothill Boulevard. No final da 79 tinha um atalho, e a casa do Skip era a última da rua. O papo que rolava entre os policiais de Oakland era que, se você quisesse ser promovido a sargento no distrito, tudo o que tinha que fazer era bater na porta do Skip e dizer a ele que o levaria preso por estar embriagado. Naquele tempo, desacatar um policial era considerado apenas um pequeno delito, portanto Skip acabou com a raça de muitos policiais bem na frente de sua casa. No fim, agredir um policial acabou virando crime na Califórnia, mas não naquela época. Skip amava socar policiais.

Skip tinha uma estranha compulsão, e era com o jardim da frente de sua casa. Sua casa era seu castelo. Ele tinha umas pedras minúsculas e coloridas, que deixava bem alinhadas no jardim, de modo minucioso. Apesar de nunca ter visto Skip fazendo isso, creio que devia levar dias, semanas, meses, para organizar todas aquelas pedrinhas. Às vezes, quando ia visitá-lo, eu levava um punhado de pedras e misturava as cores. Ele ficava descontrolado.

Skip também era muito cuidadoso em relação à maconha em sua casa. Rodar com maconha nos anos sessenta era um delito grave, e ele morria de medo que uma simples ponta pudesse atrair os policiais, e eles poderiam desapropriar a casa dele.

Certa vez, Skip ligou para o *clubhouse* de Oakland fingindo que estava em pânico. Ele afirmou que tinha sido aprisionado por um grupo de mulheres. "Eu fui sequestrado", ele gritava no telefone, "e elas estão acabando comigo. E elas estão pedindo um resgate, cara!". Até parece.

Enquanto eu estive preso no começo dos anos 1970, Skip voltou para a região Leste. Ele se transferiu para nosso *chapter* em Massachusetts por um tempo, mas, por conta de um problema nas costas e deveres familiares, ele deixou o clube de uma vez por todas.

Um dos primeiros presidentes dos Hell's Angels em Berdoo foi o Bobby Zimmerman. Em nosso trajeto para casa, voltando da Bass Lake Run de 1964, Bobby estava andando em sua posição costumeira – na frente, à esquerda – quando seu amortecedor se desprendeu da moto. Pensando que poderia voltar e recuperar a peça, Bobby fez um rápido retorno e saiu da frente do trem. Nesse exato momento, um Hell's Angel de Richmond chamado Jack Egan saía da parte de trás do trem e tentava assumir a dianteira. Egan vinha pela contramão, ultrapassando a longa fila de motos em alta velocidade bem na hora que Bobby fez a conversão. Jack bateu de frente com o pobre Bobby e o matou na hora. Levamos o corpo inerte de Bobby para o acostamento da estrada. Não havia nada que pudesse ser feito a não ser enviar alguém à cidade para buscar ajuda.

Enquanto a ambulância levava o corpo de Bobby, alguns Hell's Angels do *chapter* do vale San Gabriel (obviamente tristes com a morte de Bobby) chamaram Jack Egan de "maldito marginal" por aquilo que tinha feito. Foi quando "Hi Ho" Steve, que acabara de ser transferido para Oakland, entrou em cena.

"Espere um pouco! Ele não é um marginal. Ele é um Hell's Angel. Ele é como vocês. Como Bobby. Como eu. Sacou?"

Um Angel de San Gabriel não deixou a treta miar. Ele insistiu que Egan era um marginal, então Hi Ho o acertou com um murro bem no meio da cara. O rapaz se recompôs, deu uma circulada e pegou uma corrente. Prevendo uma cena das feias, peguei uma barra de aço, dei com ela no braço do cara e tomei a corrente dele. Nisso, veio outro Angel de San Gabriel e caiu pra cima, na intenção de me agredir. Skip Workman entrou no meio e derrubou o cara com um soco apenas. Skip salvou minha pele; esse foi o ponto final de um situação terrível na estrada.

Embora o pessoal de San Gabriel estivesse compreensivelmente puto com a morte do presidente do Sul da Califórnia, eles não deviam ter chamado ninguém de marginal a não ser que desejassem bater ou apanhar. Se um Hell's Angel é tirado por alguém e não reage, então ele é quem corre o risco de ser expulso por não ter tomado uma atitude. Não existe segunda chance. Os membros são rotineiramente votados para deixarem o clube – e tomarem uma surra – caso sejam considerados uns arregões.

Somos linha dura porque, se um Hell's Angel está em público sozinho e alguém o insulta ou chega para levar uma com ele, esperamos que ele saiba se defender (e honrar a reputação do clube), e não que dê o fora. Se você bater no cara, ótimo. Se você apanhar, você apanhou. Mas levar desaforo para casa, jamais. Se o cara bate em você, seus amigos sempre podem ir lá e retificar a situação. Essas regras são sempre vigentes, não importa se você está na companhia de outros Hell's Angels ou sozinho. Se você não é capaz de segurar a própria onda na presença de outros membros, como vamos ter a certeza de que será capaz de se defender quando estiver sozinho? Os Angels não gostam de estipular muitas regras, mas algumas regras básicas têm mantido o clube em operação por mais de cinquenta anos.

Quando os Hell's Angels de Oakland se reuniram pela primeira vez, eu fui atropelado por um babaca de moto e perdi alguns dentes. Era uma confraternização noturna do clube na casa do Al Jayne, uma festa da pesada, e esses dois bêbados ficavam correndo para cima e para baixo na rua, em frente à casa, com suas motos. Além de me deixarem muito irritado, eu me liguei que eles poderiam atrair a polícia para a nossa festa. Daí o Joe Maceo e eu fomos lá fora, na tentativa de pegá-los e tirá-los das motos assim que passassem novamente. Eu consegui segurar o primeiro, mas ele me fez girar e ser arremessado em direção ao cara que vinha atrás dele, e então o guidão da moto me acertou bem na cara. Fui nocauteado instantaneamente. Joe aproveitou que o outro cara reduziu a velocidade e o fez cair da moto com um soco. Logo os policiais chegaram e levaram os dois presos por dirigirem bêbados. Quando acordei, já no hospital, estava com o nariz quebrado e a mandíbula enfaixada. Minha cara inchou duas vezes seu tamanho, meu nariz tinha sumido, e todos os meus dentes da frente entraram para a história. Shirley disse que eu parecia uma espécie de monstro saído de um filme de terror.

Terry the Tramp era, para muitos de nós, o típico Hell's Angel. Ele falava alto, fazia muito barulho e era sempre um cara divertido e boa praça. Terry era um doidão, embora tivesse sido criado numa família de classe média em Sacramento. Ele fez parte de um clube de motociclistas em Sacramento chamado Hell Bent for Glory, que acabou virando North Sacramento Hell's Angels em 1961. Ele se transferiu para Berdoo e acabou retornando ao Norte da Califórnia, onde conquistou fama como um Hell's Angel de Oakland. Terry the Tramp descolou o papel de protagonista no filme *Hell's Angels '69* e foi um personagem de destaque no livro do Hunter S. Thompson sobre o clube.

Tramp era facilmente reconhecido como o mais proeminente membro dos Hell's Angels de Oakland. Pensando bem, ele era um antecipador de tendências. Em meio aos beatniks e os hippies, Tramp deixou seu cabelo crescer bem comprido, ostentava uma barba espessa e tinha tatuagens enormes por todo o peito e ombros. Ele carregava um enorme chicote para todo lado, e quando você escutava o barulho, sabia que ele estava chegando na área. Tramp e eu passávamos bastante tempo juntos num de nossos picos favoritos, o Sinner's Club, na região oeste de Oakland, de propriedade da família Sinner.

Terry mudou a imagem de cabelo curto repartido de lado que os Hell's Angels tinham nos anos 1950 para um visual mais hippie, de cabelos compridos, nos anos 1960. Ele se vestia principalmente de jaqueta de couro, mas também usava umas estampas psicodélicas e andava com calçados da penitenciária San Quentin. Ele era muito autoconfiante. "Fica esperto comigo porque eu sou barra-pesada, irmão."

Eu sempre penso no Terry e nas Bass Lake Runs. Viajar com uma jaqueta de frio ou um saco de dormir era considerado ridículo. Dormíamos onde caíamos. Tomávamos umas pílulas vermelhas depois de curtir a noite inteira, e no final capotávamos no chão e pegávamos no sono. Essa era uma técnica inventada pelo Tramp. E funcionava!

Tramp andava pelo acampamento usando nada além de seu *patch* e um coturno com fivela de prata. Certa manhã, quando acampávamos ao lado de uma estrada rural, Tramp caminhou até a beira da estrada vestindo nada além do *patch*. Sem se importar com absolutamente nada, ele esticou o dedão. Famílias e

Bass Lake Run, em 1965. Da esq. para dir.: Zorro, Sweezy, Bob Delgato, pessoa não-identificada, Jimmy Hewitt mostrando o dedo, Clean Cut Bob, NorCal Animal, Mother Miles, NorCal Bob, eu, Magoo e Terry The Tramp de cueca.

motoristas de caminhão passavam e testemunhavam aquela cena de um Hell's Angel peladão pedindo carona com o pinto balançando. Esse era o Tramp.

Sempre que saíamos para uma *run* e parávamos em algum lugar para passar a noite, especialmente se fosse numa cidade pequena, os Hell's Angels sempre atraíam os cidadãos locais e caipiras curiosos. As garotas da cidade sempre apareciam à noite para sacar qual era a nossa. Tramp xavecava as minas para que elas fossem buscar cobertores, colchões e toalhas nas casas de seus pais para que espalhássemos em volta das fogueiras. Depois disso, ele tentava comer as minas, e geralmente dava certo.

Depois que aprovamos a regra proibindo drogas injetáveis no Norte da Califórnia, Tramp foi transferido de volta para Berdoo junto com outros membros que ficaram putos com a nova regra. Naquela época, o clube do Sul da Califórnia ainda não tinha aberto votação para essa regra. O lance do Tramp com as drogas saiu do controle e ele foi encontrado morto por overdose de Seconal[5]. Aconteceu logo após o lançamento de *Hell's Angels '69*, o filme. Ninguém sabe se ele foi mesmo negligente ou se estava na pegada louca de sempre. Nós enterramos o cara na Bay Area, e logo após, sem avisar ninguém, seus pais exumaram o corpo e levaram-no de volta para Sacramento, a fim de ser enterrado lá. John Terence Tracy, conhecido popularmente como Terry the Tramp: descanse em paz, irmão.

Big Al Perryman é um Hell's Angel há mais de 30 anos. Ele é também um de meus amigos mais próximos. Ele entrou para o exército aos dezoito anos no Missouri, sua terra natal. Tão logo saiu, Albert roubou um posto de gasolina e foi preso. Ele acabou pegando uma pena de dez anos numa prisão no Novo México. Cumpriu sete anos, foi solto, mudou-se para Sacramento, conheceu uma garota e casou-se. Albert comprou uma Harley-Davidson, foi para a sua primeira reunião dos Hell's Angels e nunca mais voltou para casa. Ele começou a andar com o pessoal de Sacramento e acabou entrando para o clube.

Alguém do clube em Sacramento começou a vender heroína, e depois de uma reunião, esse cara colou no Albert e pediu que ele lhe fizesse um pequeno favor. "Ei, Albert", disse o cara, "você poderia entregar esse pacotinho para um amigo meu?".

Albert desconhecia o conteúdo do pacote, mas concordou mesmo assim. A caminho de casa, ele parou no lugar e bateu na porta. A pessoa abriu a porta e Albert entregou o pacote. Só que a pessoa era um informante a serviço dos tiras. E lá estava Albert com o flagrante na mão; então Big Al acabou sendo enquadrado, ainda que fosse inocente.

Albert logo começou a usar drogas. Injetava heroína e outras coisas. Quando aprovamos a regra proibindo drogas injetáveis no Norte da Califórnia, Albert foi na onda do Terry the Tramp e mudou-se para o clube de Berdoo, para que pudesse continuar usando.

---

[5] Nota do tradutor: Barbitúrico classificado como um sedativo-hipnótico. Funciona como calmante e é usado para tratamento de insônia e ansiedade.

Albert, no fim das contas, acabou numa prisão de reabilitação de dependentes químicos na Califórnia. Enquanto Albert estava na prisão, ele e eu seguimos trocando cartas.

"Albert, quando você sair, a primeira coisa que você tem que fazer é vir até Oakland para conversar comigo. Precisamos trocar uma ideia. É importante."

Eu já tinha feito uns acertos com o clube do Sul da Califórnia para ajeitar a transferência de Albert para Oakland quando ele fosse solto. Al não sabia de nada, mas eu tinha absoluta certeza de que, no fundo, Albert era um Hell's Angel à toda prova, e eu queria tirar a prova.

"Albert, nós acabamos de ter uma reunião aqui em Oakland. Se você usar heroína uma única vez mais será expulso do clube."

Nós o colocamos no clube de Oakland como uma maneira de mantê-lo afastado das drogas, e ele permaneceu limpo desde então. Eis a prova do amor de Albert pelo clube. Enquanto alguns membros que arrumam problemas com a justiça são beneficiados com as cláusulas de "dissociação" quando soltos, o que significa que eles não podem andar com o clube enquanto estiverem em condicional, parte da condicional de Albert estava relacionada à sua "associação" com o clube.

Durante os anos 1960, químicos de fundo de quintal testavam seus experimentos na gente, porque nós éramos capazes de experimentar qualquer coisa. Charlie Magoo era geralmente o primeiro da fila. Conheci o Magoo – seu nome verdadeiro era Charles Tinsley – no dia em que ele foi nomeado Angel em Richmond e depois transferido para Oakland. Seu apelido era Magoo porque usava aqueles grandes óculos de lentes grossas. Era um rapaz generoso além da conta. Ele seria capaz de tirar a camiseta que estava usando e me dar de presente se eu pedisse, mas jamais o seu *patch*. Quando Charlie saiu da marinha na Pensilvânia, sua mãe lhe comprou um caminhão de sorvete para que pudesse tocar a vida. Ele acabou botando tudo a perder e perdeu o caminhão. Magoo comprou uma motocicleta, foi para a Califórnia e tornou-se um Hell's Angel.

Certa noite, uma menina que ele conheceu num bar de motociclistas lhe ofereceu uma pílula misteriosa, e Magoo acordou no chão de uma garagem dois

Charlie Magoo sem óculos.

dias depois, todo ferrado. Ele tinha perdido seus dentes postiços, não sabia o que havia acontecido ou onde estava, nem mesmo como chegara até lá e o que tinha engolido. Depois desse incidente, ele comprou um exemplar do *Manual de Referência Médica* e nunca mais tomou nada que não soubesse exatamente o que fosse. Ele leu o *MRM* de cabo a rabo e nunca mais o largou. A partir daí, o Magoo passou a usar um jaleco de laboratório por baixo de seu *patch* e a carregar uma bolsa de primeiros socorros. Não importa qual fosse a pílula que você apresentasse a ele, o cara era capaz de te dizer exatamente o que era, seus efeitos colaterais, se era legal ou não, e o que poderia acontecer se você passasse do limite.

Eu briguei com o Magoo apenas uma vez. Estávamos num lugar na região norte que chamávamos de Nut Farm, um pomar de nogueiras, celebrando a virada do ano. Todos estavam curtindo na maior animação e Magoo chegou com uma garota na festa, mas por alguma razão ele estava realmente bravo com ela. Ele ficava ameaçando a menina e isso estava cortando a brisa de todo mundo. Depois de uns dois dias dessa porcaria, eu fiquei de saco cheio.

"Aí, Magoo", eu disse a ele, "por que você não sai fora? Ninguém quer ficar escutando esse papo. Se você quer matar essa maldita vadia, leve-a para a estrada e faça isso por lá. Não fique atormentando a menina na frente de todo mundo, porque nós estamos de saco cheio disso."

Ele gritou de volta, "Fica na moral. Ninguém me diz o que fazer."

Magoo era um cara forte e eu não era páreo para ele. Quando começamos a brigar, eu caí de costas no chão e Magoo estava em cima de mim. Eu podia ver o seu punho cerrado chegando com força. Opa! Antes que ele percebesse, eu já tinha invertido a situação e agora eu estava montado sobre ele. Ele não esperava por essa.

"Me deixa sair!", ele gritava, enquanto eu o imobilizava.

"Não vou te soltar. Você nunca mais vai me bater, seu filho da puta."

Eu ainda tenho uma cicatriz no nariz por causa dessa briga.

Magoo uma vez descolou uma pílula da qual estava orgulhoso, e ele estava mostrando para um outro cara. O cara tomou a pílula da mão dele e colocou na boca.

"Ei, filho da puta", disse Magoo. "Eu paguei cinco dólares por isso."

O cara deu risada. "Bem, você não devia ter oferecido se não queria que eu tomasse". Era uma espécie de heroína sintética ou Dilaudid[6], mas ele não ligava a mínima para isso. Se você oferecesse qualquer coisa, ele experimentava. Ele era o tipo de pessoa que queria mostrar ao mundo que as drogas não podem te derrubar. As drogas o forçaram a sair do clube. Magoo não tinha muita sorte.

Magoo trabalhava como motorista durante o dia, fazia carretos, como meu pai, removendo mercadorias dos caminhões. Um dia, durante o almoço, ele estacionou o caminhão, foi dormir e morreu. Magoo teve uma parada cardíaca. Ele estava com trinta e dois anos. Os médicos disseram que ele estava com o coração de um cara de setenta anos, baqueado por causa das químicas que tanto ingeriu.

---

6 Medicamento opióide para a dor, espécie de morfina.

Certa vez, seguíamos para uma festa em Richmond, perto de Oakland, e Big Al estava pilotando sua motocicleta na frente do grupo, quando repentinamente bateu num carro durante uma ultrapassagem e caiu da moto. Como ele era grandão e gordo, Al literalmente saiu rolando pela estrada e caiu dentro de um canal.

Magoo foi até o lugar onde Big Al estava caído, abriu sua mala preta de médico e encontrou várias pílulas para ajudar Al a suportar a dor. Com a ajuda de Magoo, ele conseguiu escapar dali (e foi até capaz de aparecer na festa mais tarde naquela noite!).

De volta à cena do acidente, a polícia chegou e encontrou a moto de Al toda retorcida na vala. A parte dianteira estava completamente destruída.

"Onde está o corpo?", os policiais perguntaram às testemunhas.

Winston McConnelly, outro membro do clube de Oakland, saiu do Cadillac que dirigia e foi até os tiras.

"Esta moto é minha, oficiais". Winston estava com uma roupa muito chamativa, calça de couro roxa e camiseta dourada de cetim, dando o melhor de si para convencer a polícia que era ele quem havia dado perda total na motocicleta. Os policiais se entreolharam, sacudindo a cabeça. Era impossível acreditar que Winston, todo alinhado, tinha realmente capotado com aquela moto. Pegamos a moto do Albert e levamos de volta para Oakland, onde eu a consertei.

Winston era um Hell's Angel bastante chamativo. Tramp era chamativo no sentido rebelde/animalesco, o que servia como uma maneira de chocar a sociedade, mas era Winston quem chamava a atenção com seu poder aquisitivo e suas roupas. Ele usava muitas joias de ouro e tinha dentes de ouro. Winston era o garanhão das mulheres. Eu apresentava as meninas pro Winston quando pegava bode de sair com elas. Então elas viravam mulheres do Winston por um tempo, e ele de vez em quando tinha alguma coisa mais séria com elas. Ele também tinha uma leoa chamada Kitty Kitty. Winston a alimentava com galinhas vivas. Ele ficava me convidando para ir à sua casa para ver Kitty Kitty, mas aquela felina era tão grande que eu não tinha a moral de chegar perto dela. Ela ficava rugindo no jardim, parecia que estava no meio da selva ou algo do tipo. Winston dava risada e dizia, "Sabe qual é a diferença entre um gato grande e um gato pequeno? Um gato grande, quando te arranha, é capaz de arrancar seu olho fora". Palavras de sabedoria proferidas por Winston.

Depois que perdemos Charlie Magoo, Michael "Mother" Miles (de Sacramento) e Chocolate George (de Frisco), os Hell's Angels ficaram bem conhecidos por seus funerais de proporções superlativas. Quando morre um membro, todos vão ao seu funeral. É uma questão de respeito pelo homem e seu *chapter*. Parte disso é uma demonstração de força. Eu já fui a muitos funerais de membros que sequer conhecia, mas, porque eles eram membros, eu me sentia obrigado a ir sempre que possível.

Os agentes da lei tinham o costume de caçoar dos funerais dos Hell's Angels quando nós dirigíamos nossas motocicletas seguindo o carro fúnebre, formando uma imensa fila. Os tiras diziam que éramos um bando de palhaços. Mas não demorou muito para que eles começassem a fazer o mesmo quando um policial era morto em serviço. Agora isso é até comum, quase um regulamento.

Nos primeiros dias do clube de Oakland, muito antes da compra da nossa sede, os Hell's Angels de Oakland costumavam se encontrar e fazer reuniões no porão do Junior Gonsalves. Eis alguns nomes que participavam: Johnny Angel, Clint George, Jerry Pruchky, Junior, Dale Malen, Gus Pimental e seu primo Waldo, e especialmente Jerry Jordan.

Jerry trabalhava na linha de produção da fábrica de doces Peter Paul Mounds. Ele era um cara esperto de verdade. Ele pegava as plaquinhas de madeira e cobria-as com chocolate e amêndoas por cima. Então ele as embrulhava perfeitamente com a embalagem da Mounds Bar e as despachava. Jerry morreu num acidente de moto no final de 1959, foi o primeiro Hell's Angel a morrer como um Hell's Angel de Oakland. Depois de visitar seu filho recém-nascido naquele dia, ele foi atingido por um trem vindo pela ponte da Avenida 29. Ele foi atropelado pelo trem bem no cruzamento. O legado de Jerry foi uma marca de derrapagem de vinte e cinco metros no chão.

Waldo foi um dos primeiros membros de Oakland. Um sujeito enorme, dos maiores que já vi na vida. Ele foi o cara que nos advertiu a respeito da admissão de usuários de heroína no clube. Quando Waldo entrou para o clube, ele já tinha usado heroína antes que criássemos a regra contra ela. Um dia ele me comunicou que estava deixando o clube porque tinha virado um usuário de heroína e que ele não podia ser um viciado e um Hell's Angel ao mesmo tempo. Sua moto ficou parada, com o pneu furado por três semanas, porque ele preferiu cuidar de si mesmo antes da moto.

Antes daquela regra, Waldo tinha sido o cara que me colocou no negócio de vender heroína. Eu vendi heroína do final dos anos sessenta até o começo dos anos setenta, diretamente para os junkies. De vez em quando, alguns junkies também repassavam para mim. Um dia Waldo me perguntou, "E aí, quanto dinheiro você conseguiu?".

"Eu não sei, mais ou menos quatrocentos dólares."

"Passa pra cá que eu vou te ensinar como fazer muito mais dinheiro."

"Sem chance, cara. Você mesmo me disse para nunca confiar num viciado."

"Não, eu me referia a outros usuários de heroína, não a mim."

Entreguei a ele meus quatrocentos paus, Waldo correu para o México e voltou com trinta gramas de heroína. Quando repassamos tudo, os quatrocentos paus iniciais tinham se convertido em uma caixa de cigarros cheia de dinheiro, no mínimo o dobro do investimento. Até Waldo entrou na jogada e tirou um lucro.

Dei pra ele a caixa de cigarros com o dinheiro.

"Busca mais para nós."

Jimmy Scraggs era outro membro das antigas. Scraggs, cujo nome verdadeiro era Jim Stephenson, era um grande cantor de clássicos hillbily. Ele também era sparring de um boxeador da Califórnia chamado Bo Bo Olsen. Scraggs tinha uma banda de country chamada Jim Long and His Tennessee Playboys, e ele se apresentava num bar chamado Oakie John's, em Alvarado. Os Hell's Angels costumavam aparecer no Oakie John's sempre que rolava show do Scraggs por lá. O bar era retangular e tinha um corredor comprido, sempre lotado, onde era impossível não trombar com alguém e derrubar seu drinque. Brigas eram lugar-comum. O palco era protegido por uma rede de arame trançado para que as bandas não fossem atingidas por garrafas voadoras. Scraggs tinha o costume de levar três violões para o show, porque um ou dois geralmente acabavam sendo quebrados na cabeça de alguém.

Um dia, em 1973, Scraggs estava limpando sua pistola calibre .25 automática, que estava carregada com uma bala quando ele apertou o gatilho. O negócio disparou e o atingiu bem na cabeça. Uma de suas filhas, de sete anos de idade à época, foi a primeira pessoa a encontrá-lo morto. Criança esperta, ela sabia que ele era um criminoso e não deveria portar uma arma, para começo de conversa, portanto ela escondeu o objeto antes que a polícia chegasse à cena. Os policiais ficaram achando que alguém havia matado Scraggs por um bom tempo, até que a menina finalmente revelou a verdade.

Hi Ho Steve Vaughan era completamente pirado. Ele não dava a mínima para as autoridades, então, uma vez, quando teve de comparecer perante a corte, ele pintou metade da sua cara de verde. O juiz ficou tão nervoso que o advertiu, "Sr. Vaughan, retorne à minha corte à uma hora, e é melhor que não esteja com essa aparência!". Daí Hi Ho Steve foi e pintou a outra metade da cara de amarelo.

Outra vez, Hi Ho Steve ficou com dor de dente e tentou arrancar o dente sozinho com um alicate. Ele acabou arrancando parte de seu osso maxilar também. Quando estávamos na estrada, durante uma *run* dos Hell's Angels, Hi Ho Steve fez um ensopado no acampamento com a carne de um coiote que havia matado na estrada. Os bichos que o Steve abatia na estrada tinham um gosto tão ruim quanto os cães selvagens que os comiam.

Norton Bob pilotava uma Harley e uma BSA, mas originalmente ele tinha uma Norton, tanto que foi daí que ele pegou o apelido. Ele foi transferido de San Diego para Oakland como um membro de alta posição do clube. Durante um conflito com um clube motociclista rival, Norton foi preso por ter acabado com a raça de um dos membros dos caras. Quando foi solto da prisão, ele recebeu um certificado de reabilitação do governador, um dos primeiros do gênero a serem despachados. Ele acabou se tornando um exímio piloto de avião. Norton também desenvolveu um paraquedas aerodinâmico e montou sua própria companhia de aviação.

Norton morreu durante a entrega de um avião bimotor para um cliente na Nova Zelândia. Eles tinham desmontado o avião e instalado tanques extra de gasolina para a longa viagem sobre o Pacífico, mas quando um dos motores

Ralph "Sonny" Barger

Norton Bob, do clube de Oakland.

pifou, o peso da carga era demais e o avião afundou na água. Recebemos as últimas transmissões da Guarda Costeira e aparentemente Norton perdera a altitude muito rápido e desapareceu debaixo d'água.

Cisco é um Hell's Angel há mais de trinta anos. Seu nome verdadeiro é Elliot Valderrama. Ele é em parte descendente de filipinos e foi criado na região leste de Los Angeles, em meio às gangues de rua latinas. Cisco viajou para Oakland no começo dos anos 1960 com um empreiteiro que levou sua equipe para instalar algumas lareiras e chaminés. Cisco trabalhava como pedreiro e, enquanto estava na labuta, viu um grupo de Hell's Angels de Oakland parando num posto de gasolina. Naquele exato momento, ele teve certeza do que queria ser para o resto de sua vida. Embora nunca tivesse andado de moto antes, se aquilo era o que precisava ser feito para ingressar nos Hell's Angels, então estava decidido.

Cisco em uma de suas motos customizadas. Repare o "Free Sonny" pichado na parede atrás dele. Eu estava em cana nessa época.
(foto: acervo pessoal de Cisco Valderrama)

    Quando conheci Cisco, ele chegou de mansinho no Star Cafe e disse pra mim que queria se tornar um Hell's Angel. Ele pertencia a um clube em Sonoma chamado Misfits, e Pete Knell e Chocolate George trouxeram Cisco para Oakland a fim de apresentá-lo a mim e conversar sobre a possibilidade de o Misfits ser convertido em outro *chapter* Hell's Angel no Norte da Califórnia.

    Cisco era um cara destacado. A segunda vez que ele apareceu, chegou com uma camisa do Batman e acompanhado da namorada. Lá no bar, Cisco virou para a namorada e pediu para que ela esperasse no carro.

    "Já, já, eu vou, assim que terminar aqui."

    O tempo passou e logo sua namorada ficou impaciente, então ela foi até o bar e disse pro Cisco, "Vai logo com esse negócio, pra gente poder ir embora."

Cisco estava determinado a entrar para o clube. Ele me perguntou o que era preciso fazer para se tornar um Hell's Angel. Havia uns motociclistas que queríamos pegar, dirigindo por San Rafael, no condado de Marin, usando *patches* falsos dos Hell's Angels. Cisco já tinha trombado os caras, os tais "Hell's Angels de San Rafael". Baseado no que Cisco sempre ouvira a nosso respeito, aqueles caras eram um bando de comédias. A impressão que Cisco teve era de que, se eles tivessem estudado na mesma escola que ele, ele teria socado um por um e roubado o dinheiro do lanche deles. Eles disseram ao Cisco: "Se você deseja se tornar um Hell's Angel de San Rafael, apenas mande fazer o *patch* e pronto". Eu fui um pouco sacana quando disse pra ele, "Pega um desses *patches* de San Rafael e traz pra mim. Daí a gente conversa a respeito. Mas não me acorde antes do meio-dia."

Depois do nosso encontro, Cisco e alguns de seus camaradas dos Misfits foram até San Rafael e bateram na porta da casa do presidente. Assim que ele abriu a porta, Cisco bateu nele com força e agilidade, nocauteando o cara e deixando-o inconsciente. Sua mulher começou a gritar, por isso um dos Misfits deu um tapa nela, derrubando-a no chão. Cisco tomou o *patch* do presidente.

"Você não é um Hell's Angel, seu filho da puta maldito, e se você quiser resolver isso na bala, não será um problema para nós."

Cisco o fez ligar para os outros sete caras. Conforme cada um deles ia chegando, eles tomavam umas porradas e eram amarrados na esquina da casa. Coletados todos os *patches* falsos, eles foram todos queimados, exceto o do presidente. Naquela noite o "San Rafael Hell's Angels" foi oficialmente dissolvido.

Cisco dirigiu de volta até Oakland na manhã seguinte. Quando chegou à minha casa, o relógio marcava oito horas, portanto ele ficou sentado dentro de seu caminhão esperando até quinze para meio-dia, quando Fu, um Hell's Angel de Fresno na época, parou na frente de casa. Fu já estava bem perto da porta quando Cisco gritou para ele, "Ei! Ainda não é meio-dia. Não vá acordá-lo!".

Fu deu risada. "Cara, o Sonny acorda cedo todos os dias. Ele provavelmente já deve estar de pé há algumas horas."

Convidei Cisco para entrar e ele me entregou o *patch* falso. Na semana seguinte, apadrinhei Cisco e outros catorze dos Misfits para que inaugurassem um *chapter* dos Hell's Angels em Santa Rosa. Eles foram aprovados na votação sem problema algum. Cisco é um dos pouquíssimos Hell's Angels que nunca passaram pelo estágio de *prospect*.

Quando Cisco ainda tinha seus vinte e poucos anos ele arrumou confusão com um clube de fora do estado. Eles não tomaram o *patch* dele, mas meteram armas em sua cabeça e ameaçaram estourar seus miolos. "É assim que as coisas funcionam em nosso estado", disseram pra ele. Quando Cisco me relatou o ocorrido, por razões políticas na época, eu o adverti para que não se metesse mais com esse outro clube.

Logo depois disso, Bobby "Durt" England, um membro de Oakland, ligou para Cisco e disse a ele que estava com um motociclista daquele mesmo clube na casa de sua mãe. Cisco bateu o telefone no gancho e saiu rasgando em direção à sua casa para buscar uma arma.

"Aí, seu filho da puta, é assim que as coisas funcionam na Califórnia." Ele engatilhou o revólver e apontou a arma para a cabeça do cara.

A mãe de Bobby, que se parecia com a tia Bea, do *The Andy Griffith Show,* sem dizer uma única palavra, abaixou-se e começou a enrolar seu refinado tapete oriental com receio de que fosse manchado com sangue. Antes de apertar o gatilho, Cisco se lembrou da promessa que me havia feito e desencanou.

Certa vez, um amigo notou que o salão de festas da casa que Cisco mantinha na região oeste de Oakland ficaria legal se ele usasse um caixão como mesa de centro. No dia seguinte, lá estava um caixão de mogno reluzente, novinho em folha. Só havia um pequeno detalhe – o bagulho era pesado demais. Então, o caixão foi aberto, e havia um corpo embalsamado dentro dele, saído direto do funeral. Cisco gritou para o seu camarada. "Tira essa porra daqui antes que eu coloque você aí dentro!".

Cisco virou o presidente de nosso *chapter* em Oakland durante meu tempo na prisão. Ele trabalha com cinema, e Mickey Rourke é um de seus melhores amigos. Sua paixão é música doo-wop e automóveis antigos. Ele só continua andando de moto para poder fazer parte do clube, e ele tem um monte delas, montando as mais belas motocicletas que você jamais verá na vida. Mesmo amando trabalhar nas motos, ele não necessariamente curte tanto assim andar nelas. Ele apenas faz isso por causa do clube. Comigo, é totalmente o oposto. Eu ando todos os dias.

Ralph "Sonny" Barger

Os Hell's Angels adoram sair na mão. Nunca nenhuma turma de bêbados ou algum folgado pensou em se safar conosco, e muitas vezes já brigamos uns com os outros. Armand Bletcher media um metro e oitenta e três e pesava 158 quilos. Sua força era tamanha que ele conseguia levantar uma moto em cada braço e colocá-las na carreta de uma picape. No começo dos anos 1970, Armand era capaz de fazer um supino de trezentos e vinte quilos, mas tinha que arquear as costas para realizar essa proeza. Ele nunca participou de competições, mas tomava esteroides e era gigante.

Apenas Johnny Angel era páreo para Armand Bletcher. Armand virou para mim um dia e falou, quase chorando, praticamente implorando, "Sonny, por favor, deixe-me desafiá-lo para uma briga."

"Armand", eu disse, "se você fizer isso, todos nós vamos ter que ir pra cima de você."

Nós terminaríamos tendo que esfaquear o cara, porque era o único jeito no mundo de vencer aquele maluco numa competição justa. Ele provavelmente seria capaz de acabar com a raça de todos na sala.

Armand uma vez discutiu com um amigo ao telefone e o advertiu, "Eu estou indo até aí pra te pegar". Quando Armand entrou pela porta da casa, seu amigo o acertou com um taco de baseball na cabeça, o que apenas serviu para deixá-lo ainda mais irado.

"Vou enfiar esse taco bem no meio do seu cu." O camarada largou o taco, sacou uma arma e atirou à queima roupa em Armand, matando-o.

Havia um Hell's Angel no condado de Sonoma que chamávamos de Fuck 'Em Up Chuck, um motociclista completamente sem noção. Se Chuck não fosse com a sua cara ou não pegasse bem com alguma coisa que você dissesse, então – boom! – você estava fodido, e é por isso que ele tinha esse apelido de "Fuck 'Em Up Chuk"[7]. Ele conheceu uma hippiezinha no condado de Marin e pediu a ela que lhe fizesse um anel com o símbolo da caveira do clube. Eles definiram juntos um desenho, e quando ela terminou a

---

7 Nota do tradutor: Expressão que quer dizer algo como "Chuck Fode com Todos".

joia, foi lá entregar pro Chuck. Ao ver o anel, ele ficou realmente irado. "Por que você escreveu Oakland no anel? Eu sou de Sonoma."

"Sinto muito, de verdade", ela disse. "Pensei que todos os Hell's Angels eram de Oakland." Já que o anel era inútil para ele, Chuck deu de presente para um membro de Oakland.

James "Fu" Griffin era um Hell's Angel que tinha sido transferido do clube de Fresno. Certa vez, depois que deram uma batida em sua casa, Fu acabou preso. Os federais invadiram já apontando armas e atirando enquanto Fu pegou seu revólver e começou a disparar de volta. Eles saíram metralhando e o Fu teve que sair da casa, só que ele acabou sendo atingido com um tiro no braço. Quando Cisco foi visitá-lo em San Quentin, ele exibia a cicatriz da bala como uma espécie de troféu do qual tinha orgulho. Durante todo o período em que tomamos conta da casa para ele, nunca ousamos tapar os buracos dos tiros de metralhadora nas paredes, cortinas e portas, em respeito ao Fu.

Havia um rapaz havaiano no clube de Oakland a quem demos o apelido de Pi. O nome verdadeiro de Pi era Alan White, e ele era o cara mais malvado que você jamais gostaria de conhecer. Pi era um sujeito forte, e ele machucava as pessoas. Ele era o tipo de Hell's Angel do qual você manteria distância caso fosse uma pessoa de fora curtindo com a galera do clube.

Estávamos numa *run* certa vez, em Gold Country, quando a roda da minha moto quebrou. Por sorte, tinha uma loja de motos nas proximidades, bem na cidadezinha à frente. O plano era que Pi e eu nos separássemos do resto do trem e fôssemos até lá para consertar a minha roda. Um dos outros motociclistas – que não era membro do clube – perguntou se podia nos acompanhar. Sem problemas. Então o novato ficou olhando o Pi – ele pegou uma Uzi dentro do caminhão de um *prospect*, carregou a metralhadora, enrolou-a numa toalha e amarrou-a no assento de sua moto.

"Qual é a necessidade disso, cara?"

"Vou escoltando o Sonny", disse Pi com ar de precavido, enquanto acomodava a arma.

Doug "The Thug" Orr podia quebrar um par de algemas.

Aquilo fez com que o cara mudasse de ideia. "Vocês podem seguir sem mim. Vou ficar com os rapazes."

Onde quer que eu fosse, Pi estava por perto, fazendo com que me sentisse totalmente protegido.

Hell's Angel

Doug "the Thug"[8] Orr era outro membro incontrolável. Ele primeiro havia passado pelo Daly City Hell's Angels, e depois ficou um tempo no Nomads, antes de se tornar um Hell's Angel de Oakland. Doug foi criado fora de São Francisco, na região de Daly City, e era um cara extremamente violento por natureza, um típico gangster. O período mais longo que ele passou longe das grades foi durante sua estada no *chapter* de Oakland. Ele finalmente foi mandado de volta para o presídio San Quentin por roubo à mão armada e por estourar os miolos da própria namorada. Doug the Thug era tão forte que conseguia arrebentar um par de algemas. Seus companheiros de cela em San Quentin evitavam andar ao seu lado. No tempo em que ficou lá, ele foi considerado tão violento que precisaram transferi-lo para o manicômio de Napa Valley. O plano deles era fazer uma lobotomia no Doug, de modo a deixá-lo mais calmo. Alguém que já tinha ficado um tempo com o Doug no hospital de Napa alertou alguns de seus amigos sobre o que estavam fazendo com ele.

Seus amigos ajudaram Doug a escapar do Hospital Estadual de Napa. Quando ele saiu de lá, ele estava tão dopado que levou uns cinco dias para que o efeito das substâncias passasse completamente e ele voltasse ao seu estado normal. Doug the Thug viveu em instituições praticamente toda a sua vida. No fim das contas, ele foi mandado de volta à penitenciária, onde morreu de overdose de heroína dentro da cela.

Durante o auge do consumo de ácido nos anos 1960, Terry the Tramp e George Wethern eram os caras que passavam boa parte do LSD e outros psicodélicos na Haight-Ashbury, em pleno Verão do Amor. Caso o ácido fosse fabricado pelo famoso pioneiro do LSD, Owsley Stanley, as chances eram grandes de que Tramp e George fossem os responsáveis pela distribuição. O apelido do George era Baby Huey, e ele não mexia com LSD até então; na verdade seu passado era de carpinteiro e de trabalhador da construção civil. Wethern foi um dos primeiros Hell's Angels a se voltar contra o clube, virar um traíra, e contar sua história para o governo. Depois, ele registrou

---

8 "O Vândalo"

Ralph "Sonny" Barger

Aqui temos Zorro com dois rifles, provavelmente violando sua condicional.
(foto: acervo pessoal de Cisco Valderrama)

tudo num livro publicado em 1978. *Wayward Angel*[9] foi o primeiro de muitos dos sensacionalistas "livros-verdade" sobre os Hell's Angels a ganhar as prateleiras. George também foi um dos primeiríssimos Hell's Angels a entrar no Programa de Proteção à Testemunha.

Mas George também não era nenhum santo. Ele era um violento filho da puta. Quando ele ficava louco de PCP[10], perdia todo o senso de realidade. O melhor amigo de George no clube era o Billy Mitten. Billy era um sujeito esbelto e bonitão cujos pais eram brasileiros. Ele penteava os cabelos para trás e sua aparência meio que lembrava o ator espanhol Antonio Banderas. Não importa o calor que fizesse na rua, Billy estava sempre usando sua calça de couro preta e uma camisa de couro

---

9 Nota do tradutor: *O Anjo Desobediente*, ao pé da letra.

10 Nota do tradutor: Fenilciclidina. Droga dissociativa de efeito anestésico. Causa alucinações e efeitos neurotóxicos. No jargão das ruas nos Estados Unidos e Inglaterra, é chamada de Peace Pill e Angel Dust. No Brasil, é chamada de Pó de Anjo ou Pó de Lua. Pode ser fumada, inalada, ingerida ou injetada.

preta toda fechada na frente. Ele tinha uma reluzente motocicleta chopper na cor "laranja de Oakland". Todo mundo no clube o chamava de Zorro.

Zorro era um sujeito incrivelmente persuasivo. Ele era capaz de vender uma mesma Sportster para cinco caras diferentes e deixá-los em frente à sede do clube discutindo um com o outro, tentando provar quem era o verdadeiro comprador e quem era o trapaceiro, enquanto ele mesmo vazava com toda a grana. Zorro mentia tão compulsivamente que ele mesmo acabava acreditando nas baboseiras que inventava. Ele espalhava tantas histórias que até a polícia uma vez chegou a prendê-lo por algo que ele nem tinha feito; Zorro passou pelo detector de mentiras e falhou.

George Wethern e Zorro eram parceiros nos negócios, assim como amigos, e uma noite eles tiveram uma estranha discussão. Zorro espalhou um comentário sobre ter embolsado uma grana do George originalmente designada para o pagamento dos impostos de uma propriedade pertencente aos dois. Wethern ficou com tanta raiva que perdeu o controle. George estava completamente chapado de PCP ao ponto de pegar uma pistola .45 e descarregar sete cartuchos no Zorro. No total, considerando as marcas de entrada e saída das balas, o corpo de Zorro ficou com vinte e um buracos de balas.

Chocado com o que acabara de fazer, George pegou o corpo do Zorro e correu até o hospital Fairmont, dizendo aos médicos, "Eu acabei de atirar na perna do meu amigo." A mulher do George me ligou em pânico, então montei na minha moto e dirigi até o hospital, onde George estava no corredor, acompanhado de uns quinze médicos trabalhando para tentar salvar a vida de Zorro. George era um cara parrudão e estava realmente em pânico. A polícia baixou lá, e ao mesmo tempo em que eles não tinham a intenção de atirar nele, George também não queria se render. Coube a mim a missão de tentar acalmar George. Os policiais disseram que atirariam nele caso ele não baixasse a bola, e então finalmente consegui convencer George a deixar que o algemassem. No caminho da delegacia, George ainda estava pirado de PCP. Inacreditavelmente, Zorro sobreviveu.

Quando chegou o dia de se apresentar no tribunal, Zorro se recusou a acusar como culpado seu amigo George, descrevendo toda a cena como um acidente. Zorro tatuou uns contornos em volta de cada marca de bala no corpo. Num deles mandou escrever, ".45 Não É de Nada." Zorro morreu apenas alguns dias depois por conta de complicações causadas pelos tiros.

Ralph "Sonny" Barger

Deacon posando com sua Harley.
(foto: Steve Bonge)

Com caras como Skip, Magoo, Tramp, Big Al, Cisco, Scraggs, Winston, Johnny Angel, Jerry Jordan, Norton Bob, Armand, Pi, Fu, Hi Ho Steve, Bert Stefanson, Doug the Thug, Michael Malve, Gary "GP" Popkin, Fuzzy, Stork, Deacon, Marvin, Guinea, Flash, Fook e Zorro por perto, o Oakland Hell's Angels constituía uma família, especialmente depois que perdi meu pai, em janeiro de 1971. Meu pai morreu poucos dias depois que perdemos Magoo. Meu pai bebeu demais até o final, e quando a doença o atacou severamente, ele se recusou a chamar uma ambulância, porque não queria incomodar ninguém. Minha irmã o internou num hospital e ficou lá com ele por três dias e noites, dormindo na sala de espera. Na quarta manhã, ele se foi. O Sr. Ralph Barger morreu de cirrose no fígado e outras complicações deflagradas pelo alcoolismo.

No dia seguinte ao funeral de Magoo, eu enterrei meu pai num maciço caixão de cerejeira que eu tinha comprado para mim. Eu honestamente acreditava que morreria antes dele. Doamos todas as roupas novas com que o presentea-

Mouldy Marvin, uma figura central tanto no incidente do estupro em Monterey quanto nos conflitos Oakland-Frisco. Hoje ele faz parte dos Nomads no estado de Washington.
(foto: Steve Bonge)

mos no Natal para um novo membro chamado Pop Linderman, que tinha acabado de cumprir o serviço militar. Minha tia ficou com a sua bíblia. Shirley, por sua vez, recebeu a grana de um seguro que mal pagava o funeral e o jazigo no cemitério. E eu herdei as armas do meu pai.

Depois que o cremamos, eu visitei sozinho o túmulo do meu pai por três dias e noites, adquirindo uma pneumonia por causa da chuva de inverno que despencava do céu. Lidei muito mal com a morte do meu pai, sofri mais que todo mundo. Eu tinha tentado cuidar dele, mas conforme foi ficando mais velho e não conseguia mais trabalhar, ele dava qualquer pequena quantia em dinheiro de que dispunha para outros parentes necessitados.

Tirando os poucos meses que passei na cadeia de Santa Rita por conta de posse de maconha, meu pai não esteve por aqui para testemunhar a maioria dos meus problemas com a lei. Ele tinha orgulho do clube e de mim. Os membros o tratavam com gentileza e respeito. Meu pai levava a sério o fato de que eu era seu filho, e não importa a cagada que eu fizesse para estar em revistas como a *Time* ou a *Newsweek*, aquilo tudo rendia boas e tradicionais conversas de mesa de bar para ele.

Não importa o quão selvagens ou exacerbados alguns caras do clube fossem, eu tinha a sensação de que podia sempre acompanhar os passos deles e ajudá-los de uma forma ou de outra. Se os policiais ou os meus agentes de condicional ficassem irritados quando eu tentava passar um pano para algum acusado de cometer crimes dentro do clube, bem, isso era problema deles.

Eu realmente consigo entender o lance dos caras com as motocicletas. Mas no caso das mulheres... Bem, aí é uma história completamente diferente. Em termos de relacionamentos, nada nessa vida me deixava mais abalado e confuso do que as mulheres.

Jim "Mother" Miles com sua *old lady* Ann.
(foto: Wayne Miller/Magnum)

6

OLD LADIES, MELHORES AMASSOS E A DAMA DE LIVERMORE

Mulheres. Old ladies[1]. Garotas. Gatinhas. Não dá para viver sem elas, é impossível deixá-las em segundo plano. Em qualquer lugar onde os Hell's Angels estiverem, pode ter certeza de que haverá garotas, old ladies ou mulherada afim de curtição. Quanto melhor a old lady, melhor o Hell's Angel. Ter uma companheira que não fica brava em ver seu homem se divertindo faz toda a diferença entre um bom e um excelente Hell's Angel. Nós nos divertimos sem impor restrições como uma forma de ter certeza de que as mulheres que estão conosco nas *runs*, visitando o clube durante as festas ou apenas associadas conosco sintam-se 100% seguras. Encoste um dedo na mulher de um Hell's Angel e você incitará a cólera não somente daquele membro, mas do clube inteiro.

Eu já vivi minhas aventuras por aí, mas no fim das contas sou um cara de uma mulher só. Acredite, não sou um tipo garanhão. As mulheres me deixam feito bobo desde a infância, a começar pela minha própria mãe.

Depois de me abandonar quando bebê, minha mãe escreveu algumas cartas para mim e tentou fazer contato. Mas eu joguei as cartas dela fora sem nem abri-las. Preocupada com a falta de resposta, ela ligou para a delegacia de polícia pedindo que fossem checar se estava tudo bem conosco. A polícia era mais dedicada ao trabalho social naquela época, então eles foram até lá perguntar se eu havia recebido suas cartas. "Sim, eu as joguei fora. Por quê?". Os policiais

---

[1] Nota do tradutor: Termo usado pelos Hell's Angels para se referir às esposas.

disseram que, se seu não escrevesse para ela de volta, eles me colocariam no reformatório. "Vão em frente", eu falei, "levem-me embora". Eu sabia que meu pai intercederia em meu favor.

Quando minha irmã Shirley fez dezesseis anos, ela finalmente se encontrou com a nossa mãe, mas eu não queria contato com ela. Aos catorze anos, eu sentia que, quando a sua mãe te deixa ainda bebê, você tinha que desencanar dela, e nunca deixei esse negócio me incomodar. Eu tinha uma irmã para cuidar de mim. E em breve, imaginei, eu já teria zarpado das ruas de Oakland de qualquer maneira.

Naquele mesmo ano eu tive minha primeira experiência sexual. Estava lá deitado na cama uma certa manhã, quando uma garota que morava na minha rua chegou de mansinho e bateu na janela. Éramos ambos da mesma idade e ela não era tão feia. Deixei que ela entrasse no meu quarto e ela se deitou na cama comigo.

No começo do Hell's Angels MC, o típico membro do clube dificilmente era alguém atraente para as gatinhas dos anos 1950 ou as meninas de classe. Tirando o Tommy Thomas, que era casado, e eu, que geralmente tinha umas namoradas fixas, se alguém pegava alguma mina, era sempre alguma vadia da cidade que dava pra todo mundo.

Nos anos 1950, a maioria das garotas que o pessoal pegava era na base da mentira ou indo para Tijuana. No alvorecer dos anos 1960, a situação explodiu. Foi um sinal dos tempos, quando todos estavam experimentando com as drogas e o sexo. Os Hell's Angels não estavam à caça das filhas da América, mas nós estávamos atraindo atenção nacional na mídia e nos filmes, então foi uma época em que nos demos muito bem. Muitos dos caras do clube tinham várias namoradas vivendo com eles ao mesmo tempo.

Muitas mulheres "de respeito" se sentem secretamente atraídas por caras mais selvagens e machos, enquanto os chamados carinhas sensíveis ficam lá com o pau na mão. É apenas a natureza humana para muitas delas; é isso que as deixa excitadas.

Sexo grupal costumava rolar direto. Eu queria ter ganhado pelo menos um dólar de cada mulher que já chegou para mim em alguma de nossas festas e pediu para usar um quarto vazio junto com vários caras prontos para mandar ver. Para um certo tipo de mina, era uma honra ser fodida por um grupo de Hell's Angels. Algumas mulheres que nos viam rasgando pela estrada não sentiam repulsa nem ficavam assustadas. Elas queriam era fazer parte da parada, mesmo que isso significasse estar na garupa de uma moto agarrada a um estranho. Bobby Durt costumava ficar na frente de um bar vestido no maior visual e acenando para conseguir carona. Se alguma mina passasse e o pegasse vestido do jeito que estava, as chances não eram de que ela quisesse saber para onde ele estava indo, mas para onde ela o levaria. Ele era um Hell's Angel e a estrada não tinha fim.

O recebimento das Asas Vermelhas e das Asas Pretas veio de um ritual dos anos cinquenta e sessenta do HAMC. O sujeito ganhava Asas Vermelhas quando comia uma mina menstruada, e as Asas Pretas quando comia uma negra. Alguns membros recebiam ambas as asas de uma vez. Numa ocasião, Bobby Durt estava bebendo conosco no Sinner's Club e faturou uma negra no banheiro; nós abrimos a porta, testemunhamos e validamos sua conquista. Foi assim que ele ganhou suas Asas Pretas.

Às vezes as coisas entre as pessoas e os Angels saíam do controle ao ponto em que a situação transbordava numa tremenda controvérsia. O incidente do estupro em Monterey, que se tornou uma das primeiras grandes lendas sobre os Hell's Angels a ser relatada espetacularmente na imprensa nacional, é um bom exemplo disso. Na época, eu cumpria uma pena no presídio de Santa Rita por causa daquele caso banal envolvendo maconha; se não fosse por isso, eu teria estado lá.

Os Hell's Angels rodaram em massa até Monterey durante o fim de semana do Dia do Trabalho em 1964, para uma *run* e uma festa. Os locais estavam completamente apavorados conosco à solta na cidade, e a Câmara do Comércio de Monterey não estava muito contente, já que não dispúnhamos de muito dinheiro para gastar. Os rapazes acabaram sendo removidos para Seaside e finalmente descolaram um lugar para ficar chamado Marina Beach, perto da base militar de Fort Ord. Os Hell's Angels fincaram raízes por lá para zonear, festejar e usar drogas, mas também havia motociclistas locais de Monterey em Marina Beach, e ainda umas trinta garotas que vieram da praia para curtir com a gente.

Todos estavam pulando e festejando. Ao final do dia, alguns Angels de Oakland (como Terry the Tramp e Mouldy Marvin Gilbert) estavam aproveitando à beça e divertindo-se muito. Todo mundo nadava no mar e as garotas usavam trajes de banho minúsculos, quando muito. Duas das jovens garotas – uma negra e uma branca – aproximaram-se caminhando pela praia. Uma delas vestia apenas uma camiseta e a outra estava completamente nua.

Mouldy Marvin estava dando uma mijada atrás de um carro estacionado quando ele viu uma viatura da polícia parando ao lado dessas duas meninas. Os policiais abaixaram o vidro, falaram com elas, colocaram-nas no banco de trás, e partiram. No dia seguinte uma verdadeira frota da polícia baixou na festa. Tinham sobrado umas sessenta pessoas que ainda curtiam pela Marina Beach, sendo o dobro de homens em relação às mulheres. Os policiais enfileiraram os rapazes de um lado e as garotas do outro, e então um outro carro da polícia chegou passando pelo meio das duas fileiras com aquelas duas meninas no banco de trás. Elas identificaram alguns dos rapazes para os policiais.

Um outro membro de Richmond estava no final da fila dos homens, e uma das garotas o identificou. A polícia ordenou que ele se aproximasse, e antes que ele chegasse perto dos guardas, entregou sua cerveja para Jim "Mother" Miles, o presidente do clube de Sacramento. Daí eles se dirigiram a Miles. "Você também". Marvin começou a dar risada, portanto os policiais o pegaram. Nisso, Tramp, que estava bem ao lado de Marvin, balbuciou alguma coisa para os policiais, então pegaram ele também. As duas garotas tinham identificado os últimos quatro caras do final da fila.

Os policiais de Monterey conduziram os quatro identificados para o centro da cidade, deram voz de prisão e colocaram-nos na cadeia do condado sob a acusação de estupro. As manchetes dos jornais gritavam, "ESTUPRO EM MONTEREY! HELL'S ANGELS CAPTURADOS". Todas as agências de notícias, de costa a costa, cobriram o tão famigerado caso de estupro pelos Hell's Angels em Monterey. Nossa reputação atingira alcance nacional.

Um parente próximo de Terry the Tramp era um ex-advogado criminal de Monterey (que depois virou padre). Ele assumiu a defesa. Marvin, Tramp, Mother Miles, e o sujeito de Richmond foram afiançados, e quando eles retornaram para a sentença final, o caso já tinha sido fechado. Os promotores e os policiais sabiam que o caso deles era fraco. A balbúrdia de Monterey sequer chegara ao tribunal, e mais uma vez nossa absolvição ganhou as primeiras páginas dos jornais de todo o país. Éramos maus, éramos conhecidos nacionalmente e éramos inocentes.

No ano seguinte, o Procurador do Estado da Califórnia, General Thomas C. Lynch, apresentou um enorme dossiê criminal tanto na imprensa como no legislativo sobre os Hell's Angels, e a merda veio à tona. Essa era a primeira vez em que uma autoridade estadual de alta patente nos proclamava como uma influência negativa e ameaça à sociedade. Que venha a publicidade! Jornais e revistas começaram a nos cercar depois que o governo declarou guerra. Logo, todos queriam colher declarações nossas.

Eu conheci Elsie, minha primeira esposa, em 1962. Ela era uma gatinha. Eu gosto de meninas bonitas, e já estava ligado nela há tempos antes de ela virar minha namorada. Elsie era envolvida originalmente com um Hell's Angel chamado Rick Risner. Rick ficou no clube por alguns anos, e depois saiu, mudando-se para o Kentucky – e deixou Elsie. Depois que Rick terminou com ela, Elsie e eu começamos a ficar. Elsie era uma garota muito legal que gostava de se divertir e andar de moto comigo. Ela tinha um cabelo comprido, castanho escuro, e belíssimos olhos azuis, e todos no clube gostavam muito ela. Elsie também tinha dois filhos – um menino e uma menina – e, para ela, tudo era centrado neles. Certa noite, Shirley, que estava morando no Sul da Califórnia, recebeu uma ligação de Elsie. Ela dava risada.

"Alô, aqui é a sua nova cunhada. Acabei de me casar com seu irmão." Nós oficializamos nosso compromisso em Reno, em 1965, depois de rodar até Nevada em minha motocicleta acompanhados de um outro casal.

Nosso casamento foi de idas e vindas desde o começo. Ficamos separados por um tempo em 1966, e então reatamos com planos de comprar uma casa. Encontrei uma casa marrom de um quarto na rodovia Golf Links em Oakland, na mesma rua do zoológico da cidade. Muitos dos membros me seguiram até a região e encontraram terrenos por lá – Winston, Fat Freddie, e, mais tarde, Jim Jim Brandes, Sergey Walton e Kenny Owen.

Em 1967, Elsie engravidou logo após o Ano Novo, e como ela já tinha duas crianças, discutimos o assunto e decidimos que não teríamos mais nenhum filho. De qualquer modo, filhos não se enquadravam nos meus planos. Em feve-

Elsie, minha primeira esposa.

reiro daquele ano, enquanto eu estava em Boston avaliando um novo *chapter* do clube, Elsie tentou fazer um aborto por conta própria injetando ar pela vagina. Isso ocasionou uma bolha de ar em sua corrente sanguínea, e Elsie morreu agonizando, porém rapidamente.

Embora meu casamento com Elsie fosse cheio de altos e baixos, términos e reconciliações, nós compartilhamos ótimos momentos juntos em minha moto. A morte de Elsie me devastou de tal forma que eu tatuei sua lápide – uma cruz – em meu braço direito. A morte de Elsie aconteceu em um momento muito estranho de minha vida, bem quando *chapters* do clube começaram a brotar nacionalmente – sendo que eu tinha acabado de comprar a nova casa em Golf Links para a gente morar. Com a sua morte, mergulhei de cabeça nas questões e responsabilidades do clube.

Hell's Angel

Quando os Hell's Angels começaram na Califórnia, alguns dos *chapters* na verdade acolhiam membros femininos, especificamente São Francisco e São Bernardino. Eu vi algumas fotos antigas que mostram garotas como membros, usando *patches* dos Hell's Angels.

Frank Sadilek era o presidente do *chapter* de São Francisco no final dos anos cinquenta. Sua mulher, Leila, fazia parte do clube de São Francisco – ela era inclusive secretária do clube. Na época em que Bobby Zimmerman foi presidente de Berdoo, sua companheira, Keata, dividia responsabilidades com ele. Keata acabou morrendo – depois da morte de Bobby – quando os guidões de sua moto se desprenderam de suas mãos enquanto ela dirigia em alta velocidade na estrada. Não tenho certeza se ela chegou a ser oficialmente votada para ingressar como uma Hell's Angel feminina. Àquela altura, já não tínhamos mais nenhuma garota fazendo parte do clube.

Quando assumi como presidente do *chapter* em Oakland, mulheres deixaram de ser aceitas como membros do clube. Senti que não precisávamos de garotas no nosso clube. O Hell's Angels é um clube de elite masculino. Talvez sejamos sexistas, chauvinistas, não importa, mas já que não recebemos nenhum financiamento do governo, eles não podem nos levar à corte e nos forçar a mudar nosso regulamento para que aceitemos mulheres. O fato de que elas não são aceitas não significa que garotas não peguem a estrada com o clube. Há muitas mulheres que pilotam motos com o clube hoje em dia – mas nenhuma será votada para se tornar membro.

Quando formamos os primeiros *chapters*, seu *patch* era algo que você tinha que defender. Saíamos muito na porrada com outros clubes. Socávamos as pessoas e tomávamos seu *patches*. Por sua vez, eles tentavam nos derrubar e tomar os nossos. Mulheres não seriam capazes de defender o *patch*. É um lance de fibra, segurar a onda como lutador e como motociclista. Temos mulheres que dirigem tão bem quanto os membros. Algumas delas dirigem até melhor do que eu, mas quando se trata de percorrer centenas e centenas de quilômetros em apenas um dia, elas simplesmente não seguram a onda.

No final dos anos cinquenta, existia uma regra determinando que mulheres podiam usar o seu *patch* quando estivessem andando atrás de você, de modo que as pessoas pudessem ver o *patch*. Mas quando ela descesse da moto, deveria entregar de volta imediatamente. Essa exposição era importante para ajudar o

Em meados dos anos 1960, quando estava no colegial, Sharon Gruhlke foi coroada Dama de Livermore.

clube a crescer. Esse tipo de regra não existe atualmente. Qualquer um que não for um membro e estiver usando um *patch* Hell's Angel – homem ou mulher – corre o risco de apanhar até ficar desacordado.

Sharon, minha segunda esposa, foi meu principal relacionamento por mais de duas décadas. Nós nos tornamos – ao menos na visão dos tiras – parceiros no crime. Conheci Sharon Marie Gruhlke no verão de 1969, depois que Elsie morreu. Ela era uma deslumbrante jovem de dezenove anos que tinha sido coroada a Dama de Livermore. Aos quinze anos, ela queria ser modelo, então deu um jeito de escapar do colegial mais cedo e se matricular num curso de formação de modelos. No verão em que ela completou dezesseis, a instrutora da escola de modelos disse que ela precisava pesar 51 quilos. Pesando 53, Sharon ficou maluca e procurou um médico que uma vez por semana aplicava nela um tipo de coquetel de anfetaminas. Aquela foi a primeira introdução de Sharon às drogas. Ela nem sabia o que o cara estava injetando nela, seguido de alguns comprimidinhos azuis semanais complementares ao tratamento. Com dezessete anos, Sharon saiu da casa da mãe e do padrasto em Livermore e mudou-se para São Francisco em 1968. Ela continuou perdendo peso até chegar num "nível profissional", comeu muito queijo cottage e praticou seus exercícios matinais acompanhando Jack Lalanne na televisão.

A mudança de Sharon para a "cidade grande" foi atribulada e bem-sucedida. Ela era um sucesso. Ela começou a ganhar cachês de vinte e cinco dólares por hora, mas, depois de um aumento na demanda por sessões de foto, desfiles e trabalhos para a TV, a agência descolou um reajuste de dez dólares a mais por hora. Mesmo atuando como profissional, ela ainda se sentia em descompasso com as outras garotas da agência. Sharon viera de uma família de classe média em East Bay, e fora criada pela mãe. A maioria das outras modelos tinha vindo de famílias mais abastadas e viviam em lugares mais chiques do outro lado da ponte Golden Gate, como Sausalito, Marin County ou as luxuosas regiões de São Francisco. Ela passou pelas mesmas dificuldades que eu quando eu andava de bicicleta em São Francisco aos oito anos. Era luta de classes, um lance tipo Oakland-contra-São Francisco.

Com a mudança para São Francisco, Sharon acabou se acostumando com o som das motocicletas trafegando pelo seu bairro. Sua colega de quarto começou a sair com um *prospect* de Daly City, o que a princípio a deixou meio assustada. Ela alertou sua colega, "Gail, é melhor você tomar cuidado. Sabe como é, você pode se meter em confusão saindo com esses caras que andam de moto."

O *prospect* começou a chegar acompanhado de um amigo de seu clube no flat da Sharon. O pessoal do clube o chamava de Nigger Rick, porque ele era um português com a cor da pele de tom oliva escuro. Sharon saiu com Rick algumas vezes. Daí eles pararam de ficar, mas ele ainda aparecia na casa dela e eles continuaram amigos. Rick levava Sharon para andar de moto de vez em quando.

Antes de morar comigo, aos 19 anos, Sharon era uma modelo bem-sucedida na Bay Area.

O clube de Daly City estava prestes a ser dividido em dois, sendo que uma das partes se tornaria o novo núcleo de San Jose, e Rick percebeu que ele tinha boas chances de ser nomeado presidente de um dos dois *chapters*. Ele precisou ir até Oakland para conversar a respeito do novo clube de San Jose comigo, e ele convidou Sharon para acompanhá-lo. Quando Rick chegou à minha casa e tocou a campainha, alguém abriu o portão e os conduziu porta adentro. Meu enorme doberman saiu da casa de cachorro, patrulhando o jardim frontal, enquanto Sharon e Rick me seguiram apressadamente para o interior da casa.

Como de costume, Golf Links parecia uma subsede do clube naquele dia. A casa estava cheia de gente. Tiny estava lá cuidando da entrada. Johnny Angel também estava à espreita, e todo mundo estava feliz pela possibilidade de um novo clube Hell's Angels em San Jose. A maioria dos membros e suas old ladies estavam juntos, conversando no quarto. Eu ainda estava na cama com uma formosa garçonete loirinha que morava na rua. Ambos dirigíamos Corvettes e geralmente passávamos as noites de sexta juntos. Naquele sábado de manhã, ela se escondeu debaixo das cobertas quando a sala ficou cheia de membros do clube e amigos que não pareciam dar a mínima se ela estava lá ou não.

Quando Rick apresentou Sharon para mim, ela parecia nervosa e desconfortável. Tenho certeza que ela se sentiu um pouco deslocada conversando com as outras mulheres, ao lado de Rick à porta do quarto, e tentando desviar seus olhares da loira na minha cama. Sharon era mais nova e muito mais bonita do que a loira do Corvette. Eu precisava saber: quem era aquela jovem gatinha loira que estava com o Rick?

Naquela noite aconteceria um grande concerto beneficente no Longshoreman's Hall em São Francisco, e custava um dólar para entrar. Perguntei a Sharon se ela planejava ir à festa.

Quando ela disse que não, eu lancei pro Rick. "Bem, eu posso pagar um dólar por ela se você não puder."

"Obrigada, mesmo assim", disse Sharon, e foi embora para casa.

Mantive contato com Rick por mais umas duas semanas, na esperança de que ele me arranjasse o telefone da Sharon. Eu pedi pra ele falar bem de mim pra ela, já que ela pareceu acanhada em casa. Quando Rick ligou pra Sharon na academia de ginástica onde ela trabalhava, ela não demonstrou muito interesse. "Por que ele mesmo não me liga", ela perguntou ao Rick.

Sharon estava com tanto medo de me conhecer, que Rick agilizou uma festa na casa dele em Daly City, oferecendo-se como uma espécie de acompanhante. Liguei para Sharon e acertei um encontro incluindo outro casal, a amiga de quarto dela e um outro amigo meu do clube, Fat Freddie. À noite, quando eu cheguei para buscá-la, ela estava toda arrumada, com cílios postiços e uma peruca que se mesclava perfeitamente com o seu cabelo loiro platinado. Na festa, Sharon parecia um pouco desconfortável, então fumamos um pouco de maconha juntos (sua primeira vez), e o telefone tocou a noite toda. A maioria das ligações na festa era para mim, e quase todas de outras mulheres.

Uma das pessoas que ligaram dizia que eu tinha que colar na casa do Fat Freddie, imediatamente. Mais uma das minas do Freddie tinha acabado de sair da Instituição Californiana para Mulheres, um presídio feminino em Frontera, e ela possuía algumas armas que queria vender, guardadas desde antes de ser mandada para a cadeia. Quando eu já estava para vazar da festa, convidei Sharon para ir comigo de volta para Oakland. Não sei se foi porque ela estava um pouco chapada, mas ela ainda parecia estar com medo de mim.

Rick garantiu a ela que não tinha problema e nós fomos embora juntos da festa. Fumamos mais um baseado na moto enquanto Sharon se segurava, desesperadamente tentando fazer com que sua peruca não voasse da cabeça. Aceleramos pela Bay Bridge de volta a Oakland e fizemos algumas paradas. Quando concluí a compra das armas, um de nossos membros entrou na casa do Freddie ligadão e preocupado.

"Ei, Sonny, o-o-que-que-que você faria se uma mulher tivesse uma overdose de Seconal?"

Refleti por um segundo.

"Depende de quem ela for."

"Ela é a mãe dos meus filhos."

"Dê umas anfetaminas pra ela tomar. Isso vai acordá-la."

Na hora eu não me liguei que também é possível matar uma pessoa ao se fazer isso. Nosso colega estava surtando; eu notei que ele precisava da minha ajuda.

"Beleza", eu disse, procurando minha jaqueta. "Vamos lá ver o que está acontecendo."

Precisávamos encontrar algum viciado em drogas com uma seringa e um kit, o que não era nada difícil. Zarpamos da casa do Freddie e corremos até a casa de um membro na Avenida 82. Sharon ficou meio em choque. Ela não estava acostumada com o meu ritmo e não sabia o que esperar entre um minuto e outro. Sendo tão jovem, Sharon sequer sabia o que era uma "overdose". Entramos silenciosamente na casa pela porta dos fundos, procurando pelo corpo.

A situação parecia calma, porém tensa. Procurávamos pelo corpo de uma mulher. Oh-oh – ela parecia estar morta. Pedi para Sharon procurar uma toalha. Sharon tentou medir o pulso da mulher inconsciente enquanto eu checava sua respiração. Ela não detectou pulsação, e ambos pensamos que ela estava morta. Injetamos uma dose de anfetamina nela, e milagrosamente, ela acordou. Nenhum de nós tinha a mínima noção do que realmente estávamos fazendo. Mais tarde naquela noite, Sharon me contou sobre o quanto ela se sentiu segura ao meu lado, mesmo com pessoas quase morrendo à nossa volta.

Na condição de Hell's Angels, vivíamos em nosso próprio submundo, uma ínfima parte do mundo das pessoas comuns, e nos relacionávamos o mínimo possível com elas. Viver ou morrer, lidávamos com as nossas situações do nosso próprio jeito. Com overdoses de drogas, nunca era uma opção correr e ligar para um médico. Estávamos sempre na mira da lei. Resolvíamos nossos problemas sem recorrer à polícia ou paramédicos. A mulher sobreviveu naquela noite, e acredito que eu provavelmente salvei sua vida ao mesmo tempo em que a coloquei em risco. Aquele também foi meu primeiro encontro com a Sharon – entremeado por uma compra de armas e uma overdose de Seconal.

Apesar de toda a excitação, Sharon precisava voltar para casa, pois tinha que trabalhar na manhã seguinte. Eu dei o meu melhor para convencê-la a ficar na minha casa, mas ela insistiu em ir embora. Arranjei uma carona para ela de volta a São Francisco com um amigo meu. Sharon me achou meio idiota em querer que ela ficasse, mas aquilo era só o meu jeito de demonstrar que eu não queria que ela se fosse.

Sharon e eu perdemos o contato e não nos falamos mais no verão de 1969. Eu tinha terminado as filmagens de *Hell's Angels '69,* e os Hell's Angels planejavam uma *run* das grandes. Eu mal sabia que Sharon havia abandonado seu emprego na academia de ginástica e esperava pela minha ligação convidando-a para ir comigo à *run*. Ela tinha comprado um par de botas brancas ao estilo de Nancy Sinatra e um casaco de pele sintética, certa de que eu ligaria. Depois que parti sem ela, a vez seguinte em que tive notícias suas foi quando ela me enviou um cartão de aniversário em carta registrada. Dentro do cartão ela escreveu uma longa mensagem expressando o quão brava ficara com o fato de que eu a havia ignorado, e ao dizer aquilo ela assumia que não tinha certeza de quais eram os meus sentimentos em relação a ela, mas que ela ainda gostava de mim. Ela pensou que eu já estava em outra, e encerrou com um "passar bem". Uma coisa estranha de se desejar para um Hell's Angel.

Aquele cartão foi o suficiente. Peguei o telefone e liguei para ela. Terry the Tramp tinha organizado uma grande festa de aniversário para mim naquela noite, em sua casa. Era tarde, eu disse a ela, e a festa já havia começado, mas eu esperaria se ela tivesse ânimo de pegar um táxi para Golf Links. Quando o velho taxista italiano passou para pegá-la em seu flat no distrito de Mission e ela deu a ele o familiar endereço de Oakland que a maioria das pessoas conhecia dos jornais, ele tentou persuadi-la a não ir.

"Por que eu levaria uma garota bela e jovem como você para um lugar horrível como esse?"

Sharon aportou em Golf Links àquela noite e nunca mais voltou.

A namorada de Johnny Angel estava confusa sobre quantas garotas eu tinha arrastado para a festa de Terry the Tramp. Durante minha ida a Buffalo para a aprovação de um novo *chapter*, conheci uma moça chamada Sally, e voltei com ela para Oakland. Não é que eu tinha escolhido trazê-la porque estava interessado nela. Garotas que tinham a ver com o clube eram difíceis de encontrar naqueles tempos, e eu achei que ela seria uma boa companheira para algum outro cara do clube. Sally fez as malas, instalou-se na minha casa, e depois foi morar com um outro membro do clube. Quando Sharon se mudou para Golf Links, o irmão dela ajudou a carregar suas coisas numa van com destino a Oakland enquanto Sally partia.

Sharon amava ficar sentada na garagem me observando mexer na moto. Ao invés de limpar a casa e cozinhar, ela separava as porcas e parafusos no chão da garagem. Como Sharon tinha menos de vinte e um anos, eu não permitia que ela frequentasse nossos encontros nos bares, na tentativa de dar o exemplo para os outros membros.

Quando o filme *Hell's Angels '69* saiu, levei Sharon ao lançamento comigo. Paramos em diversas cidades ao longo do país, do Texas a Nova York e até a Califórnia. A turnê foi de alta classe; limusines estavam à nossa disposição em cada parada. Algumas vezes eles nos agraciavam com motocicletas, que eu dirigia até a exibição para dar autógrafos. Quando nós estivemos em Dallas, eu a levei até a Neiman Marcus e entreguei a ela um bolo de cinco notas de cem dólares, dizendo que ela tinha quinze minutos para gastar tudo. Ela não teve problemas em fazê-lo, comprando uma invocada calça de couro para viajar comigo.

Como minha nova companheira, Sharon sempre me fazia sorrir. Já tinham se passado dois anos desde a morte de Elsie, e eu acho que guardei a reação à sua morte para mim. Nunca conversamos muito sobre o acontecido. Peguei um monte de mulheres entre Elsie e Sharon, uma grande variedade de casos. Nem me recordo direito de seus rostos e nomes. A vida lá em casa era um caos, com os presentes que chegavam de outros *chapters* – fotos e placas apoiadas nas paredes. Minha casa era um zoológico perto do Zoológico de Oakland, com paredes pintadas no tom laranja de Oakland. Ao invés de ficar lamentando a morte de minha mulher, eu mergulhei num frenesi festivo.

Numa de minhas viagens pela estrada, Sharon e eu visitamos o clube de Buffalo, que tinha acabado de ser inaugurado. Denny McKnight foi eleito presidente deste *chapter*, e durante nossa estada em sua casa, Sharon e eu tomamos ácido. Sharon foi ao banheiro e começou a lavar a cara por uma eternidade com um creme de limpeza de pele Noxzema. Depois de um tempo, eu bati na porta. "Saia logo daí, mulher, faz um café pra gente." Ela saiu cheia de Noxzema na cara e ficou por um período que pareciam horas na cozinha. Então sacamos que ela nunca tinha feito um café na vida, daí um motociclista chamado Thief, que viera da Filadélfia, ensinou-lhe a passar um café, louca de ácido. Nossas old ladies não são necessariamente conhecidas por suas habilidades na cozinha, de qualquer maneira.

Quando retornamos de Buffalo, eu estava estacionando minha moto e não abaixei o pé de apoio totalmente. A moto caiu para o lado direito em cima do meu pé, fazendo com que ele inchasse pra valer. Na real, ele já estava fodido. Eu tinha saído na mão com Hi Ho Steve em Bass Lake e ele me deu uma mordida no pé. A mordida não tinha cicatrizado completamente. É de conhecimento geral que uma mordida humana pode ser tão perigosa quanto de um animal, mas no caso de Hi Ho Steve, poderia ser ainda mais arriscado.

Como resultado, passei as duas semanas seguintes mancando, de muletas. Sharon pegou uma severa pneumonia, então eu sugeri que ela fosse passar uns dias na casa da mãe dela até melhorar. Nesse meio tempo, recebi uma ligação do clube de Buffalo. Denny McKnight tinha batido contra um muro andando de moto, e não resistiu. Com o pé zoado ou não, cruzei o país até o funeral de Denny. Sharon ficou chateada comigo quando eu insisti que ela estava muito doente para viajar.

Depois que ela se mudou para a minha casa em Golf Links, um belo dia escutou-se alguém batendo na porta da frente. Abri e dei de cara com uma senhorinha de pé na entrada. Era a mãe da Sharon, Barbara. Ainda não havíamos sido apresentados.

"Posso te ajudar?"

"Apenas gostaria de ver com quem minha filha está morando, e se ela está ou não morando numa garagem."

Eu disse a ela que não, Sharon não estava morando numa garagem. Ela apenas deu as costas e foi embora. Tempos depois, nos tornamos bons amigos.

Sharon tinha atravessado um longo, longo caminho desde os dezenove anos de idade, quando era a Dama de Livermore. Certa vez eu estava enfrentando uma acusação de crime por posse de arma, e a arma em questão pertencia a Sharon. No tribunal, o advogado me fitou de cima a baixo segurando uma pistola.

"Sr. Barger, esta arma lhe pertence?"

"Não, ela pertence a Sharon."

Sharon estava presente no tribunal, então o promotor a trouxe para o púlpito. Exibindo a arma para ela, o promotor lhe indagou, "O que você sabe sobre esta arma?".

"Bem", ela respondeu, "eu sei que ela está engatilhada. Tenha cuidado. Pode ter uma bala aí."

O estúpido do promotor quase deixou a arma cair ao entregar a ela, mas Sharon pegou o objeto, desengatilhou, e devolveu a arma para ele.

"Não se preocupe", ela disse, "não está carregada."

O juiz grunhiu e olhou para o promotor. "A arma é obviamente dela, agora tire essa mulher daí."

Nós dois gostávamos de ficar chapados em casa, e costumávamos pegar pesado na cocaína no começo dos anos 1970. Naquela época, a polícia me parava o tempo todo e tive várias tretas com a lei. O meu consumo de cocaína me colocou em várias encrencas com a justiça e, como consequência, acabei em Folsom Prison[2]. Sharon andava tomando muito speed, mas eu ainda não era lá muito interessado em metanfetamina. A cocaína era meu interesse maior, e eu usava muito mais do que a Sharon. O consumo de drogas da Sharon evoluiu numa direção completamente diferente. Ela estava acostumada a tomar estimulantes durante sua época de modelo. Para lidar com a situação de eu estar na cadeia, Sharon

---

2 Nota do tradutor: Presídio estadual da Califórnia, localizado na cidade de Folsom.

deu uma diminuída na cocaína e aumentou o consumo de anfetaminas. No curto prazo, isso combateu sua depressão por conta da minha prisão.

O que fez a Sharon atravessar os tempos difíceis e solitários foi a possibilidade de andar de moto. Isso limpava a cabeça dela. Eu a tinha ensinado como andar de moto no nível de experts do clube como "Flash" Gordon Grow e Fu Griffin. Comprei para ela sua primeira motocicleta, uma BSA 650. Escolhi aquela moto em particular porque ela trocava de marchas de um lado só, como na Sportster. Então eu customizei essa moto para ela e assim nasceu a *Little Cocaine*. Sharon sempre amou andar com o clube, então sempre que o pessoal de Oakland agitava um passeio para algum lugar, Deakon a deixava informada em primeira mão de modo que ela pudesse se encontrar e seguir com o trem.

Um de meus mais loucos embates com a lei foi quando Sharon e eu decidimos nos casar no papel. Eu estava cumprindo pena em Folsom Prison na época. Nunca conversamos muito sobre casamento até a minha prisão. Enquanto eu esperava pela minha transferência da cadeia do distrito de Alameda para Folsom Prison, telefonei para Sharon certa noite e a pedi em casamento. Ela ficou muito contente e no dia seguinte fez um teste sanguíneo e uma tatuagem nas costas com um solzinho e uma flâmula com o escrito "Sonny". Eu geralmente não a deixaria fazer uma tatuagem, mas dessa vez eu estava incluso, então não fiz nenhuma objeção quando fiquei sabendo.

Os médicos da prisão me entregaram o resultado do meu teste de sangue, e depois que completamos todos os passos preliminares para nos casar legalmente, não conseguimos encontrar um único juiz no condado de Alameda disposto a consumar a nossa união. Eles ficavam todos ressabiados em se envolver. Toda resposta era, "Sem chance."

Quando eles me transferiram da cadeia distrital para Vacaville a fim de aguardar o processo para Folsom, ainda que fôssemos legalmente solteiros, Sharon assinou como minha mulher durante suas visitas íntimas e recebeu autorização imediata. Quando eu cheguei a Folsom, Sharon entrou novamente com o pedido pelas visitas íntimas. Eles sabiam que não éramos legalmente casados, e quando foram puxar os antecedentes dela, viram que ela tinha sido fichada por posse de metanfetamina. Sharon uma vez sofreu um acidente de moto na estrada e os policiais encontraram algumas cápsulas no bolso dela. A partir do momento em que dei entrada em Folsom no verão de 1973, perdi o direito de receber visitas de uma "parceira de crime".

Nesse meio tempo, nós finalmente encontramos uma brecha na lei que nos dava o direito de nos casarmos, o que, consequentemente, garantiria a Sharon as visitas íntimas. Encontramos uma lei nos livros que determinava que você não tinha que necessariamente estar no "mesmo lugar/ao mesmo tempo" para ser legalmente casado. Se você vivesse junto por certo período na condição de marido e mulher – o que fizemos antes de minha prisão – então você tinha o direito de se casar, independentemente de um de nós não dispor de testes de sangue validados.

Meu advogado virou um juiz de paz via correio. Embora as autoridades prisionais não fossem permitir que um juiz de paz obtivesse acesso físico para nos casar, eles legalmente não poderiam impedir meu advogado de me visitar e exercer a função separadamente. Sharon deu entrada ao processo; o advogado primeiro fez o casamento dela comigo. Dez dias depois, ele foi até Folsom e finalizou o processo, casando-me com Sharon. Estávamos oficialmente compromissados sob os olhos do Estado da Califórnia em 16 de dezembro de 1973, mas os oficiais da prisão de Folsom ainda não queriam dar permissão a Sharon para me visitar. Eles sentiam que tinham sido feitos de trouxas, o que, de certa forma, era verdade.

Ser esposa de uma liderança dos Hell's Angels não era nada fácil. Sharon e eu encaramos mais aventuras juntos do que dez casais comuns, mas vivemos muito tempo separados. De nossos vinte e sete anos de relacionamento, eu fiquei longe dela por um total de treze anos, seja cuidando de negócios do clube, na cadeia ou em julgamento. Sempre que eu me encrencava com a lei, Sharon me ajudava planejando os detalhes da minha defesa junto com meu advogado de defesa. Ela até vendeu uma tiragem de camisetas "Liberdade para Sonny" enquanto estive atrás das grades.

Sharon e eu formávamos um casal forte, mas os problemas começaram a surgir em nosso relacionamento. Quando fui libertado de Folsom, eu já tinha parado com a cocaína. Por outro lado, a fissura de Sharon com a anfetamina aumentava mais e mais com o passar dos anos. Que diabos, eu sei que estou longe da perfeição e cometo algumas cagadas. Tenho feito coisas erradas a minha vida toda, e não posso mudar isso. Mas é difícil explicar a sensação de viver ao lado de uma pessoa constantemente fritando de anfetamina. A situação foi se tornando insustentável até que, de repente, eu não era mais capaz de suportar. Eu pedi a ela que partisse.

São Francisco, agosto de 1980. Sonny e Sharon são absolvidos de acusações de extorsão.
(foto: AP/Wide World Photos)

Em 1996, demos um jeito de colocar a Sharon numa clínica de desintoxicação no Sul da Califórnia mantida pelos Adventistas do Sétimo Dia. Fui visitá-la no hospital e disse a ela, "Se você ficar sóbria e quiser voltar a viver comigo, seria ótimo."

Pessoalmente, eu prefiro um relacionamento sério e sólido, para a vida toda. Se nosso casamento estava se desmantelando, eu queria consertar e seguir em frente. Mas Sharon acabou passando mais de um ano no Sul da Califórnia se desintoxicando. Tive dificuldades em suportar esse hiato tão longo em nosso relacionamento.

Antes de partir, Sharon deixou uma pessoa de sua confiança encarregada de cuidar das coisas da casa para ela enquanto estivesse fora. Noel Black já tinha dado uns rolês com o clube durante um tempo. Eu não fazia ideia de como Sharon e Noel se conheceram, embora já a tivesse visto cuidando de algumas coisas no clube. Eu não tinha sido propriamente apresentado a Noel até que ela aparecesse em casa poucos dias depois que Sharon partiu. Certo dia ela estava em casa e fez uma pequena faxina. Naquele fim de tarde, ela me perguntou onde ficavam os lençóis. Eu disse, "Que lençóis?".

"Eu vou dormir no sofá", Noel disse, "porque não estou disposta a dirigir todo o caminho de volta para Sonoma de noite."

"Você não precisa dormir no sofá", eu disse a ela, enquanto apontava para a minha cama. "Durma aqui."

Sharon e eu ainda mantínhamos nosso acordo de que ela estava livre para voltar para casa, desde que permanecesse sóbria. Quando ela finalmente estava pronta para ser dispensada da clínica de desintoxicação, eu perguntei a ela, "E aí?".

Sharon me disse que agora ela estava limpa e sóbria, mas que não podia voltar pra casa. "Não consigo viver com você sem usar drogas."

No natal de 1996, escrevi uma carta para Sharon dizendo que, para que ambos pudéssemos ser felizes e saudáveis, deveríamos nos separar e seguir cada um o seu caminho. Demos entrada no divórcio e nossa longa relação acabou. Ainda hoje mantemos contato. Sharon e eu ainda somos amigos, e ela nunca mais voltou a usar drogas ou beber álcool, e vive uma vida feliz no Sul da Califórnia.

Noel e eu nos casamos em 8 de outubro de 1999, em Las Vegas, e vivemos numa casa no ensolarado deserto do Arizona com a nossa jovem filha, Sarrah. Noel é criadora de cavalos e já teve até um garanhão campeão do mundo. Agora ela tem a mim. A vida acabou me dando uma criança e uma bela "old lady", e também três éguas trotando pela propriedade. Noel também tem uma moto e é uma boa motociclista. O que mais eu poderia querer?

Os Hell's Angels durante uma conferência de imprensa sobre o posicionamento contrário do clube em relação às manifestações contra a Guerra do Vietnã, em 1965. Da esq. para dir.: o tesoureiro Skip Workman, o sargento de armas Tiny Walters, eu como presidente, o secretário Ron Jacobson e o vice-presidente Tommy Thomas.
(foto: Gene Anthony)

7
OS EXCITANTES E LISÉRGICOS ANOS 1960

"Os Angels nunca mudaram", disse o professor de folclore da UCLA[1] Donald Cosentino em um documentário de 1999 sobre os Hell's Angels. "Todo mundo em volta deles mudou. Sempre que queríamos que eles agissem de uma certa forma, sempre que a esquerda queria que eles agissem como representantes da classe trabalhadora, sempre que os hipsters queriam que eles agissem como hippies, sempre que a cultura das drogas queria enxergá-los como aliados, eles não passaram no teste."

Os Hell's Angels são uma organização apolítica. Mas quando as marchas pela paz começaram nos anos sessenta, houve membros do clube que não engoliram o comportamento dos radicais antiguerra da classe média para cima de veteranos como nós. Certa tarde, decidimos expressar nossas opiniões e tomar uma posição contra esses andarilhos da paz de esquerda.

"Vamos até lá acabar com eles."

Uma manifestação contra a guerra organizada pelo Vietnam Day Committee[2] aconteceu no dia 16 de outubro de 1965 no perímetro urbano entre Oakland e Berkeley, na rua Adeline. Na noite anterior, os organizadores do VDC tinham orientado os manifestantes para que recuassem no último minuto, quando eles escolheram evitar o confronto com a polícia de Oakland. No dia seguinte, os manifestantes estavam prontos para a ação. A máquina antiguerra

---

[1] Universidade da Califórnia, em Los Angeles.

[2] Nota do tradutor: Movimento formado por grupos políticos, estudantes, trabalhadores e pacifistas contra a Guerra do Vietnã, organizado pelo ativista Jerry Rubin em 1965.

estava pronta para causar impacto. Oito mil militantes do VDC enfrentaram um esquadrão de policiais de Oakland, que chegaram com tudo, bloqueando a entrada deles na cidade.

Quando eu decidi ir até a manifestação, com intuito de acrescentar volume a toda a confusão, sete outros Hell's Angels do clube de Oakland me acompanharam. Aproximadamente uma centena de diferentes protestos contrários à Guerra do Vietnã estavam marcados para acontecer ao mesmo tempo em todos os Estados Unidos aquele dia. Os esnobes antiguerra do campus de Berkeley da Universidade da Califórnia olhavam para muitos de nós, de Oakland, como se fôssemos um bando de caipiras do Alabama. Não rolou uma entrada triunfal dos Hell's Angels em suas choppers, fazendo barulho com seus motores. Não. Ao invés disso, nos enfiamos em dois carros e estacionamos a algumas quadras dali.

Enquanto a polícia e os manifestantes batiam de frente, sem saber ao certo o que fazer, nós nos infiltramos entre o bloco de policiais vindo pela parte de trás, até a linha de frente. As notícias nos jornais disseram que a polícia de Berkeley estava protegendo os manifestantes e que os policiais de Oakland nos deixaram passar. Eu acho que ninguém esperava que os Hell's Angels aparecessem, em primeiro lugar. De fato, os policiais ficaram tão surpresos quanto qualquer um ali quando chegamos e atravessamos a multidão. Só queríamos ver de perto qual era a causa daquele povo todo.

Éramos barra pesada demais para passar batido. Michael "Tiny" Walters era bem alto, pesava 136 quilos e parecia forte como um touro. Zorro e Fat Freddie também estavam comigo. Trajávamos nossas cores, e isso foi bem depois dos incidentes de Porterville, em 1963, e de Monterey, em 1964; portanto, já éramos bem conhecidos.

Atravessamos a massa de gente. Cruzamos a linha e fomos para o meio dos manifestantes, que andavam em círculos e exibiam cartazes. A princípio, fomos aplaudidos pela multidão. Eles pensaram que estávamos lá para apoiá-los. Senti uma raiva ganhar força dentro de mim. Eu era um veterano e amava meu país. Eu também estava puto com o governo que não nos deixaria vencer essa estúpida guerra. Todas aquelas palavras de ordem, símbolos e discursos não serviriam de ajuda para as tropas além-mar. Qual era o benefício daquele encontro? Algo dentro de mim deu um clique, e eu reagi da única maneira que eu sabia: com violência. Agarrei alguns universitários aleatoriamente e dei-lhes um apavoro.

"Por que vocês simplesmente não voltam pra casa, seus putos?", eu gritava enquanto avançava entre as linhas de protesto do VDC.

Não batemos em nenhuma mulher ou criança, havia um número mais do que suficiente de homens usando colares com o símbolo de paz e amor e camisas indianas para dar uns sopapos. Alguns militantes dispersavam, enquanto outros retrucavam. Não houve discussões acaloradas nem argumentos políticos exaltados. Nossos punhos e os bicos de nossas botas falavam por nós.

"Eles também gozam do direito constitucional de protestar", um policial da tropa de Oakland disse a um dos militantes que se queixava de termos atravessado o bloqueio e penetrado na multidão.

Quando passamos pelo bloqueio policial, conseguimos chegar lá na frente, diante do palco onde o escritor radical e organizador da marcha Jerry Rubin discursava. Rubin usava um anel que, de acordo com uma declaração sua que eu tinha lido nos jornais, havia sido feito com os restos de um avião de combate americano caído no Norte do Vietnã. Enquanto Rubin falava em cima de um caminhão de som, eu pensei, "Foda-se esse cara, vou tomar dele esse anel."

Então lá fui eu. Cheguei perto. Pulei em cima do caminhão e quase consegui agarrá-lo, mas bem na hora em que eu me preparava para agir, um grupo de policiais saiu do meio da multidão, que a essa altura já estava histérica, e me capturou. Saiu até uma foto no jornal, com uns vinte policiais me batendo. O Departamento de Polícia de Berkeley quase acabou consigo mesmo tentando me bater. Como um bom lutador, eu sabia que, quando mais de três caras tentam acertar alguém, eles provavelmente acabam atravessando na frente um do outro e machucando a si mesmos. Assim, o cara que eles estão tentando chutar o traseiro geralmente consegue escapar. Qualquer Hell's Angel vai te dizer isso: escapar de uma emboscada feita por babacas azarados é uma arte, e esses policiais não estavam no melhor de sua forma para levar uma comigo naquele dia.

Enquanto eu tentava me safar, Tiny enfrentava seus próprios problemas. Quando um sargento de Alameda acertou Tiny na cabeça com seu porrete, ele apagou e caiu feito um tronco de árvore, quebrando a perna do sargento. Enquanto isso, o resto dos Angels atacava os policiais para me libertar. No final das contas, todos conseguimos escapar. A polícia de Berkeley enquadrou Tiny por quebrar a perna do sargento, e ele foi o único Hell's Angel preso.

Deixamos bem claro para os pacifistas, os policiais e o resto do país qual era a nossa causa nessa guerra. Nós marcamos presença.

Quando aparecemos na cadeia para pagar a fiança de Tiny, os policiais tinham construído barricadas em volta da delegacia de Berkeley. A área estava protegida. Estúpidos policiais. Demos um jeito de entrar direto. Quando os policiais se ligaram, lá estávamos nós, dentro do abrigo deles. Eles entraram em pânico e nos prenderam. As notícias da manifestação já tinham se espalhado pelos veículos regionais e nacionais; a opinião pública estava ao nosso lado. Shirley assistiu na televisão a cena que me mostrava sendo atingido na cabeça. Uma quantidade enorme de pessoas ligou para a delegacia pedindo a nossa libertação, e eles tiveram que nos soltar. Também conseguimos a liberação de Tiny, que, no fim das contas, pegou uma pena mais branda, sem ter que ir para trás das grades. Tive a sensação de que havíamos cumprido com o nosso dever. Mas eu teria me sentido ainda melhor se conseguisse agarrar aquele bunda mole do Jerry Rubin. Eu queria arrancar fora o dedo daquele bastardo para pegar aquele maldito anel.

Como um veterano, eu sentia que era nossa obrigação sair em defesa dos Estados Unidos. Enquanto existir pelo menos duas pessoas na Terra, haverá guerra. Se você não consegue resolver as coisas pacificamente, então parta para a briga. Se você não quer participar da guerra, tudo bem, mas não saia por aí gritando palavras de ordem como uma gralha e falando merda dos caras que foram forçados a ir.

Os embates entre os Hell's Angels e os pacifistas acabaram naquele dia de outubro de 1965. Dali por diante, toda vez que os militantes antiguerra organizavam uma marcha, eu recebia uma ordem de restrição. Minha ordem de restrição se tornou parte do processo para que o VDC pudesse conseguir qualquer futura permissão de se manifestar.

Quando um protesto de grandes proporções foi anunciado um mês depois, endereçamos um informe à imprensa justificando a nossa ausência.

Carta Pública dos Hell's Angels Para Publicação Imediata:

Convocamos a atenção da imprensa para explicar nossa posição a respeito da marcha do VDC pelas ruas de Oakland agendada para amanhã.

Embora tenhamos assumido nossa posição contra esta atividade desprezível e antiamericana, acreditamos que, em nome da segurança pública e da preservação da dignidade de

Oakland, não devemos dar fama ao VDC com a nossa presença.

Nosso objetivo é desocupar a região. E encorajamos a todos os outros que façam o mesmo. Chegamos a essa decisão porque:
1. Nosso sentimento patriótico pelo que essas pessoas estão fazendo à nossa grandiosa nação pode nos impelir a praticar atos violentos.
2. Embora a maioria dos cidadãos compartilhe dos nossos sentimentos, acreditamos que qualquer embate físico vá apenas produzir mais simpatia por esse comboio de traidores.
3. Se uma revolta ocorrer, queremos deixar claro que os Hell's Angels não participaram dela. Qualquer violação da lei deve ser atribuída ao VDC. Eles é quem são o grupo irresponsável em nossa comunidade.

Nós conversamos sobre esses tópicos com vários líderes comunitários íntegros e eles foram unânimes em concordar com a nossa posição.

Para a maioria dos americanos, nós viramos heróis instantaneamente. Crianças vieram até nós querendo ver a gente de perto, aposentados queriam nos cumprimentar, e muito mais mulheres se sentiram atraídas por nós. Depois da manifestação do VDC e da cobertura nacional televisiva, recebi cartas e mais cartas de pessoas com dicas de como se vestir, como agir e, além de apoiarem a nossa posição, do que fazer agora que eu estava sob os holofotes da mídia. Cartas de todos os tipos de americanos foram despachadas para a minha caixa de correio, dizendo que talvez fosse melhor que eu considerasse a ideia de fazer a barba e cortar o cabelo, já que agora que eu representava o ponto de vista da maioria.

Foda-se. Eu não estava disposto a ir tão longe.

Eu me alistei no exército, e embora não tenha sido escalado para nenhuma guerra, aconteceu um conflito enquanto estive em serviço, e eu teria ido de bom grado para a linha de combate – ou para a retaguarda, se assim determinassem. Aquilo me fez refletir, então escrevi um telegrama para a Casa Branca, aos cuidados de Lyndon Baines Johnson, oferecendo os serviços dos Hell's Angels para lutar no Vietnã.

Caro Sr. Presidente:

Em meu nome e de meus associados, venho por meio desta oferecer como voluntários para lutar na missão do Vietnã um grupo de leais americanos. Temos para nós que um coletivo como o nosso, formado por experientes veteranos habilitados para ações de guer-

rilha, seria capaz de desmoralizar o Viet Cong e acelerar a causa por liberdade. Estamos disponíveis para treinamento e atuação imediata.

Cordialmente,
Ralph Barger
Oakland, Califórnia
Presidente dos Hell's Angels

Recebi uma carta de resposta de um oficial basicamente especificando que se quiséssemos nos juntar à luta, teríamos que entrar para o exército. Isso era impossível, já que a maioria de nós tinha a ficha suja.

Após aquela primeira manifestação em Berkeley, a esquerda queria dar uma acalmada nas coisas. Ken Kesey, o escritor contracultural autor de Um Estranho no Ninho, me ligou. Marcamos uma reunião na minha casa, na Avenida 12, entre os organizadores do VDC e os Hell's Angels. Eu já conhecia o Kesey por conta de seus livros, já tinha lido alguns, tendo sido apresentado às suas ideias pelos Hell's Angels de São Francisco. Kesey marcou uma reunião com Allen Ginsberg, Neal Cassady e eu, em virtude de nosso prévio confronto no evento antiguerra. Quando a trupe deu as caras na minha casa, antes que nos sentássemos, Ginsberg apanhou seus sinos tibetanos de reza feitos de prata e começou a entoar um mantra budista, cruzando as pernas em posição de lótus. Eu conhecia Ginsberg e sua excêntrica poesia, mas ainda assim era meio estranho ver um judeu barbudo e de túnica meditando e entoando mantras bem no meio da minha sala. O primeiro tópico em pauta: eles queriam saber por que nós batemos no seu pessoal. Nós queríamos saber por que eles não queriam que os nossos militares lutassem na guerra e protegessem a si mesmos. O encontro até que foi produtivo. Eles não apanhariam em nenhuma outra manifestação. Aquela primeira treta externou o nosso ponto de vista, de qualquer forma. A cerveja e as drogas foram compartilhadas e escutamos "Gates of Eden" e "It's All Over Now, Baby Blue", do Bob Dylan, que eram sons legais de ouvir, ainda que o cara mal pudesse cantar. Mas eu sacava qual era a daquela franzina Joan Baez e até curtia sua música.

Em 1965, nós, Hell's Angels, não só balançamos a esquerda com o lance da manifestação do VDC, como também provocamos a direita. Como dito anteriormente, durante o episódio do estupro em Monterey, o procurador do estado da

Califórnia (General Thomas C. Lynch), reagindo à pressão de outros políticos, publicou um dossiê denunciando os Hell's Angels, na tentativa de emplacar a ideia de que éramos uma ameaça à sociedade. O relatório de dezesseis páginas nos taxava de "vergonhosos" e até dizia que era possível identificar um Hell's Angel pelo seu *patch* e seu mau cheiro. "Provavelmente seu mais universal denominador comum", dizia o relatório, "é a sua generalizada imundície".

Hunter S. Thompson escreveu uma matéria publicada no *The Nation* em 17 de maio de 1965, intitulada "As Gangues de Motociclistas, Perdedores e Marginalizados."[3] Eu na verdade gostei do modo como foi escrita, embora alguns fatos tenham sido exagerados. Com a repercussão positiva, Thompson retornou a Oakland e começou a frequentar os bares que serviam de ponto de encontro de motociclistas até que ele e eu finalmente ficamos cara a cara. Ele me disse que queria andar com o clube e comigo, e escrever um livro sobre nós. Como eu tinha gostado de seu estilo de escrever, os *chapters* de Oakland e São Francisco permitiram que Hunter andasse com a gente por um preço: dois barris de cerveja. Mas, conforme o tempo passava, Hunter foi progressivamente se revelando um boçal e verdadeiro covarde. Hoje em dia você lê sobre aquelas coisas que o descrevem perambulando pela casa com suas pistolas, atirando nas janelas, e isso funcionou para impressionar os escritores que apareciam para entrevistá-lo.[4] Mas aquilo era só de fachada. Quando ele tentava dar uma de durão entre nós, não importa o que acontecesse, Hunter Thompson cagava nas calças. No final, eu peguei o maior bode dele, altão, magrelo, um típico hillbilly do Kentucky. Ele era uma farsa total. Hunter ficou mais camarada de alguns membros do clube do que de mim.

Tramp, Tiny, Magoo, Buzzard (de Berdoo), Zorro, Gut, Skip e eu estávamos curtindo em Bass Lake, em 1966, e Hunter havia nos seguido até lá com seu carro. Como é costume na maioria dos encontros dos Angels, rolou uma treta com a polícia, então Hunter pulou para dentro do porta-malas do carro e ficou lá escondido. Depois disso, eu nunca mais tive nada para dizer para ele.

---

3 Nota do Tradutor: "The Motorcycle Gangs, Losers and Outsiders", no título original em inglês.
4 Hunter S. Thompson se suicidou em 20 de fevereiro de 2005 com um tiro de espingarda na cabeça.

Ralph "Sonny" Barger

Quando chegou a hora certa, ele tomou o que mereceu. Ele levou uma surra tão grande dos Hell's Angels ao ponto de poder dizer, "Eu os conheci, rodei com eles, e quase fui morto pelos Hell's Angels." Ele deu uma grande mancada para apanhar. Primeiro, porque ele sumiu por um tempão depois que terminou de escrever. Quando ele terminou o livro, ele perguntou se podia dirigir conosco numa *run* de tiros até Squaw Rock. Enquanto estávamos lá, Junkie George entrou numa discussão com a sua mulher e deu um tapa nela. Pô, isso acontece. Daí o próprio cachorro de George deu-lhe uma mordida. Junkie George ficou tão puto que revidou com uma bicuda no cachorro. Hunter caminhou em direção a George e disse, "Somente os trogloditas batem em suas mulheres e chutam cachorros."

Junkie George, o membro que deu uma surra no Hunter S. Thompson, pouco depois que Thompson escreveu o seu livro sobre o clube.

Isso realmente tirou George do sério, então ele deu uma paulada em Hunter enquanto alguns de nós aglomeramos em volta dele e começamos a chutá-lo. Ao final, ele estava sangrando, quebrado e sem ar, portanto ordenamos que ele entrasse no carro e desse o fora. Ele dirigiu até uma delegacia próxima e os caras disseram pra ele vazar dali também. Ninguém queria que ele ficasse lá sujando o banheiro de sangue.

Eu li o livro, *Hell's Angels: Uma Estranha e Terrível Saga*[5], quando foi publicado, em 1967. Era uma porcaria. A pior parte é que seu relato virou um embasamento da lei contra o clube. Havia muito exagero em sua escrita e muitos comentários induzidos pelos devaneios de uma redação produzida sob o consumo de drogas, como na parte em que ele fala sobre os membros mijando em seus *patches* ou tendo que usar calças encharcadas de óleo e urina. Dito e feito. A polícia espalhou essa lorota por anos. Esse tipo de mitologia estúpida saiu das páginas do livro de Hunter. Além do mais, Hunter nunca nos pagou aquele barril de cerveja, aquele filho da puta mão de vaca. O resto dos Hell's Angels achou que o livro era apenas mais um insulto.

Organizamos uma *run* em celebração ao Memorial Day[6] californiano até La Honda, em 1966, onde nos encontraríamos com Kesey e seu grupo de seguidores, os Merry Pranksters[7]. Eles moravam em uma comuna rural e eram de certa forma parecidos conosco – espíritos livres marginalizados –, exceto pelo fato de que eles não andavam de moto e não eram tão violentos. Kesey era um cara confiável e gente fina, então eu levei umas duzentas gramas de maconha para sua casa em La Honda. No caminho, dei uma passada em El Adobe, onde mais uns oito ou dez Hell's Angels se juntaram a mim para a viagem pela costa. Enquanto Kesey esperava por nós, duvido que ele estivesse preparado para o tipo de chegada que estávamos prestes a fazer.

---

5 Nota do tradutor: *Hell's Angels: A Strange and Terrible Saga*. No Brasil, o livro foi nomeado simplesmente como *Hell's Angels*, na edição da L&PM, de 2010.

6 Nota do tradutor: Feriado norte-americano, que marca o início do verão, em memória aos militares mortos em combate.

7 Na versão brasileira do livro de Tom Wolfe sobre a turma de Kesey, *O Teste do Ácido do Refresco Elétrico* (Editora Rocco, 1993), o nome dos Merry Pranksters foi traduzido como "Os Festivos".

Depois de percorrermos mais da metade do caminho, quando a *run* já se aproximava de La Honda, a polícia começou a nos perseguir. Sirenes rugiam pelo desfiladeiro. Os Pranksters podiam nos ouvir a quilômetros de distância. Ao invés de parar, apenas continuamos, fazendo a curva e caindo para dentro da entrada do endereço de Kesey. Com o portão aberto, entramos direto, e eles rapidamente se fecharam atrás de nós. Os policiais aceleraram, mas não conseguiram nos alcançar. Demos uma canseira neles até que finalmente desistissem e debandassem.

Kesey armazenou a maconha que eu tinha levado num lugar seguro e acabamos ficando por lá nos divertindo com Kesey e seus Merry Pranksters por uns quatro dias seguidos.

Os Pranksters tinham um pombo de estimação, que eu matei acidentalmente. O pobre do pombo vivia numa gaiola, alimentado com sementes de maconha. Como eu amo os animais, tirei ele da gaiola na intenção de libertá-lo, só que nisso veio um cachorro que se chamava Lion Dog e o comeu.

Foi nessa ocasião que eu conheci o Neal Cassady. Eu adorava o Cassady, ele era o único cara que eu já conheci com a capacidade de conversar com cinco pessoas ao mesmo tempo sem se confundir. Ele era ligadão. Eu ainda acho que ele se suicidou com remédios lá no México. No fim das contas, Kesey transferiu o comando dos Pranksters para uma pessoa com o nome de Babs, fazendo dele o novo líder da turma. Neal provavelmente ficou deprê com essa atitude, já que ele se considerava merecedor da nomeação. Cassady foi embora em direção ao México e certamente decidiu se matar após uma crise de depressão.

Passado um tempo, a festa estava rolando da melhor maneira possível. Todo mundo interagia na maior conexão. As meninas hippies eram legais e todos nós estávamos numa boa. Babs virou nosso camarada logo de cara e continuou sendo por um bom tempo. A divertida Mountain Girl também estava lá.

Uma turma de Hell's Angels participou do famoso ritual do Teste do Ácido do Refresco Elétrico promovido por Kesey. Afinal, ácido era algo que todos tínhamos em comum.

Faltam-me palavras para descrever o quanto eu verdadeiramente amava o LSD. Eu nunca tive uma viagem ruim. A primeira vez que experimentei foi em 1965 – legalmente –, junto com a minha primeira mulher, Elsie, quando comprei dois cubos de açúcar embebidos de ácido por cinco dólares cada e guardei na geladeira.

Um belo dia, pela manhã, não tínhamos nada para fazer, tudo estava bem, então decidimos tomar para ver o que acontecia. Uma hora depois, nada, então eu falei pra Elsie, "Vou atrás do cara que me vendeu esta merda. Fomos enganados, baby."

Elsie concordou. Nisso, levantei e fui até o banheiro, e enquanto eu fazia xixi, olhei para a prateleira e reparei numa embalagem de sais de banho do Urso Yogi. E o Yogi estava perseguindo um gato em volta da caixa. Eu tomei um susto e quase mijei no chão, gritando para Elsie lá de dentro do banheiro. "Não se preocupe, meu amor", eu disse. "Nós não fomos enganados. Já estou indo aí."

Eu estava me sentindo tão bem que precisava contar para o Skip. Ainda era bem cedo e eu peguei a estrada em direção à casa do Skip. Rodando pela estrada em minha moto, eu acelerava tão rápido que o asfalto parecia estar de pé enquanto a minha roda da frente o colocava de volta no chão. Quando cheguei perto da casa do Skip, eu agradeci a Deus por ter saído da estrada. Eu poderia ter me matado por dirigir tão rápido daquele jeito. Só que, quando eu olhei para o medidor de velocidade, o ponteiro marcava apenas 50 quilômetros por hora! Tentei explicar para o Skip o que estava acontecendo comigo, mas tenho dúvidas se aquilo fez algum sentido. Waldo chegou, e todos nós precisávamos dar uma espairecida. Sentei no carro com Skip e Waldo a caminho do lago Merritt, próximo à região central de Oakland. Paramos num sinal, e eu escutei um barulho muito alto, vindo da cachoeira do lago. Mas não havia cachoeira alguma; era só um fio de água correndo pela sarjeta e desembocando no esgoto.

Aquela foi a minha primeira viagem de ácido, e eu amei! Mas eu sabia que não podia tomar ácido todo dia nem ficar contando pro pessoal o quanto eu gostava, senão o clube inteiro ia querer ficar chapado de ácido o tempo todo – esse pensamento me assustava.

Em novembro de 1965, quando Tramp e George "Baby Huey" Wethern estavam até o pescoço no negócio das drogas, a cena da Haight-Ashbury e os hippies criaram uma espécie de feira das drogas no pedaço. George diz em seu livro que ele e Owsley Stanley forneciam a maior parte do LSD em Haight-Ashbury. Sempre havia um amplo sortimento de ácido à disposição, e eu comprei uma boa quantidade, para garantir alguns momentos de diversão. O melhor LSD que já tomamos foi um puríssimo ácido chamado Sandoz importado da Suíça. O kit vinha com uns tabletes de vinte e cinco miligramas. O indicado era que cada um tomasse até quatro tabletes, ou o quanto quisesse até atingir a loucura ideal para si.

Ralph "Sonny" Barger

Os anos sessenta foram a melhor coisa que já aconteceu para os Hell's Angels. Os hippies compartilhavam suas parceiras, às vezes em troca de uns passeios de moto. Havia uma grande diferença entre os hippies de São Francisco e os radicais antiguerra de Berkeley. Os hippies de São Francisco eram uns molengas que não queriam trabalhar nem ir para a escola. Eles queriam ficar bem loucos, trepar e fazer festa. Já o pessoal de Berkeley era bem diferente: estudantes idealistas que sustentavam firmes posições esquerdistas e lutavam por elas. Alguns eram violentos, mas não do tipo que sai no meio da rua à procura de briga. Eles preferiam as ações sorrateiras, explodir edifícios e instituir o caos.

Na real nós tínhamos muito em comum com os hippies, e, acredite ou não, caro general Thomas Lynch, acho que nós tomávamos mais banho do que eles. Ficávamos por ali na Haight Street, e muitos dos Hell's Angels cultivavam cabelos compridos antes dos hippies entrarem nessa. Antes de sua morte em 1962, Bobby Zimmerman, presidente do *chapter* de Berdoo, tinha um cabelo que ia até a cintura. Terry the Tramp também tinha um cabelo compridão no começo, e seu jeito de se vestir era uma mescla entre o estilo das vestes de couro dos anos 1950 e o do motociclista psicodélico dos anos 1960. Esse era o visual que muitos hippies e bandas de rock'n'roll assumiram. Esse foi o visual que a América viu na revista *Life*, e nós todos andávamos assim. Eu nunca deixei meu cabelo crescer tanto desse jeito, porque ele era encaracolado e revolto. Sem contar que eu andava de moto o tempo todo e ele podia ficar todo embaraçado. Eu preferia cultivar um cavanhaque comprido. Isso botava mais medo nas pessoas.

Alguns Angels começaram a viver em meio à cena hippie. Gut era um Hell's Angel de Berdoo que veio para Oakland e montou o Blue Cheer, um dos power trios mais barulhentos da história. Quando Chocolate George (membro de São Francisco) morreu, rolou uma grande celebração no Golden Gate Park em memória a ele após o funeral. Os hippies amavam Chocolate George Hendricks. Ele parecia um típico hippie, mas era um autêntico Hell's Angel em tempo integral. No auge do Flower Power, ele tinha acabado de sair da prisão. Ele ficou embasbacado com o que encontrou na Haight Street. Tem um pôster famoso do Chocolate George com uma garota hippie na garupa de sua moto liderando uma

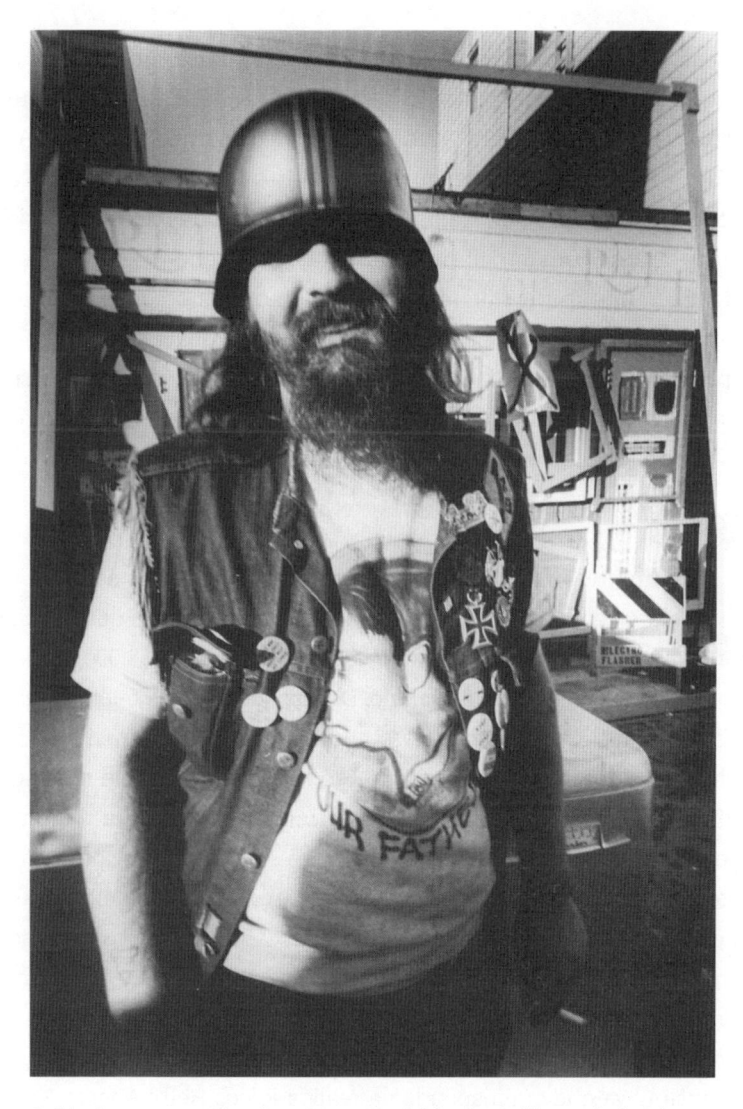

Os hippies amavam Chocolate George Hendricks, dos Hell's Angels de Frisco. Nesta foto, George no bairro Haight-Ashbury.
(foto: Gene Anthony)

parada. Ele chegou a ser preso por causa daquele pôster. Os policiais queriam cancelar sua condicional e mandá-lo de volta para a prisão.

Nós também dávamos uns rolês com o Grateful Dead, quando os conhecemos no *chapter* de São Francisco. Era como se eu já conhecesse Jerry Garcia de outras vidas. Ele era uma pessoa singular. Sinto sua falta. Ele também amava e respeitava os Hell's Angels. Se você fosse um Hell's Angel e aparecesse num show do Grateful Dead, a entrada era gratuita. Durante o chamado Verão do Amor, em 1967, os Hell's Angels apareceram no evento Be-In que rolou no Golden Gate Park, muito por conta do ótimo relacionamento que o *chapter* de Frisco – especialmente Tramp e Fu – nutria com a maioria dos artistas. Bill Graham sempre nos deixava entrar de graça nos shows que rolavam no Fillmore e no Longshoreman's Hall. Certa vez um babaca estava na porta e eu tive que ameaçar botar aquele lugar abaixo para conseguir entrar. Os Hell's Angels também organizaram seus próprios concertos beneficentes e festivais anuais no Longshoreman's com o Dead, Janis Joplin and Big Brother and the Holding Company, Blue Cheer e Cold Blood.

Durante o final dos anos sessenta e começo dos setenta, comecei a trabalhar para o pessoal do cinema. Eu deixei que usassem meu nome nos roteiros em troca de um cachê de US$5.000, o que na época era o equivalente a um ano de salário. Depois que fizemos o longa *Hell's Angels on Wheels*[8], o produtor Joe Solomon desembestou a lançar um monte de filmes de motociclisas. Nos tornamos bons amigos. Ao longo dos anos, ele me pagou para servir como consultor de todos os filmes de moto que fazia. Ele me mandava o roteiro; eu lia e passava as observações para ele. Daí ele colocava meu nome nos créditos e me pagava um cachê pela consulta. Eu exigia que a produtora do filme desse a cada charter – San Bernardino, San Diego, São Francisco, Richmond, Oakland e o charter de Sacramento que virou Nomads – US$25.000. Era muita grana. Num dado momento durante os anos sessenta, todo mundo fazia filmes de moto. Peter Fonda fez um filme com a Nancy Sinatra chamado *The Wild Angels*, cuja publicidade insinuava que era inspirado na realidade dos Hell's Angels. Peter Fonda era formado pela mesma escola do Hunter Thompson – a Escola dos Babacas. Nós processamos o produtor, Roger Corman, em cinco milhões, e ameaçamos acabar com a raça dele. No final, deixamos quieto por dez mil e desencanamos de socar o cara. Ainda temos uma regra proibindo qualquer cineasta de usar um *patch* dos Hell's Angels a não ser que os membros aprovem em votação.

---

8 "Hell's Angels Sobre Rodas".

Easy Rider, supostamente o maior filme de moto já feito, não é nem de longe um filme sobre o estilo de vida motociclista. Na verdade é um filme sobre dois traficantes cruzando o país em suas motos. Lá estava ele, o bonitão Peter Fonda mais uma vez. O filme de Joe Solomon, *Hell's Angels on Wheels*, saiu em 1967, antes de *Easy Rider*. Ele foi o primeiro a nos abordar e a fazer um retrato legítimo. Ele nos pagou, e, apesar de o filme e o dinheiro não terem sido superlativos, era algo para se fazer, algo que podíamos fazer sem ter que pensar muito a respeito. Filmes de moto eram nada além de produções de baixo orçamento que supriam a demanda por entretenimento de ação. *Hell's Angels on Wheels* foi o primeiro papel relevante do Jack Nicholson. Nicholson interpretou um jovem funcionário de um posto de gasolina entediado chamado Poet, que vai conhecer o clube e decide, no calor do momento, começar a andar com os Hell's Angels. Poet entra em uma briga junto com os Angels contra um clube rival e é aceito pelo grupo.

Durante as filmagens, Nicholson entrou facilmente na vibração dos Hell's Angels, enquanto o protagonista, Adam Roarke, teve um pouco de dificuldade. No set, um pessoal da equipe pensou que Nicholson era membro de algum *chapter*, de tão convincente que era seu estilo. Até mesmo alguns membros do clube acharam que ele era um Hell's Angel.

Após a primeira exibição de *Hell's Angels on Wheels* em Oakland, todos nós fomos celebrar no Hangover Club. Ficava logo na esquina da casa do Skip Workman. Havia uma dúzia de nós bebendo no bar quando um sargento do distrito policial de Oakland entrou com dois de seus capachos. Eles nos fitaram e saíram rapidamente. Suspeitamos que algo estava pegando quando eles voltaram com reforços. O sargento vestia suas luvas e botava banca de durão. Com dez recrutas dando-lhe cobertura, ele aproximou-se de Skip e gritou, "Você está bêbado".

Skip olhou para o sargento através de seu copo de cerveja e disse, "Pau no seu cu!".

Foi uma briga justa. Sem armas. Sem clubes. Cadeiras, garrafas e janelas foram quebradas. Quando eles pediram reforço, colaram uns quarenta policiais no bar. Vinte e nove deles acabaram no hospital. Nove Angels foram presos, mas foi a primeira vez na minha vida que consegui escapar – o que não é da minha natureza, considerando que geralmente eu fico até que o último soco seja dado. Em meio a toda a comoção, saí para o jardim dos fundos, peguei minha moto, vazei dali, e ninguém me impediu. No dia seguinte, Joe Solomon me ligou para contar da manchete que saíra no jornal: ANGELS TRAVAM GUERRA CONTRA

A POLÍCIA DE OAKLAND. Segundo ele, aquilo era "o sonho de um produtor". É óbvio que não tínhamos planejado nada daquilo. Merdas acontecem entre a polícia e os Hell's Angels.

Quando *Hell's Angels on Wheels* estreou nos Estados Unidos, eu viajei por todo o país. Eles não estreavam filmes em várias cidades ao mesmo tempo como fazem hoje. Ao contrário, eles exibiam em alguns lugares e então iam alastrando. Eu viajei a todas as cidades para promover o filme. Eu alugava uma motocicleta e dirigia até a premiere usando meu *patch* dos Hell's Angels. Às vezes eu dava uma palestrinha. Eu também participava de aparições especiais em cinemas de drive-in. Outro filme de moto estreou na mesma semana no Texas, com o nome de *Paint Your Wagon*[9], estrelando Lee Marvin, de *Os Selvagens*. Nós superamos o lucro deles nas bilheterias. Sinto muito, Chino.

Depois de *Hell's Angels on Wheels,* a Dick Clark Productions nos contatou com a proposta de fazer um filme. Um cara legal, Clark, apareceu em Oakland para tentar negociar a viabilização. Quando nos conhecemos, eu estava com um Corvette customizado em azul e preto que ganhou segundo lugar numa exposição de carros. Clark dirigia uma réplica de um Cord. Eu me lembro dele tentando fazer uma troca porque ele realmente curtiu o meu carro. (Tempos depois, aquele Corvette me custou uma baita de uma taxa. Eu o inscrevi numa exposição e o cara que tinha feito a customização me disse que o trampo valia US$12.000. O idiota do fiscal que tinha acabado de auditar meu imposto escutou, e percebeu que eu só havia declarado US$6.000.)

Assim que Clark deixou a cidade, sua equipe de filmagem nos acompanhou numa *run* até Half Moon Bay, que nomeamos de Perda Total[10], batizada assim porque os Hell's Angels adoravam tomar umas pílulas vermelhas por lá até cair. Engoli um monte de bolas vermelhas aquele dia, e quando acordei, percebi que a equipe de filmagem tinha ido embora. Eles captaram algumas cenas e queriam continuar, mas o roteiro previa que um Hell's Angel fosse enforcado no final. Os Angels que ainda permaneciam conscientes não quiseram. O pessoal da equipe insistiu que essa cena entrasse no filme, então azar, não houve acordo e o filme nunca foi realizado.

---

9 Nota do tradutor: "Pinte seu Veículo".
10 Nota do tradutor: "Stumble Creek", no texto original em inglês.

Hell's Angels '69 capturou o espírito do clube melhor do que qualquer outro filme daquele período.

Fizemos outro filme em 1968. As cenas que retratam a sede do clube em *Hell's Angels '69* foram gravadas no clubhouse de Daly City. Dessa vez, vários membros ganharam falas destacadas, incluindo Tramp, Skip e eu. As sequências do deserto foram captadas em Mojave, perto de Red Rock Mountain. Para as arenosas cenas de perseguição no deserto, todos montamos em motos scrambler[11], coisa que normalmente não faríamos, mas era parte do roteiro e foi até divertido. Vale dizer que o filme é bastante fiel em retratar nossa aparência, o modo como agíamos e o tipo de Harleys que usávamos na época.

As cenas de *Hell's Angels '69* em que entramos num cassino em Las Vegas foram, na verdade, rodadas na Califórnia, em frente à Sede do Sindicato dos Caminhoneiros em Mountain View. A fachada tinha sido reformada de modo a ficar parecida com uma miniatura do Caesars Palace. Não queríamos ir até

---

11 Nota do tradutor: Modalidade de veículo com pneus mais largos e espessos, próprios para rodar em terrenos arenosos ou montanhosos.

Las Vegas para filmar, então se você reparar bem na sequência que mostra os rapazes acelerando cassino adentro, o meu papel é o do cara que está dirigindo uma Sportster. Mas quando a câmera fecha em mim, eu estou dirigindo a *Sweet Cocaine*, minha Harley 74, a moto que eu preparei para o filme.

Tramp estrelou um papel de suma importância na produção. Tramp era um sujeito que não tinha restrições e era capaz de fazer qualquer coisa. Ele deu ácido para uma das meninas do filme. Ela ficou toda excitada sem saber o motivo, e Tramp tentou transar com ela dentro do trailer, mas ela não quis. Ele achou meio nada a ver.

Eu fui escolhido para atuar em todos esses filmes porque eu era o presidente do *chapter* de Oakland. Se eu não fosse uma liderança, o pessoal do cinema provavelmente teria preferido usar outra pessoa muito mais desenvolta do que eu, como Johnny Angel, Hi-Ho Steve, Winston ou Magoo. *Hell's Angels '69* foi o único filme que capturou o espírito rude e desordeiro do clube. Durante os anos 1960, nós realmente fizemos acontecer. Nós casamos a vibração de paz e amor da época com a palpitação da nossa própria contracultura particular, e aquilo funcionou. Como resultado dos livros, filmes e as notícias espalhadas por telejornais e jornais, nós realmente tivemos uma dinâmica de amor e ódio com a imprensa e o público. Já que éramos mais do que meros foras da lei – mais ameaçadores do que amáveis –, é como eu disse antes: nenhuma publicidade é negativa.

Estávamos em voga em todas as mídias, nos livros, nos filmes, nas revistas e nos jornais, agindo de modo selvagem, enfrentando a polícia, os cidadãos e até as nossas mães.

Com a queda da popularidade dos faroestes hollywoodianos, os filmes B sobre motociclistas emergiram e invadiram os cinemas e drive-ins das cidades pequenas, onde os jovens tomavam contato com algo mais selvagem. Em 1967, depois que *Wild Angels* (de Roger Corman) estreou no Festival de Cinema de Venice, os Estados Unidos se sujeitaram a uma profusão de filmes genéricos de motociclistas, muitos usando a palavra "Angels" no título: *Naked Angels, Angels Unchained, Angels Die Hard, Angels from Hell* e *Black Angels*[12]. As sessões triplas de Drive-in incluíam filmes como *The Glory Stompers, The Miniskirt Mob, The Losers* e *Werewolves on Wheels*[13].

---

12 Nota do tradutor: Angels Sem Censura, Angels à Solta, Angels Duros de Matar, Anjos do Inferno e Anjos da Escuridão.

13 Nota do tradutor: Sociedade Violenta, A Gangue da Minissaia, Os Perdedores e Lobisomens sobre Rodas.

A tendência foi explorada à exaustão e deu o que tinha que dar. Pela perspectiva com que fomos retratados, éramos Vikings loucos de ácido, destruindo tudo pelo caminho enquanto cruzávamos a Califórnia em nossas motocicletas forjadas no fogo do inferno. Aquilo era vendido para um monte de gente, e funcionava como publicidade gratuita para nós. E não há nada de errado com a publicidade, especialmente quando ela vem junto com dinheiro, mulheres e motos.

Capa de uma revista lançada em 1966, que de fato revelava algumas façanhas reais do clube. Na foto: Skip, de Richmond.

8
ATRAVESSANDO O PAÍS, PORTERVILLE E ATIRANDO COM UMA AUTOMÁTICA

Nos primeiros dias do clube, nós não costumávamos fazer viagens de longa distância. Raramente saíamos do estado da Califórnia. Nossos trajetos se resumiam ao entorno de Oakland. Um bate-e-volta até San Jose – a uns oitenta quilômetros – já era considerado uma viagem extensa. No final dos anos cinquenta, viagens de oitocentos quilômetros para lugares como San Bernardino – cara, aquilo era uma aventura! Você se sentia especial na estrada. Era raro encontrar outro motociclista na pista. Dava até para ziguezaguear. Era assim que a maioria dos motociclistas fazia logo quando eu inaugurei o clube.

Atualmente, a USA Run é um dos eventos anuais dos Hell's Angels. Todo membro que consegue uma folguinha de umas duas semanas dá um jeito de participar. Geralmente leva-se uma semana para cruzar o país e mais uma semana para voltar, com alguns dias de intervalo no acampamento. As runs pelos EUA são feitas bem no centro do país por uma questão de conveniência. Os clubes da Costa Leste americana assumem o "patrocínio" da run num determinado ano, e, no ano seguinte, é a vez do pessoal da Costa Oeste assumir a responsabilidade. Também existem as World Runs, que se revezam entre a Europa e os Estados Unidos. Às vezes rolam na Austrália, Canadá ou Brasil. Quando o evento (World Run) acontece nos Estados Unidos, tentamos alinhar a nossa USA Run.

Bass Lake era um de nossos destinos favoritos. A apenas vinte e dois quilômetros da entrada do Yosemite National Park, Bass Lake fica a onze quilômetros do centro da Califórnia, a uma distância igual de São Francisco e Los Angeles. Era um perfeito ponto de encontro no meio do deserto para todos os diferentes *chapters*.

Durante as primeiras *Bass Lake Runs*, viajávamos com o mínimo de peso. Sem sacos de dormir; uma mala parecia um negócio brega na garupa da sua moto. Se você tivesse que levar uma garota na garupa, não sobraria espaço. Não havia tendas nem mantimentos, e ficar num motel – sem chance. Além disso, mesmo que tivéssemos dinheiro, quem na face da terra alugaria quartos para um bando de Hell's Angels? Então, nós apenas parávamos as motos no acostamento da estrada e, depois de uma pequena festinha, dormíamos onde caíamos. Fazíamos umas enormes fogueiras à noite e acordávamos cobertos de cinzas e cheirando a lenha queimada.

Muitas tretas entre os membros eram resolvidas nas *Bass Lake Runs*. Se você tivesse uma indisposição pendente com alguém do clube, você já ia ciente de que aquele seria o momento de resolver a situação. Qual a melhor ocasião para fazê-lo? Sem a polícia por perto, somente Angels no mano a mano, prontos para a luta.

Outro passatempo favorito dos Hell's Angels de Oakland eram os encontros em Bakersfield. Outros clubes também tinham seus *patches*, e embora houvesse muitos motoclubes na Califórnia – especialmente fora da região de Los Angeles –, nós nos diferenciávamos nos encontros. Quarenta ou cinquenta de nós montavam em suas motos e saíam juntos do clubhouse. Quando chegávamos a Bakersfield, a reação das pessoas era de espanto. Eles ficavam boquiabertos com a nossa presença de espírito e o nosso visual. Alguns membros tinham o cabelo até a cintura e a barba enorme. Pilotávamos Harleys depenadas ao invés de full dressers e não nos vestíamos com conjuntinhos de couro dos pés à cabeça. Nossas tatuagens eram o nosso cartão de visitas. A todo lugar que íamos era pra encher a cara, trepar e chocar a sociedade. O pessoal olhava pra nossa cara e dava um passo pra trás. Eles ficavam pasmos. Nós éramos um espetáculo.

Geralmente não tínhamos grana pra pagar a entrada, então acampávamos à beira da estrada. A polícia ficava paranoica, cagando nas calças como se fossem umas menininhas de colégio. Isso foi antes que as autoridades organizassem seus pactos mútuos, o que revela a inabilidade dos policiais em conseguir reforços nas proximidades para ajudar no controle de qualquer confusão.

Nos bares de Bakersfield, eram frequentes as brigas entre os Hell's Angels e os locais. Cowboys e motociclistas sempre foram antipáticos entre si. Coloque os dois grupos num mesmo ambiente e haverá problema. Muitos dos típicos cowboys trabalhavam em plataformas de petróleo ou como rancheiros, e a maioria deles fazia parte da geração que passou pelas tempestades de areia que ocorreram nos Estados Unidos na década de 1930. Cara, eles gostavam de uma briga, e eles eram fortes pra caramba também. Em muitos aspectos, nós todos éramos o mesmo tipo de animal, exceto pelo fato de que os caipiras de Bakersfield dirigiam caminhões e andavam a cavalo, enquanto os Angels andavam de motocicletas.

A porrada comia solta dentro dos bares. Como os Hell's Angels, os cowboys não recorriam à polícia quando a situação ficava tensa. Na época em que o Scraggs tocava nos bares por lá, a gente tocava o terror. Também apreciávamos country music, então sempre que acabava a briga, todo mundo se sentava e começava a beber e a curtir junto.

Os caipiras não eram os únicos que gostavam de colocar os Angels à prova. Os tiras sempre achavam que eram mais durões. Desde o começo, a polícia de Oakland assumiu como missão de vida acabar com os Hell's Angels, começando com um punhado de multas e acusações idiotas. Quando os policiais se aposentavam ou eram transferidos, os novos recrutas que assumiam seus lugares já chegavam no nosso encalço. Ao longo de quarenta anos, eu atravessei três ou quatro mudanças completas de tropas e gerações de policiais cheios de sangue nos olhos para detonar conosco. Isso ainda não aconteceu, e jamais acontecerá.

Nos anos cinquenta e sessenta, Oakland ainda era um lugar difícil, uma cidade proletária ofuscada pelo brilho da baía de São Francisco. Havia policiais em Oakland como o Tommy. Ele andava sem a identificação na farda e, se você o bajulasse, ele não te enquadrava. Agora, se você não engolisse sapo, aí ele te enquadrava por embriaguez e perturbação da paz, e você passava algumas horas atrás das grades. Quinze ou vinte mangos depois, você estava liberado.

Um policial do departamento de narcóticos e prostituição chamado Bob era outro tira de Oakland à moda antiga. Durante qualquer briga, ele tirava a identificação e ia pra cima de você. O pessoal do DP de Oakland também não era de perder muitas brigas; eles eram osso duro. Havia muitos policiais em Oakland como Tommy e Bob no começo dos Hell's Angels. Eram caras que andavam na linha e mantinham a forma. Eles não ficavam rodando em viaturas com ar condicionado, enchendo o rabo de donuts e conversando com seus camaradas no celular. A polícia de Oakland certa vez apareceu num bar de motociclistas chamado Frank's Place e caiu pra cima de alguns de nossos membros, batendo neles pra valer, e depois os levaram pra cadeia. "Agora estamos quites pelo mês passado", disseram-me depois.

Tínhamos muitos pontos de encontro por toda a Costa Leste. O Sinner's Club ficava pertinho da casa onde eu cresci na região leste de Oakland. Daí tinha o El Cribbe, mas pegou fogo. Outro pico Hell's Angel era o Tail's End, e nós também colávamos no Circle Drive-In, um remanescente da nossa época do colegial. Um Zé Mané qualquer provavelmente tomaria uns tapas se aparecesse em algum dos nossos pontos de encontro naquela época. Brigas eram comuns com os "cidadãos", geralmente em estado de embriaguez. Eu provavelmente arrumei mais brigas por não beber enquanto a maioria o fazia justamente por beber demais. Era mais ou menos assim: alguém se oferecia para me pagar uma bebida. Eu então agradecia e pedia uma Coca.

"Ah, você não quer beber comigo?"

"Eu não bebo."

"É mesmo? Então vai se foder!"

Eu tirava as luvas, e o cara do bar dava um passo para trás e ficava lá assistindo de camarote a distribuição de murros.

Tivemos uma briga das feias no bar El Adobe certa vez. Bem, mais de uma vez, mas teve essa em particular. O El Adobe era praticamente a nossa segunda sede naquela época. Ficava no fundo de um terreno, e tinha um estacionamento triangular na parte da frente. Um cara negro gigantesco – de mais de dois metros de altura e todo grandalhão, braços grandes, punhos do tamanho de máquinas de escrever – entrou no El Adobe ciente de que se tratava de um covil dos Hell's Angels. Ele entornou sete ou oito drinques na sequência e logo começou a falar alto sobre como ele era capaz de bater em qualquer Hell's Angel que viesse levar uma com ele. O maluco era difícil de derrubar, mas foi derrubado. Foi preciso seis de nós para finalmente nocautear o cara. O babaca foi embora do El Adobe rastejando, com a promessa de que voltaria na mesma noite para nos pegar. Como precaução, colocamos alguns rapazes armados no telhado. Ele nunca mais voltou.

20 de novembro de 1968. Um tradicional funeral dos Hell's Angels, em Napa, na Califórnia, para homenagear Tex Hill, um membro que morreu num acidente de carro. Aproximadamente 250 membros compareceram.
(foto: cortesia do Oakland Tribune)

    Uns oito ou dez Angels estavam curtindo na pizzaria La Val's, bem ao norte do campus de Berkeley da Universidade da Califórnia, em 1962. Um grupo de jogadores de futebol americano da universidade tomou conta do lugar, agindo como se fossem os maiorais. Eles tinham mais ou menos a nossa idade, mas não passavam de gurizões universitários que se achavam imbatíveis e começaram a externar o seu comportamento de riquinhos mimados que precisavam de uma lição. Um dos jogadores deu uma tirada com a cara do Little Joe.

"Não aceite isso!", eu disse ao Joe. "Vai lá e quebra a cara daquele filho da puta!".

Little Joe deu um tapão na cara dele, e isso deflagrou uma boa briga com o time de futebol. Embora os jogadores fossem grandalhões, nós demos um pau neles. Saímos distribuindo socos no nosso melhor estilo pela sala, escadas, e a briga foi parar no meio da rua. Quando a polícia chegou e notou que éramos Hell's Angels, eles não nos prenderam. Pelo contrário, levaram os atletas de volta para seus dormitórios. Depois de dar uma sova nos universitários, concordamos em dar o fora também. Na hora que estávamos indo embora, a moto de um dos nossos irmãos não dava a partida. Enquanto Johnny Angel continuava tentando dar a partida em sua Harley, os policiais começaram a pressionar. Eles ordenaram a todas as motos que estivessem funcionando a sumir dali imediatamente.

Eu disse ao policial que só iríamos embora quando nosso companheiro conseguisse fazer a sua moto funcionar, e não antes disso.

A polícia de Berkeley não deu ouvidos. Eles nos queriam fora de sua cidade. Um dos guardas veio até mim. "A sua está funcionando, então vaza agora."

Eu desliguei a minha moto e disse a eles que não estava mais funcionando.

Trocamos algumas ofensas e caras feias. Finalmente, eu disse aos policiais, "Olha aqui, seus cuzões, só vamos embora quando meu camarada conseguir fazer a porra da moto dele funcionar, só depois disso."

Eles me prenderam. As acusações: desacato à autoridade e fazer uso de palavras de baixo calão na presença de mulheres e crianças.

Fui levado para a cadeia de Berkeley e liberado sob fiança, nada demais. No dia seguinte foi noticiado nos jornais que os Hell's Angels tinham arranjado briga na pizzaria La Val's. Se eu fosse considerado culpado, poderia me safar facilmente com o pagamento de uma multa. Mas já que não fui, levei o caso para a corte e contratei os serviços do meu advogado. Durante o julgamento, o procurador do distrito disse ao júri que, quando os policiais me mandaram ir embora, eu supostamente teria dito, "Eu só vou embora quando a porra da minha moto ligar." Naquela época, de acordo com a lei, você podia falar palavrões na frente de um homem, mas não na presença de mulheres ou crianças. A corte já tinha retirado a acusação de desacato à autoridade, mas eu ainda estava sendo julgado por profanação, e isso resultaria em alguns meses atrás das grades. A polícia e a acusação apresentaram seu caso e escolheram não levar nenhuma testemunha, baseando-se apenas no testemunho dos policiais. Uma senhora idosa, na casa dos setenta e poucos anos, fazia parte do júri.

"Nós temos uma pergunta, meritíssimo."

"Qual é?"

"Onde estão a mulher ou a criança diante das quais o acusado supostamente falou palavrão?"

Meu advogado abriu um sorriso, virou pra mim e sussurrou, "Nós nos safamos."

O júri voltou depois de meia hora com um veredito de inocência. Eu me senti feliz; era meu primeiro julgamento com a participação de um júri, e meu primeiro bem-sucedido embate com o sistema. Foi uma experiência enriquecedora, minha primeira escapada legal, sendo inocentado na corte.

O que aqueles jogadores de futebol na La Val's e a acusação não entendiam era a razão pela qual os Hell's Angels se empenhavam tanto nas brigas. Nós lutávamos por nossas vidas, e era isso o que todos os caipiras, mauricinhos, cowboys, bêbados, peões do setor petrolífero, outras minorias e a polícia nunca entenderam. Quando aceitamos a entrada de novos membros no clube, somos bastante criteriosos. Muitos outros clubes aceitam qualquer um, mas quando a casa cai e você está em menor número, aqueles que entram para um motoclube apenas para fazer parte de um grupo desaparecem. Na seleção dos Hell's Angels, aceitamos apenas homens que abraçam a nossa causa: nós cuidamos uns dos outros e um Hell's Angel nunca deve arregar.

Isso inclui brigas internas. Em Bass Lake ouvimos boatos de que alguns membros do Sul da Califórnia tinham hasteado uma nova bandeira dos Hell's Angels da Califórnia (com seu novo desenho) e atirado nela com uma arma. Acho que eles não curtiram a troca do *patch* antigo pelo novo, um *patch* maior. Perguntamos para alguns dos membros de lá se isso era verdade. Eles confirmaram, mas, de qualquer forma, disseram que não era da minha conta. Então perguntei ao Grubby Glen, que na verdade nem estava envolvido. Ele não quis responder. Segundos depois, capotamos os caras no murro.

E teve ainda uma outra treta entre Cisco e Wayne. Eu entrei no meio. Wayne tirou uma faca quando eu o acertei, então eu também puxei a minha. Daí eu o agarrei pelo pescoço e o arremessei em direção ao lago. Não era minha intenção esfaquear o cara, então lhe dei uma pancada na cabeça com o cabo da faca. Nós dois caímos na água. Wayne ficou inconsciente. Quando nos soltamos, percebi que havia cometido um grande erro. Eu não sabia nadar, e quase me afoguei até que o pessoal pulasse na água para me salvar. Quem me salvou foi Andy

Sem balas na fogueira durante a Bass Lake Run.

Holley, do *chapter* de São Francisco, que na época estava com a perna quebrada. Isso depois virou até piada. Ainda putos por causa do lance do *patch*, os Angels de São Francisco tentaram agredi-lo por ter me salvado aquele dia. Embora não faça mais parte do clube, Andy ainda é um grande amigo meu.

Tirando essa rixa do *patch*, os Hell's Angels de Oakland entraram numa briga muito maior com o *chapter* de São Francisco em 1961, que terminou num feio e sangrento conflito. A inimizade entre Oakland e São Francisco representou o maior problema enfrentado na história dos Hell's Angels, como parte do processo de evolução do clube. Tudo começou quando o *chapter* de São Francisco promovia uma festa numa oficina mecânica chamada Box Shop. O lugar era gerenciado por um membro chamado French, que usava o espaço à noite para dar umas festas do clube. Outro motoclube, o Presidents, também estava lá nessa noite.

Havia um sujeito chamado Kemp, que viera de Berdoo. Ele estava sentado, trocando ideia com alguns rapazes de Oakland, incluindo Mouldy Marvin Gilbert, bebendo cerveja, quando a mulher dele voltou com mais algumas brejas. Ela disse para ele que um membro de São Francisco, chamado Howdy Doody, tinha passado a mão na bunda dela. Kemp ficou vermelho de raiva, foi atrás de Howdy Doody e intimou o cara, perguntando se ele tinha passado a mão na bunda da esposa dele.

"Passei", ele respondeu. "O que você vai fazer a respeito?"

Kemp recuou e disparou um soco que o fez desmoronar no chão. Então alguém atirou no Kemp. Mouldy Marvin virou-se e atirou em Howdy Doody. Foi assim que tudo começou. Acenderam-se as luzes no interior da Box Shop e a situação ficou tensa. Os Presidents – que uns dois anos depois se converteriam no *chapter* Hell's Angels de Daly City – estavam lá, junto com um outro clube chamado MoFos. O presidente do clube de São Francisco (Pete Knell) não estava na Box Shop naquela noite, mas eu estava e vi um lance realmente embaçado rolando entre São Francisco e Oakland.

Papa Ralph, de SF, chegou no Charlie Maggo e falou: "Quero ver se você é da pesada mesmo, seu cuzão, vamos lá fora". Eles saíram na mão e Charlie Magoo acabou com a raça do cara. Mouldy Marvin então arranjou outra discussão com um dos Presidents, e eles começaram a brigar. Quando alguém de Oakland entra numa briga, todos entram. Portanto todo o *chapter* foi pra cima dos Presidents, e quando os Hell's Angels de Frisco entraram na confusão – porque eles eram muito camaradas dos Presidents –, eles entraram para defender os Presidents *contra* os Hell's Angels de Oakland. Que porra foi aquela? Cara, isso é uma regra sagrada: quando um Hell's Angel briga com um cidadão ou um membro de um clube rival, todo mundo entra em sua defesa. Não foi o que aconteceu, e isso levou a uma guerra entre Oakland e São Francisco.

Foram muitos conflitos ao longo de um ano, e não foi nada legal. Ambos os *chapters* estavam sempre prontos para ferrar um com o outro sempre que possível. Às vezes nós íamos até São Francisco, sondávamos alguns de seus pontos de encontro favoritos, achávamos os caras, capotávamos qualquer um que estivesse por lá e ainda fazíamos um arrastão no bar. Quem caísse no chão levava chute. Sua cara podia ficar desfigurada. Nós fazíamos o mesmo com eles.

Não era só uma questão de Oakland contra São Francisco, eram todos os *chapters* da região norte da Califórnia contra eles. Todo mundo ficou com ódio dos caras por defenderem alguém de fora do clube, sobretudo porque a briga era contra um Hell's Angel e, ao invés de ficar do seu lado, deram as costas pra ele.

Dei minha palavra a Pete Knell que ele podia ficar tranquilo em vir até Oakland para conversar comigo sobre o conflito. Pete veio, e ele não conseguia esconder o nervosismo. Território inimigo. Encontramo-nos numa cafeteria para definir as regras dos conflitos. Entramos num acordo: sem armas ou facas. Correntes, garrafas, paus, porretes e botas – todo esse tipo de arsenal estava liberado. Também ficava proibido ir até a casa de alguém e bater nele diante de sua família, mulher, filhos, mãe e pai. Nada de emboscar alguém no trabalho; um homem tem o direito de trabalhar e ficar com a família em paz.

Fora isso, era bom ficar esperto. Se você estivesse curtindo num bar ou em qualquer outro lugar, na rua ou numa loja de motos, ou passeando pelo parque apreciando o perfume das flores... cuidado, estamos em guerra.

Certo dia, Zorro, um outro membro e eu estávamos comendo numa hamburgueria. O pessoal de São Francisco passou de carro. Eram dois veículos cheios de caras à procura de encrenca. Quando eles nos viram, deram a volta na quadra e estacionaram. Só que nesse meio tempo eu comi e fui embora. Na hora que eles resolveram entrar na lanchonete, eu já não estava mais lá. Zorro e o outro membro não tiveram a mesma sorte e se deram muito mal.

Finalmente botamos panos quentes na treta depois de mais ou menos um ano. Eu estava morando na Avenida 12 quando o telefone tocou. Dois Angels de São Francisco estavam num dos nossos bares – o Star Bar & Cafe, um bar e restaurante cujo dono era o Skip Workman. Subi na minha moto e fui para o Star. Não deu outra, havia mesmo dois Angels de São Francisco, recém-saídos da prisão, sentados lá e tomando umas. Fui falar com eles.

"O que vocês pensam que estão fazendo no nosso bar?"

"A gente bebe onde bem entender."

"Olha aqui, vocês não vão beber no nosso bar."

Nós destruímos os caras, mas depois daquele incidente, nossa guerra com o pessoal de São Francisco chegou ao fim. Pete Knell, Junkie George, Puff e Norm Green – todos Angels de SF – vieram até Oakland. Primeiro selamos um acordo de paz. Depois, celebramos juntos e demos risada de tudo o que aconteceu.

Nesse mesmo período, rolou uma outra rixa entre Oakland e outro motoclube. Nós não atirávamos nem esfaqueávamos ninguém, mas sempre que encontrávamos alguns de seus integrantes, dávamos umas porradas neles e arrancávamos seus *patches* com facas de caçador. Tomar o *patch* de alguém é um ato sério de batalha. Às vezes eles mesmos ficavam com medo e nos davam os *patches*, e a gente jogava fora. Originalmente, o costume era guardar os *patches* como troféus, mas isso apenas dava brecha para que os outros clubes viessem até a nossa sede em busca de recuperar seus *patches*. Se outro clube encontrasse um Hell's Angel andando sozinho, eles fariam o mesmo. Qualquer Hell's Angel que seja forçado a entregar o seu *patch* e não brigue por ele, é automaticamente expulso do clube.

Nossa primeira *Porterville* Run foi um dos primeiros grandes encontros de motociclistas independentes da Califórnia. Eu tinha vinte e cinco anos na época. Escolhemos Porterville por ser uma cidade localizada numa região central, onde os clubes do norte e do sul poderiam se encontrar no fim de semana do Dia do Trabalho, em 1963. Foi aquela *run* que estabeleceu a força e a voz de Oakland dentro do Hell's Angels Motorcycle Club como um todo. Também marcou a primeira de muitas batalhas entre o HAMC e os oficiais da lei.

O evento em Porterville foi mais uma desculpa que a imprensa encontrou para fazer seu sensacionalismo sobre os motoclubes "fora de controle tomando de assalto uma pobre cidade desamparada", da mesma forma que aconteceu em Hollister em 1947. Aqui está o que a *Newsweek* publicou sobre Porterville (edição de 29 de março de 1965):

Um ruidoso enxame de 200 motociclistas vestindo jaquetas pretas desaguou na pequena e preguiçosa Porterville, cidade que fica ao Sul da Califórnia. Eles tumultuaram os bares locais, gritando obscenidades. Eles paravam os carros, abrindo suas portas e tentando puxar as mulheres para fora pelos pés. Algumas das garotas da gangue deitavam no meio da rua e ficavam fazendo movimentos sugestivos.

Não havia apenas Hell's Angels em Porterville. Outros clubes aderiram, incluindo os Satan's Slaves, Gallopin' Gooses, Comancheros, Stray Satans e Cavaliers. De fato, qualquer um que fosse alguém no universo motociclista apareceu em Porterville.

Tudo começou a sair do controle quando Charlie Magoo estava tomando uma cerveja em um dos bares de Porterville e algum babaca no bar agiu estupidamente com ele. Magoo reagiu quebrando o nariz dele. Arrasado e orgulhoso, o cara foi até sua casa, pegou uma arma, voltou até o bar e meteu o cano na cara do Magoo.

Grande erro.

Magoo e os Angels arrancaram a arma da mão dele e só faltaram enfiá-la no rabo do cara. Depois de um pouco de ação, ele tinha apanhado tanto que precisou ser levado ao hospital. Enquanto ele estava dando entrada no hospital, alguns Hell's Angels que haviam sofrido um acidente na estrada (a caminho do evento) acabaram sendo levados para a sala de emergência do mesmo hospital. Quando o cara do bar viu os Angels andando pela sala, ele ficou maluco e começou a gritar pela polícia, pensando que os Angels estavam lá atrás dele. A polícia chegou e a coisa ficou feia. Nada como uma boa briga no meio do hospital.

Ao cair da noite, todo mundo estava festejando pra valer e curtindo como nunca. Motocicletas iam e voltavam o tempo todo pela rua principal. Estavam rolando uns campeonatos de camiseta molhada nos terraços e interiores dos bares, e a bebida (e as drogas) brotavam como bolo e sorvete em festa de aniversário de criança. Era o paraíso na terra. Os Hell's Angels, junto com os locais e outros motociclistas, causavam o maior alvoroço.

O delegado de Porterville entrou em pânico. Ele sentiu que ele e seus capatazes estavam em menor número, então foi buscar reforço em três outras comunidades próximas. Em menos de uma hora, baixaram mais de 250 policiais, bombeiros e patrulheiros rodoviários (também devia ter uns guardas florestais curiosos no meio) em Porterville. Caminhões de bombeiro ocuparam as ruas principais e esguicharam o asfalto com sabão, inviabilizando o tráfego. Os motociclistas que se arriscaram, foram derrubados de suas motos por poderosos jatos de água. Com a chegada dos caminhões de bombeiro, a gurizada começou a subir nos telhados e a atirar tijolos na gente. Ficamos completamente encurralados. Foi isso o que realmente aconteceu.

A polícia enfileirou suas viaturas ao lado dos carros-pipas, e ordenou a todos os motociclistas que fossem embora da cidade numa mesma direção. Havia duas opções: deixar a cidade ou ter sua moto destruída pelos jatos d'água. Centenas de participantes decidiram ir embora de Porterville. E apenas um dia do feriado havia se passado.

Todos os Hell's Angels se reuniram a alguns quilômetros da fronteira da cidade, na frente de uma pista de patinação. Arrasados, descemos das motos para discutir a situação. Faltava uma pessoa. Alguém do grupo disse que o tinha visto sendo atingido por um jato d'água. Os Galloping Gooses também haviam se perdido de um de seus irmãos. Um membro de Berdoo e um membro do Satan's Slave também tinham sido presos, resultando num total de quatro baixas. Eu me senti na obrigação de fazer alguma coisa. Afinal, só estávamos tendo um pouco de... Diversão.

Alguns outros clubes decretaram que para eles já era o suficiente. A festa tinha chegado ao fim. Eles não tinham perdido ninguém de sua turma, então era a hora de deixar Porterville. Mas eu decidi que os Hell's Angels não sairiam dali enquanto estivesse faltando um de seus membros. Nós voltaríamos lá – os Hell's Angels de Oakland, acompanhados de um pessoal de Berdoo e de alguns membros do Satan's Slave.

Demos meia-volta com as motos e seguimos em direção ao sul, a caminho de Porterville, com vingança em nossas mentes.

A polícia tinha fechado a ponte principal e por ali não dava pra passar. Então bloqueamos o outro acesso à ponte, o que significa que, se os policiais não deixariam ninguém entrar na cidade, nós não deixaríamos ninguém sair. Os tiras ameaçaram nos prender, e nós estávamos prontos para acabar com eles e revidar. De um lado e do outro, centenas de ameaças trocadas, xingamentos e cuspidas, um verdadeiro duelo mexicano.

Até que um oficial da patrulha rodoviária veio conversar conosco. Ele tinha estrelas no colarinho, e até hoje eu nunca vi alguém com tantas estrelas num uniforme. Ele se aproximou e queria falar comigo, Sonny Barger. Era eu o cara? Eu estava de saco cheio, mas calmo. Eu disse a ele que a polícia de Porterville ainda estava com alguns dos nossos. Tudo o que queríamos era que eles fossem liberados. Meu acordo era este: nós pagaríamos vinte e cinco dólares como fiança, ficaria tudo certo, e então cada um iria para o seu canto.

"Entre aqui, Sonny", ele disse. "Temos que discutir isso melhor."

Depois dessa conversa, um Hell's Angel de Berdoo e um dos Slaves entraram comigo numa viatura para encontrar o chefe da polícia de Porterville na cidade. Fomos apresentados, eu expliquei nossos termos e disse a ele que estava oferecendo uma fiança de vinte e cinco dólares por todos os rapazes. A autoridade respondeu que seu cálculo dava uma multa de US$50.000. Aí eu fiquei inquieto.

"Me leva embora daqui", eu disse, e saí como um furacão pela porta.

O guarda cheio das estrelas pareceu ansioso para acalmar os ânimos. Eu o lembrei da oferta de vinte e cinco dólares. Ele pediu um tempo e entrou de novo na delegacia acompanhado de outro patrulheiro. Ele voltou.

"O que acha de cinquenta?"

Fechado.

Passamos o chapéu, pagamos as fianças e fomos todos embora da cidade nos encontrar com o pessoal que ainda esperava por nós em frente à pista de patinação. Ficamos bem satisfeitos com o desfecho. O domingo quase amanhecia, por isso todo mundo começou a partir. Os policiais, como de costume, estavam à espreita e começaram a parar alguns grupos de motociclistas e a multá-los por infrações como guidões altos, escapamento sem silenciador e outras baboseiras. Eles fizeram seu trabalho e então, poucos quilômetros à frente, mais policiais pararam os mesmos caras e deram a eles mais multas pelos mesmos motivos. Com 250 policiais na área, eles decidiram fazer a única coisa que sabem fazer. De repente a situação saiu da normalidade. Eu parei no acostamento, não muito longe de onde um grupo estava sendo multado.

Fiquei de pé no banco da minha moto e anunciei para qualquer um que pudesse ouvir.

"Os Hell's Angels de Oakland estão indo para o norte. Quem quiser seguir com a gente, pode vir, mas a partir do momento em que sairmos daqui nós vamos embora direto e não vamos mais parar para receber mais multas. Se eles tentarem nos parar, vamos enfrentá-los! Quem não quiser lutar, que fique aqui."

Fomos embora como um grupo, devagar e calmamente, mas em alto e bom som, rugindo nossos motores a caminho de casa em direção ao norte. Era ensurdecedor. Se eles quisessem nos parar, então teriam que nos alcançar, nos cercar na estrada, e nos arrancar de cima das motos primeiro. Olhando pra trás, aquele momento em que eu subi em cima da moto foi precisamente quando os Hell's Angels de Oakland se tornaram a força pela qual são reconhecidos. Ninguém ia tirar com a nossa cara. O *chapter* de Oakland assumiu uma posição especial de liderança dentro do clube como um todo. Eu aprendi que, quando você toma uma atitude e enfrenta os policiais, eles demonstram a sabedoria de não mexer com você.

Hell's Angel

Elsie e eu estávamos sentados em casa certa noite, em dezembro de 1965, quando recebi uma ligação da namorada de um dos membros. Ela parecia um pouco embriagada e afoita; ela ligava de um bar em Oakland. Havia um Hell's Angel lá dentro, ela murmurou, e ele estava metido numa baita encrenca. Anotei o nome do lugar, peguei a minha pistola .25 automática, subi na moto e dirigi até lá. Era uma sexta-feira pós-trabalho, e parecia que toda a cidade estava na rua bebendo e fazendo barulho. Tinha um cara no bar que era dono de uma oficina de cromagem do outro lado da rua, e seis ou sete de seus amigos e funcionários estavam junto com ele. Sua expressão deixava evidente sua raiva. O Angel tinha dado um apavoro nele. Pairava no ar o clima de tensão que precede uma briga.

Quando entrei no bar, o 400 Club, eu podia farejar quem era o idiota. Ele estava agindo como o fodão na presença de seus empregados. Chamei meu irmão Angel de canto. "Vamos embora daqui, agora."

Mas aí, o bonzão da oficina de cromagem disse algo para *mim*. Eu me virei, agarrei o cara e enfiei a .25 automática dentro de sua boca.

"Escuta aqui, seu filho da puta, talvez seja melhor você se sentar e calar a boca antes que você se machuque feio."

Foi o que ele fez. E eu saí andando do 400 Club com meu amigo e sua namorada, que tinha me ligado. Daí ela precisou entrar de novo no bar para pegar a sua bolsa. Esperamos por ela do lado das nossas motos por alguns minutos, e eu resolvi ir até lá pra ver se estava tudo bem. O idiota agora estava gritando com ela. Para mim, foi a gota d'água. Dei-lhe um golpe na cabeça com a minha arma e ela disparou acidentalmente, acertando o crânio do cara. O primeiro tiro tinha sido um acidente, mas já que o filho da puta já tinha tomado um tiro na cabeça, o coloquei na mesa de bilhar e disparei novamente. Virei as costas e fui embora do bar.

Depois eu fui descobrir que o garçom sabia meu nome e me dedurou para os policiais. Achei que o cara tinha morrido, mas no dia seguinte eu li sobre a nossa briga no jornal e fiquei sabendo que ele havia sobrevivido! A bala da .25 automática era muito pequena; ele só ficou temporariamente cego. Os policiais sabiam onde eu morava, mas ainda não tinham vindo atrás de mim, então achei que não ia pegar nada. Uma semana depois, ainda não tinham me procurado, logo, concluí que a barra estava limpa.

Um tempinho depois disso, recebi outra ligação. Terry the Tramp entrou numa briga no Sinner's Club e estava fora de controle. O pessoal com o qual ele tinha se indisposto morava ao lado do bar. A *bartender* do Sinner's Club me ligou para contar que o Tramp estava na rua tentando fazer as pessoas saírem da casa. Quando cheguei lá, me deparei com o Tramp parado na frente da casa.

"Aí, vamos derrubar essa porta e entrar". Foi exatamente o que fizemos.

Depois que derrubamos a porta e os cacos de vidro se assentaram, entramos e capotamos todo mundo na casa. Sangue, lágrimas e suor derramado.

A polícia naturalmente chegou e nos prendeu. Um detetive ameaçou quebrar meus braços, alertando que não era pra eu mexer com nenhuma de suas testemunhas.

Fui liberado no dia seguinte, e estava sozinho dirigindo minha moto pela rodovia MacArthur. Peguei a saída para a High Street e, quando olhei para trás, quem diria, um grupo de policiais me seguia. Na real, o atalho da High Street estava bloqueado pelos policiais, com armas apontadas para mim. Era uma tocaia, e eles tinham um mandado de prisão para mim por tentativa de homicídio.

"Dá um tempo, seus idiotas", eu disse, achando que aquilo era por causa da confusão com o Tramp. "Já fui liberado ontem desse negócio".

Quando tirei a nota da fiança do bolso e joguei neles, de repente me toquei que aquilo não tinha nada a ver com o lance do Tramp, e sim com o tiro no cara da oficina de cromagem. Os policiais mostraram minha foto para algumas testemunhas que me identificaram, e então me acusaram de agressão com intenção de homicídio e por ser um reincidente com uma arma. A parte do reincidente veio como resultado da minha prisão por posse de maconha em 1963.

Quando fui a julgamento, eles me livraram da condenação por ser um reincidente portando arma, mas eu continuava sendo julgado por agressão com intenção de matar. O advogado de acusação e eu entramos num acordo depois que o júri não foi capaz de me condenar.

Com provavelmente mais de um milhão e meio de quilômetros rodados, eu praticamente passei ileso pelos acidentes até 1993. Estávamos voltando da *USA Run* no Missouri a caminho do "grande show" em Sturgis, Dakota do Sul. Devíamos ter entrado numa cidadezinha em algum lugar na intenção de passar uma noite, e então seguir para Sturgis na manhã seguinte. Mas o alternador de Johnny Angel falhou, e então Johnny, Michael Anthony e eu planejamos ir até uma loja da Harley em Pierre, Dakota do Sul, que abria logo de manhã, para comprar algumas peças para o reparo. Nós sempre consertamos as nossas próprias motos.

Às oito horas da manhã, nós três pegamos um antigo cruzamento de estradas onde uma delas levava até Pierre. Desconectamos o farol da frente da moto de Johnny e conduzimos sua moto com a força da bateria, dispensando o alternador. Tínhamos até o pôr do sol para dar um jeito na moto de Johnny. Fui na frente, e quando eu parei no cruzamento, olhei para os dois lados. Tudo limpo. Quando fiz a curva à esquerda, uma mulher numa picape veio gritanto pela colina a mais de cento e dez quilômetros com o sol cegando seus olhos. Eu a avistei, e pensei na hora: Fo-deu! Arrisquei uma rápida virada à direita tentando sair do alvo. Ela meteu o pé no breque, mas ainda assim me atingiu.

Minha *saddlebag* estava cheia, então acabou amortecendo a batida. Ainda que a picape tenha poupado a minha perna, o impacto me arremessou para longe. Ela atingiu a minha moto de um jeito que, ao invés de me fazer sair quicando pela estrada, ela me fez sair voando. Enquanto eu caía no chão, a mulher na picape estava derrapando na pista. Ela bateu numa placa e numa mureta na beira de um barranco, e deu perta total no veículo.

"O Chefe morreu", Michael e Johnny pensaram, correndo em minha direção. Mas depois de cair, eu levantei, peguei minha moto e tirei do meio da pista. Eles não botavam fé no que seus olhos viam. Eu estava apenas com um arranhão no braço. Dias depois, uma reportagem sobre o acidente mostrava mais de quarenta metros da marca de pneu deixada pela picape no asfalto.

A mulher entrou em pânico quando Michael Anthony disse a ela, "Moça, você quase matou um líder dos Hell's Angels."

Passado o susto, seguimos para Pierre. Remendei com fita todas as partes de plástico danificadas da minha moto e rodei todo o caminho de volta à Califórnia desse jeito. No fim das contas, a mulher da picape entrou em contato comigo, perguntando se eu podia mandar pra ela um moletom da minha loja para ela presentear seu irmão, que andava de Harley. Claro, mandei. Poucas pessoas têm a sorte de atropelar um Hell's Angel e viver para contar a história. Na minha opinião, ela esteve lá e tinha uma blusa para provar.

Ralph "Sonny" Barger

Os conflitos com a lei e os escândalos na mídia – como o caso de estupro em Monterey, a briga com os manifestantes antiguerra do Vietnã e a *run* de Porterville – criaram uma relação de amor e ódio dos Hell's Angels com o resto do mundo. Acabamos nos acostumando com a seguinte ideia: onde quer que fôssemos, o perigo sempre estaria à espreita na próxima esquina. Não sei se isso era contracultural ou antissocial, mas o destino levou os Hell's Angels ao olho do furacão. Mesmo assim, nada me preparou para o caos e a loucura que aconteceu no show gratuito dos Rolling Stones na pista de corrida de Altamont.

Estamos nos divertindo? *Prospects* dos Hell's Angels armados com tacos de bilhar no show dos Rolling Stones em Altamont.

9
LET IT BLEED: SEM SIMPATIA PELOS DIABOS DE ALTAMONT

Ao final do mês de novembro de 1969, os Rolling Stones botaram na cabeça que queriam tocar em São Francisco. A lenda diz que eles queriam ter o seu próprio Woodstock, mas ao estilo de Mick Jagger. O que eles tinham em mente era um evento gratuito de proporções gigantescas, que anunciaria o fim da turnê do álbum Let It Bleed.

O representante dos Rolling Stones (Sam Cutler), um hipster de São Francisco chamado Emmet Grogan e o empresário do Grateful Dead (Rock Scully), entraram em contato com o departamento de parques e recreação em São Francisco avaliando a possibilidade de realizarem um show gratuito no Golden Gate Park. Quando os repórteres do Los Angeles Free Press e do San Francisco Chronicle descobriram e vazaram a história, o público começou a ficar maluco. Outra ideia era uma infraestrutura improvisada no Fillmore, mas isso estava fora de cogitação porque o lugar era muito pequeno e a ideia do Golden Gate Park começava a ganhar fôlego. O problema com o Golden Gate era a segurança. Foi Grogan a primeira pessoa a pensar em chamar os Hell's Angels.

"Teremos uma centena de Hell's Angels em suas motos para escoltar os Stones até o Golden Gate Park", supostamente teria dito Grogan. "Ninguém vai se aproximar dos Angels, cara. Ninguém se atreveria."

Um acordo foi aparentemente firmado entre o staff dos Stones e os Angels de São Francisco. Por uma ajuda de custo de US$500 para pagar a cerveja, Pete Knell, presidente dos Angels em Frisco, deu sua palavra que eles se encarregariam da segurança. Pete era um Hell's Angel de renome. Respeitávamos um ao outro, mesmo quando Oakland e São Francisco estavam em guerra. Ao final dos anos 1960, os dois *chapters* já tinham passado a régua na questão e tudo estava bem.

Eu estava na reunião mensal dos Hell's Angels quando Knell chegou trazendo a novidade: haveria um show gratuito dos Rolling Stones e todos os *chapters* vizinhos estavam convidados a se juntarem à missão. O acordo era simples: estaríamos interessados em nos juntar ao pessoal de São Francisco na frente do palco, vigiando a multidão e bebendo cerveja na faixa? Não demorou muito para que os Stones percebessem que os Hell's Angels da Califórnia eram um pouco diferentes de seus empregadinhos ingleses. Como o guitarrista dos Stones, Mick Taylor, disse, "Esses caras da Califórnia são pra valer. Eles são muito violentos."

O plano para que os Stones tocassem no Golden Gate fracassou. O parque não dispunha de espaço o suficiente para acolher o mar de pessoas esperado, e o departamento de parques e recreação rejeitou o pedido.

O local seguinte escolhido foi a pista de corrida Sears Point, ao norte de São Francisco, no condado de Sonoma. Dava para ter controle da massa. Quando as autoridades locais botaram um ponto final naquilo, a construção do palco foi interrompida e as negociações entre os Stones e os donos do Sears Point – a produtora Filmways – concluíram-se. A Filmways aparentemente controlava a Concert Associates, que promoveu o show dos Stones em Los Angeles, e quando os Stones se recusaram a fazer uma apresentação extra, os planos de usar o Sears Point foram por água abaixo. A Filmways supostamente pediu um Seguro de Responsabilidade Civil muito alto, e cem mil dólares só de aluguel, mais participação na distribuição do filme que seria gravado no evento. Ninguém gostou dessa proposta. As estações de rádio locais, o noticiário televisivo e os jornais diários que tinham divulgado com tanto destaque o evento, de repente não tinham mais nada.

Um sujeito chamado Dick Carter realizava corridas de arrancada em seu terreno em Altamont, que se localizava no vale de Livermore, entre duas pequenas cidades – Tracy e Livermore – a quase cinquenta quilômetros de Oakland. Carter já tinha sido aconselhado por um estudante de administração de empresas (da Universidade Stanford) a começar a usar sua pista de corrida para sediar shows de rock, então Carter decidiu apostar na ideia. Através do procurador de São Francisco Melvin Belli, ele contatou Sam Cutler e os Stones para oferecer seu espaço assim que o Sears Point virou carta fora do baralho. Em questão de dois dias, o acordo foi selado. Altamont seria o lugar para assistir aos Stones de graça.

Os irmãos de São Francisco e alguns outros membros da Bay Area partiram cedo no dia 5 de dezembro, sábado, em direção a Altamont, a bordo do ônibus escolar amarelo pertencente ao *chapter* de São Francisco. Alguns foram mais cedo de moto. O ônibus parou a quase cem metros do palco que a equipe dos Stones havia construído na noite anterior. Somavam-se aos Hell's Angels seis seguranças que a organização dos Stones contratou em Nova York, vestindo jaquetas de golfe e com cabelos curtos estilo esportista. Quando Mick Jagger chegou na noite anterior para ver a montagem do palco realizada por Chip Monck (o mesmo que fizera o palco do Woodstock naquele verão), sua limusine empacou por falta de gasolina.

À medida que a multidão ia preenchendo os pastos em Altamont, nós terminávamos nossa reunião em Oakland. Fui pra casa buscar a Sharon antes de pegar a estrada no fim daquela tarde. Quando passamos por Hayward e Livermore, milhares de pessoas ainda estavam a caminho do local do show. Estacionamentos não existiam e a estrada ainda estava em construção. Muitos abandonaram seus carros na estrada. De lá eles pegavam carona ou percorriam à pé os quilômetros restantes. Ônibus cheios de jovens passavam coletando os retardatários que tropeçavam pelo acostamento da estrada em obras.

Para fugir do tráfego, pegamos um atalho – um que só a gente conhecia. Sinalizei para o resto dos rapazes, indicando um caminho através das colinas, em paralelo à estrada, que dava no alto das montanhas e descortinava a vista para o palco em Altamont. Eu estava relativamente limpo, o que significa que não tinha tomado nenhuma droga pesada. Sharon e eu fizemos uma ótima viagem. Quando chegamos, o show já estava rolando há algumas horas, e quando adentramos o vale vimos duas ou três encostas tomadas por jovens sentados em cobertores e sacos de dormir. Eu imediatamente pensei nos problemas a serem enfrentados tentando-se entrar ou sair de um lugar entupido de gente como aquele. Enquanto avançávamos pelo morro em direção ao palco, a multidão abria espaço para nós. Alguém nos ofereceu uma jarra de vinho. Por sorte não estava batizada com ácido.

Antes de nossa chegada, tinha rolado uma treta no palco entre Marty Balin do Jefferson Airplane e um Hell's Angel chamado Animal. Um grupo de Hell's Angels foi pra cima de um jovem negro, e, por isso, Balin intimou o Animal e disse "Vai se foder". Animal reagiu nocauteando o cara – em pleno show. O empresário do Airplane Bill Thompson puxou Animal de canto e perguntou por que ele tinha batido em seu vocalista, e ele respondeu, "Ele faltou com respeito a um Angel". Outro integrante da banda, Paul Kantner, anunciou para a plateia que um Hell's Angel tinha acabado de bater no vocalista da banda. Não houve reação.

Quando Sharon e eu, acompanhados de outros motociclistas, chegamos na parte baixa do desfiladeiro onde ficava o palco, estacionamos nossas motos a apenas um metro da parte da frente do palco, formando um tipo de barricada. Logo de cara eu fiquei surpreso ao ver quão baixo era o palco. Não estava nem a um metro do chão! Depois que estacionamos, Gram Parsons and the Flying Burrito Brothers, e na sequência Crosby, Stills, Nash & Young, fizeram suas apresentações. Quando alguém do público gritou conosco, Crosby ficou do nosso lado. Assumimos a missão de tentar manter a ordem em meio a uma confusão organizada.

Na noite anterior, ao observar uma cerca destruída por fãs ansiosos que chegaram mais cedo, Keith Richards proferiu ironicamente, "Vejam só, o primeiro ato de violência". Na tarde do show, quando um helicóptero chegou trazendo os Rolling Stones, alguém chegou perto de Jagger e gritou, "Eu vou te matar, eu odeio você", e deu um soco nele. O queixo e o ego de Jagger ficaram feridos, e ele rapidamente correu para se esconder no trailer atrás do palco.

Terry the Tramp, Sharon, algumas das lideranças dos Hell's Angels e eu fomos conduzidos para o backstage e apresentados aos Rolling Stones. Eles saíram do trailer com seu visual de gente fresca e sua maquiagem e apertamos as mãos, então eles sumiram de volta lá pra dentro. Os caras se portaram como criancinhas correndo pra dentro de casa querendo se esconder ou algo do tipo. Não disseram uma palavra.

Todas as bandas de abertura já tinham tocado, e agora era a hora dos Stones. O sol ainda brilhava e faltava um tempo antes de escurecer. A multidão teve que esperar o dia inteiro para ver os Stones tocarem, e eles estavam lá de boa no trailer deles, agindo como divindades. A multidão estava ficando nervosa; havia muita bebida e drogas rolando. A escuridão se aproximava.

Depois do pôr do sol os Stones ainda não tinham saído para tocar. Mick e os outros egocêntricos da banda pareciam querer ver o público agitado e frenético. Eles queriam que as pessoas ajoelhassem, creio eu. Finalmente seus instrumentos foram posicionados. Levou ainda mais uma hora até que a banda decidisse sair. Um vento frio varria a região.

Ninguém da organização dos Stones me comunicou nada. Então apenas sentamos lá e começamos a beber, testemunhando a plateia se foder cada vez mais. Quando escureceu totalmente, os Rolling Stones pediram aos Hell's Angels uma escolta até o palco. Eu não ia fazer isso. Eu não tinha gostado nem um pouco do tempo que eles demoraram em decidir tocar. Não me agradava mais a ideia de os Hell's Angels bancarem os guarda-costas para um bando de estrelas sensíveis com seus sorrisos de estátua de mármore. Quando eles finalmente saíram, não gostei do comportamento deles no palco também. Eles estavam apenas cumprindo o protocolo. A massa estava furiosa e a loucura começou.

Os egos inflados dos Stones se converteram em seu problema. As pessoas que estavam mais chapadas de drogas eram aquelas que chegaram primeiro em Altamont, aqueles que acamparam um dia antes para conseguir um bom lugar. Eles aguentaram por horas a fio, no relento e no sol quente. E marcaram seu território na primeira fila. Quando chegamos com as motos, eles não queriam arredar pé de seu espaço. Mas... Eles se moveram. Demos um jeito. Afastamos os caras uns doze metros. Assim que os Stones subiram ao palco, as pessoas voltaram a se aproximar da área isolada onde nossas motos estavam estacionadas, tentando escalar o palco. Em resposta, começamos a empurrá-los para longe dali. Para piorar, eles estavam esbarrando em nossas motos.

Um Hell's Angel de São Francisco chamado Julio parou sua moto perto da minha. A bateria da motocicleta de Julio estava perto do tanque de óleo, com as molas do assento bem em cima do tanque de cada lado dos bornes da bateria. Algum fã estava se apoiando no banco, seu peso causando contato entre as molas e a bateria, dando um curto na moto do Julio. Ele nem tinha prestado atenção, então eu pulei do palco e arranquei o cara de cima da moto. Alguns Hell's Angels também pularam atrás de mim e abriram caminho pela multidão. Eles não sabiam o que eu estava fazendo, mas seguiam limpando a área para me dar espaço, assim eu poderia checar a situação da moto. Aquele simples incidente deflagrou uma tensão ainda maior entre os Hell's Angels e a multidão.

Enquanto fazíamos a segurança do palco, alguém do público que tinha sido empurrado e levado uns tabefes ficou maluco e começou a atirar garrafas na gente e a realmente zoar com as nossas motos. Grande erro. Foi quando entramos no meio do povo, agarramos alguns daqueles babacas que estavam vandalizando nossas motos e demos um pau neles.

Agora que a situação tinha saído totalmente do controle, os Stones entoavam sua baboseira hippie de "irmãos e irmãs". Todo mundo que tentou chegar perto do palco foi empurrado para longe. Uma gordona tentava subir no palco. Ela estava sem a parte de cima da roupa e provavelmente bastante chapada de drogas. Alguns dos Angels tentaram detê-la, e me pareceu que eles estavam tentando tirá-la do palco sem machucar. Keith Richards chegou em mim e falou, "Cara, não acredito que sejam necessários três ou quatro Hell's Angels para tirar aquela menina do palco". Eu andei até a ponta do palco e dei uma bica na cabeça dela.

"Melhor assim?"

Keith Richards aproximou-se depois de tocar "Love in Vain" e falou que a banda não ia mais tocar enquanto não parássemos com a violência. "Ou esses caras param com isso, ou não vamos mais tocar", ele anunciou à multidão. Eu parei do lado dele, encostei minha arma nele e disse para ele começar logo a tocar ou então estaria morto.

Ele tocou que nem um filho da puta.

Eu não presenciei o esfaqueamento de Meredith Hunter, mas eu me lembro dele. Hunter vestia um terno verde gritante e realmente destacava-se na multidão. Na hora em que ele correu em direção ao palco e sacou uma enorme arma preta, o que veio em seguida foi muito rápido. Jagger estava cantando "Under My Thumb" quando os Hell's Angels bravamente alcançaram o atirador. Assim que pulamos do palco, eu escutei a arma disparar. Tudo o que sei é que Hunter estava no palco e foi derrubado; uma arma foi sacada e disparada. Depois ele foi esfaqueado. Ele estava perto do palco quando o impedimos. Na hora que alcancei Hunter ele já tinha sido esfaqueado. Nós o pegamos e o levamos para ser atendido.

Meredith tinha atirado num Hell's Angel. Como o cara que ele atingiu era um fugitivo na época, não pudemos levá-lo a um médico ou para um ambulatório de emergência. Era só um ferimento leve, de qualquer forma.

Mick Jagger e Keith Richards, dos Rolling Stones, sentindo a tensão no estreito palco de Altamont, em dezembro de 1969.
(foto: Robert Altman/Michael Ochs Archives)

Depois de um tempo, eu não me sentia mais tão abalado sobre os acontecimentos daquele dia. Foi apenas mais um dia na vida de um Hell's Angel. Eu achei até que, por sorte, não houve mais pessoas – inclusive os Stones – atingidas por esse cara, Meredith Hunter. Eu percebi o quanto os Hell's Angels desempenharam um bom trabalho.

A imprensa declarou que Hunter sofreu "choque e hemorragia devido a múltiplas facadas nas costas, uma facada do lado esquerdo da testa e outra bem do lado direito do pescoço". Mesmo que ele estivesse na porta de um hospital ou numa sala de operação, depois de um ataque desses ele teria morrido.

Os Hell's Angels permaneceram no local até o final. Nos misturamos com o público por um tempo, bebemos um pouco de vinho e fumamos um pouco de maconha com o pessoal. A turnê *Let It Bleed* (*Deixe sangrar*, em português) dos Stones acabou em sangue, tá certo.

Digam o que quiserem, mas eu coloco a culpa nos Stones por toda aquela cena horrível. Eles estressaram a galera, construíram o palco muito baixo, e daí nos usaram para amenizar a repercussão negativa. Eles conseguiram exatamente aquilo que desejavam desde o começo – um ambiente tenso e assustador para tocarem "Sympathy for the Devil".

Seria difícil dizer o que poderíamos ter feito para melhorar a situação caso fôssemos questionados, mas ali estávamos numa péssima situação. Se eu conhecesse a precariedade da infraestrutura e as atribuições dos Hell's Angels, não teria concordado. Deveríamos ter planejado as coisas de modo diferente, provavelmente um papel de seguranças muito mais informais.

Pagamos o preço por Altamont durante muitos anos.

Até onde eu saiba, os Stones são uma boa banda e todo mundo gosta deles. Mas só porque você canta bem não significa que você pode tratar os seus fãs como um monte de lixo – e foi isso o que eles fizeram aquela noite em Altamont.

Pouco antes da meia-noite, subimos em nossas motos e cruzamos os campos até uma distância de mais ou menos dez quilômetros até a Highway 5, pegamos o retorno 680 e seguimos de volta para Oakland. É engraçado; desde então eu volto para aquela área e nunca sou capaz de descobrir como fomos capazes de dar conta daquilo.

Ao chegarmos à estrada principal, o tanque da moto de Terry the Tramp secou. Decidimos "rebocar" o Terry pra casa – estiquei minha perna e encaixei meu pé no pedal dele, e fui empurrando Terry até em casa, enquanto ele encaixou a moto dele na minha. Marcy estava na garupa da moto de Terry, e Sharon na garupa da minha. Nenhum de nós parou pra pensar no perigo daquilo, com o asfalto, o trânsito e a alta velocidade. Eu reboquei Terry ao longo dos trinta e poucos quilômetros até a nossa casa, sem parar nem pra abastecer. Quando chegamos, as garotas confessaram que ficaram com medo. Acendemos a lareira e as ligações de amigos de todos os cantos não paravam, pois eles tinham ficado sabendo do acontecido.

No dia seguinte, rolaram comentários de que uma questão racial estava ligada à morte de Meredith Hunter. Ele estava no show acompanhado de uma garota branca e aparentemente passou o dia todo enchendo o saco das pessoas. Dá para reparar nas fotos das revistas como a *Look* ou a *Life*. Ele estava à procura de problema.

A rádio underground KSAN organizou um programa de ligações na noite seguinte tentando encontrar alguma razão para o que acontecera. O pessoal ligava para reclamar dos problemas acontecidos em Altamont. Sam Cutler, da organização dos Stones, estava no ar tentando explicar o lado dos Stones na história. Bill Graham soltou o verbo contra o Mick Jagger ao vivo. Eu nunca fui de concordar com o Graham, e outros do clube também não, mas dessa vez ele concordou conosco. Mick Jagger foi o grande responsável por deixar a coisa sair do controle. Era o barato dele.

Alguém me ligou em casa para contar do programa, daí eu liguei para a KSAN a fim de me pronunciar em nome dos Hell's Angels. Levei toda a cocaína que tínhamos para o quarto e liguei para o rádio. Eles me deram uma canseira até se darem por convencidos de que eu era quem eu disse que era. Então me colocaram no ar. Eu estava chapado.

"Esses bichos grilos não conseguem ser melhores do que os piores de nós", eu disse. "Já passou da hora de todo mundo se ligar nisso. Disseram-nos que se fôssemos lá poderíamos sentar no palco e beber cerveja na conta do empresário dos Stones, sacou? Eu não gostei nem um pouco do que aconteceu. O combinado era que deveríamos sentar no palco para ajudar a manter as pessoas um pouco afastadas. Estacionamos onde nos foi indicado... Eu não fui até lá para brigar. Eu fui lá para me divertir e ficar sentado no palco."

Não fiquei sabendo de nada relacionado a pessoas que apanharam com tacos de bilhar. Até onde eu saiba, quando você vai bater em alguém, o certo é usar um cabo de machado ou um taco de baseball. Um taco de bilhar é uma péssima arma para se usar contra alguém porque ele se quebra facilmente.

Eu falei sobre a parte da história em que umas pessoas começaram a empurrar as nossas motos. "Agora, eu não sei se você pensa que nós pagamos uma mixaria por elas, ou que as roubamos de alguém, ou mesmo que custaram caro, tanto faz. Mas para que a maioria de nós pudesse ter uma boa Harley foi preciso um considerável investimento. Não vou permitir que chutem a minha motocicleta. Esse povo pensa que só porque estão em público, no meio de trezentas mil pessoas, eles podem fazer o que quiserem e sairem andando. Mas quando você vê um babaca zoando com uma coisa que é a sua vida, algo em que você investiu tudo o que tinha, que você ama mais que tudo nesse mundo... Você se vê na necessidade de atravessar pelo meio de um grupo de cinquenta pessoas, você precisa chegar até o cara".

"Essa parada virou pessoal pra mim. Tá ligado? Sou um felino violento quando preciso ser. Ninguém vai pegar aquilo que é tudo o que tenho e tentar destruir. E aquele Mick Jagger, foi ele quem colocou os Angels nessa enrascada. Ele nos usou de laranjas. Até onde eu saiba, fomos feitos de palhaços desde o começo por aquele idiota."

Toda aquela baboseira que se falou sobre Altamont ter sido o marco do fim de uma era não passa de um monte de lixo pseudo-intelectual. Grande bosta, não foi o final de nada. Um artigo de uma revista disse que a lentidão da polícia nas investigações sobre a morte em Altamont devia-se ao fato de que os Hell's Angels tinham feito um pacto com as autoridades depois de nossa participação na manifestação contra a guerra do Vietnã, em 1965. Houve até rumores na imprensa de que Altamont teria custado uma multa aos Hell's Angels.

Tudo mentira.

Altamont pode ter sido uma enorme catástrofe para os hippies, mas foi apenas mais um rolê dos Hell's Angels para mim. Aquilo queimou o nosso filme com a sociedade, mas a maioria dos hippies, jornalistas e liberais já não gostava de nós mesmo. Quando o assunto é agradar as pessoas certas na hora certa, os Hell's Angels nunca foram capazes. Na minha perspectiva, comparado aos anos 1970, depois daquilo eu mergulhei em tempos muito mais selvagens que fizeram com que o caso de Altamont se parecesse com piquenique de igreja.

```
NAME:    BARGER, Ralph Hubert                    OUTLAW MOTORCYCLE FILE          NBR:   1
ALIAS:   BARGER, Paul Hubert                     CONTRIBUTED BY:                 DATE: 4-1-70
         BARGER, Ralph                           Office of the Attorney General
         "SONNY"  "CHIEF"                        State of California

LKA: 9508 Golf Links Road, Oakland, California
Family: Shirley ROGERS (Sister), 6467 Mirabeau Dr., Newark
    California
Associates: Richard O. DOE and other HELLS ANGELS.
Vehicles: 1968 Harley Davidson BTM, Lic. 665 797
    VIN-68XCH12384
Summary of Arrests:
12-27-56   PD Oakland #111239         Spd. Contest
4-15-57    SO Oakland #88944          Drk. Driv.
3-18-61    PD Berkeley #17885D4       D the P
11-13-63   PD Oakland #111239         Narcotics
10-16-65   PD Berkeley #17885D4       A.D.W.
2-26-69    SO Los Angeles #C-833 568  Narcotics
Modus Operandi & Misc. Info:
BARGER is probably the most powerful and well known Outlaw
motorcyclist in the Country and as President rules the         DESCRIPTION: White Male  5'10"  160#  Brown Brown
Oakland Chapter of the HELLS ANGELS with a retatively strong   PHYS ODDITIES: Skull & cross bones,H/A & Devil on Chest--
hand. This subject is influential with motorcycle clubs all                  num. other tats.
across the Nation. BARGER has been unemployed for years        D.O.B.: 10-8-1938
and yet is seen with large amounts of money. This money        PLACE: Modesto, California
may come from the dues he collects from his own Chapter and/   PHOTO DATE: 9-16-1967
or from the dues and franchise money he obtains from Chapter   DL NBR: G-211 602
Charters he has sold in various States. It is known that all   SS NBR:                          FPC:  0  9 R OIO 20
HELLS ANGELS deal extensively in the narcotic trade.           FBI NBR: 545 959-C                    S 17 U 000 18
                                                               CII NBR: 1 124 813

                                                                                          RIGHT THUMB
NAME:  BARGER, Ralph Hubert     CLUB:  HELLS ANGELS     NUMBER:  1     DATE:  4-1-70
```

Mais uma ficha criminal para Ralph Hubert Barger, pseudônimos "Sonny" e "Chief". "Barger é provavelmente o mais poderoso e conhecido motociclista fora-da-lei do país", dizem os federais. "Esse assunto diz respeito a clubes de motociclistas por toda a nação."

10
ASSASSINATO, CAOS, PROBLEMAS COM A JUSTIÇA

Arrumar encrenca com a lei é algo que te obriga a agir com mais equilíbrio. É um jogo. Eles usam leis malucas e incontornáveis estratégias para lhe colocar à margem, e você usa a sua reputação para encontrar uma saída. Aqueles de nós que já passaram longos períodos vivendo fora da lei sabem que acumular um histórico muito recheado pode ser espinhoso e complicado. Passar um tempo atrás das grades é uma coisa, mas cumprir penas por crimes sérios que você não cometeu, ou aguentar ser acusado de um monte de coisas, requer um certo nível de controle mental. A coisa mais valiosa na vida é a sua liberdade.

Certa vez, quando era apenas um garoto, eu estava em casa sozinho quando dois policiais bateram à porta. Eles disseram que estavam procurando por mim. Hesitei por um minuto, e então os deixei entrar. Eles queriam saber se meu nome era Ralph. Eu confirmei. Ninguém do bairro ou da escola jamais me chamara de Ralph, mas evidentemente alguém disse para a polícia que um menino chamado Ralph tinha botado fogo numa casa da região. Era um outro Ralph, e embora eu soubesse exatamente quem eles estavam procurando, apenas encolhi os ombros e dei a eles o meu silêncio. Desde aquela época eu nunca senti a necessidade de delatar alguém, especialmente para os policiais.

Quando você entra no jogo da lei e da ordem, às vezes a merda resultante é tão imensa que é preciso criar asas para conseguir ter aquela visão geral da situação. Sendo um Hell's Angel, eu sempre estive envolvido em muitos problemas com a justiça; Clint Eastwood jamais escaparia de metade das ciladas que já enfrentei. Até a mais rotineira batida pode servir de estopim para algo mais sério pela frente.

Por exemplo, o meu primeiro enquadro por posse de maconha.

Em 1963, eu morava numa pequena casa na rua Arthur, em Oakland. Minha namorada da época tinha acabado de se mudar de Vallejo para ir morar comigo, e um amigo chamado Gus Pimental (que já morreu) também estava morando lá, de aluguel, num quarto. Um belo dia, o Gus vendeu uma paranga de maconha para um policial da cidade, que o seguiu até em casa. Os tiras, armados com um mandado, invadiram a casa, sem ter a mínima ideia de que era minha. Eles ficaram surpresos quando me encontraram lá. Como eu já tinha sido enquadrado por outros motivos pela polícia de Oakland, um deles me parecia familiar.

"Ei, Sonny!", alguém disse assim que arrombaram a porta. "O que você está fazendo aqui?"

"Eu moro aqui, cara. O que diabos *você* está fazendo aqui?"

Os policiais estavam relativamente tranquilos com a situação. Pegaram o Gus no quarto dele e encontraram dois tijolos de maconha. Eu sinceramente não fazia ideia de que todo aquele fumo estava lá. Se eu soubesse, provavelmente não teria deixado o Gus estocar o bagulho na minha casa; isso era uma coisa muito estúpida a se fazer, especialmente naquela época, quando a polícia era tão intolerante com posse de maconha. Dada a situação, os guardas até que foram de boa comigo e a minha namorada. Caso não encontrassem mais nada na casa, disseram, eles não nos levariam presos, já que toda a droga estava no quarto do Gus.

Bem, quase toda.

Ao chegar no armário da minha namorada, eles acharam mais um pouco de maconha. Os policiais falaram que poderiam levar nós dois ou somente eu, caso assumisse a culpa. Decidi assumir sozinho o B.O.. Fui até a delegacia no centro da cidade e os caras me ficharam.

Não dava pra vacilar com drogas nos idos de 1963; posse de maconha naquela época dava penas severas. Quando eu fui considerado culpado por posse, a lei determinava que eu deveria ficar preso por cinco anos. Eu interpretei que oficialmente eles me dariam uma sentença, mas que poderia cumprir parte dela em condicional. Ironicamente, acabei não recebendo uma sentença de prisão propriamente dita. O juiz, ao contrário, bateu o martelo: "Diante dos fatos, eu te condeno a seis meses de reclusão e seis meses de condicional."

Os seis meses de condicional foram cumpridos em paralelo com o período de reclusão. Em outras palavras, se eu não fizesse nenhuma cagada e saísse em quatro meses e vinte dias (o equivalente a uma pena de seis meses com bom comportamento), eu ficaria livre da condicional cumprindo o mesmo período de tempo – quatro meses e vinte dias. Em nome da lei, aquela sentença foi lida em alto e bom som, ecoando claramente na corte que o flagrante por posse de maconha mancharia a minha ficha pra sempre, independentemente da sentença reduzida. Aquele enquadro por causa de maconha foi um pé no saco em 1963, mas salvaria a minha pele nove anos depois.

Em 1968, eu costumava passar bastante tempo me divertindo com o Tiny Walters. Era a época em que eu estava na pegada da cocaína, e comecei a usar tanto que acabei me ferrando. Quando eu não ia para casa à noite, era porque provavelmente estava rodando por aí e cheirando pó com o Tiny. Éramos capazes de varar vários dias seguidos, e quando a Sharon começava a se preocupar, ela sintonizava no rádio da polícia para saber se eu tinha sido preso ou tomado um tiro. Não deu outra. Certa noite, Sharon escutou no rádio que tínhamos sido parados pela polícia, mas não havia mais nada que ela pudesse fazer além de escutar a conversa dos policiais pelas ondas curtas. Com todo aquele lance do pó, dos carros e motocicletas, eu estava literalmente fora de controle, e era uma treta após a outra com a polícia.

Junto com o pó vieram as armas. Os Hell's Angels sempre foram acusados de armazenamento de armas. Muitos americanos – especialmente os Hell's Angels – amam armas. Durante meu período no exército, fui *ensinado* a amar as armas.

Mantive uma pequena coleção antes dos federais aprovarem a lei que tornou crime gente como eu estocar armas de fogo em casa. Fui pego de surpresa quando a lei foi aprovada em 1968. Eu tinha aquela maldita passagem por posse de maconha, e de acordo com a lei, se você correu o risco de pegar uma sentença de um ano ou mais – não importando se você pegou ou não – ou se foi declarado culpado, seu direito de andar armado tornava-se restrito. Na condição de condenado, eu não podia mais possuir armas no estado da Califórnia.

Eles deram uma batida na minha casa em junho de 1968. Os federais confiscaram um rifle calibre .30/30 (edição limitada Theodore Roosevelt) e a minha favorita, uma AR-15, a mais invocada do mercado, um verdadeiro item de colecionador. O Departamento de Polícia de Oakland acabou adquirindo vinte e cinco daquelas depois de verem a minha. Após o ocorrido, a polícia estadual baixou lá em casa e levou a minha espingarda Mossberg, algo que qualquer americano de sangue vermelho deveria ter em casa para se proteger.

De acordo com as novas leis da época, eu honestamente não sabia mais se podia ou não ter uma arma. Quando fui comprar os itens da minha coleção, não houve a mínima resistência da parte da loja de armas do bairro. Assinei todos os formulários sem ter a mínima noção de que eu não poderia mais possuir armas legalmente. Os federais me arrumaram três condenações por porte de arma.

A polícia estava apenas começando seu jogo duro comigo em relação a esse lance das armas. Nos anos seguintes, meu bairro em Golf Links viveu sob constante fiscalização, com os policiais à procura de Hell's Angels portadores de armas como eu. Eles tinham a esperança de encontrar algo que pudesse nos incriminar de uma vez por todas. Os agentes do governo deram um jeito de transformar um ex-membro de San Jose num informante, e ele delatou para a polícia que eu tinha um monte de maconha escondida em casa. Quando eles aportaram em Golf Links, não encontraram nenhum pacote de maconha para comercialização na minha casa. A única coisa que acharam foram dois baseados.

A partir daí, as coisas começaram a ficar bizarras.

Bem na hora em que eu estava sendo autuado por dois baseados, um fisiculturista que eu conheço chamado Don entrou pelo portão da frente no meu jardim com uma pasta. A polícia também estava ocupada com uma geral na casa do Fat Freddie do outro lado da rua. Cara, Golf Links estava lotada de policiais, e ao aproximar-se da porta, Don percebeu o que estava acontecendo, deu meia-volta e saiu correndo. Don tinha um visual tão engomadinho que os policiais do outro lado da rua pensaram que ele era outro policial, mas quando ele virou e correu de volta, um deles foi até lá ver o que estava acontecendo. Don acabou jogando a maleta na minha garagem durante sua fuga pela parte de trás da casa. Ele foi imediatamente emboscado e capturado. Levaram Don algemado para dentro da casa com a maleta confiscada, contendo duzentos gramas de heroína e seis papelotes de cocaína.

"Olha só o que encontramos", os policiais falaram pra mim, e me deram o flagrante pela posse dessas drogas também.

O cerco estava se fechando. Eu tinha todo tipo de acusação despencando sobre minha cabeça. Assim que fui intimado para me apresentar na corte federal pelo julgamento de posse de arma, meu advogado me chamou de canto e disse que ele estava numa sinuca de bico em ter que me defender contra os federais (nossos adversários eram o estado e as autoridades locais). Ele falou que não se sentia confiante em poder me defender adequadamente e que eu poderia estar prestes a encarar longos anos na cadeia.

Merda. Sem advogado e com a data do julgamento fungando na minha nuca, fiz o que precisava ser feito: decidi não comparecer, arrumar um advogado com a Assistência Judiciária, e ponderar meu próximo passo...

Como um fugitivo.

Enquanto eu dava o fora, dois rapazes da DEA (Órgão para o Combate das Drogas, em tradução livre) foram roubados por uns espertões que os agentes diziam ser Hell's Angels. De acordo com eles, embora os ladrões não usassem o *patch* da caveira, um deles tinha uma espécie de caveira tatuada no braço. O que aconteceu foi que os agentes acertaram uma compra de drogas com esses dois caras, mas ao invés de darem o xeque-mate neles, foram os supostos Hell's Angels que viraram a mesa e roubaram as armas dos agentes, os distintivos e o bolo de notas marcadas.

A DEA ficou um tanto brava e envergonhada que seus agentes tenham falhado e sido roubados. Eles tinham certeza de que eu fazia parte do negócio, então a DEA armou mais uma emboscada em frente à minha casa – estacionados do outro lado da rua –, na esperança de pegar os caras, achando que eles apareceriam lá em casa com um carregamento de maconha, drogas ou dinheiro. É claro, isso nunca iria acontecer, porque esses estúpidos sequer eram Hell's Angels. Como eu era um cara que não compareceu no julgamento por posse de armas, já estava acostumado em ver uns policiais preguiçosamente estacionados na frente da minha casa. Como se já não me bastassem os problemas sem eles por perto.

A DEA estava com a moral baixa por causa daqueles caras, então eles dirigiram até a casa do Deacon, arrombaram a porta dele, bateram em sua moto e destruíram a bateria que ele tocava. Enquanto os federais vasculhavam a casa do Deacon, eu distraí os dois agentes em frente da minha casa, esperei um pouco e saí para buscar refúgio justamente com o Deacon, pensando que, uma vez que a DEA estava plantada na minha porta, lá eu ficaria seguro. Tacada errada, Sonny. A polícia de Oakland acabou indo bater à porta do Deacon, então eu voltei, saltei sobre a cerca, tropecei e caí no chão. Um policial veio no meu encalço. Ele sacou a arma e apontou na minha cabeça. Quando me virei, também já tinha sacado a minha arma, e a apontava para ele. Ofendemos um ao outro e as coisas ficaram tensas até que ambos abaixamos as armas. No fim não era a mim que eles queriam, de qualquer forma. Eles queriam os dois que roubaram os agentes. Deixamos os conflitos de lado, sentamos e começamos a conversar – ou melhor, eles falaram e eu ouvi. Baseado no que eles me contaram sobre a ação e na descrição dos personagens, eu saquei rapidamente quem eram esses dois pseudo-Hell's Angels.

Assim que os policiais se foram, eu saí e embosquei os dois caras. Nós demos uma boa lição neles. Prendemos as mãos deles no torno e batemos neles com chicotes e marretas. Depois que eles devolveram o dinheiro, as identidades e distintivos para nós, deixamos que partissem. Um dos caras apanhou tanto que a polícia ficou até com pena de levá-lo preso quando o encontraram. Peguei os distintivos e o dinheiro e entreguei para um policial de Oakland conhecido meu, que, por sua vez, encaminhou para a DEA. Tecnicamente, não estávamos trabalhando em ação conjunta com a polícia. Esses dois caras estavam se passando por Hell's Angels e eles foram castigados por isso. Além do mais, quando devolvemos para a polícia de Oakland os distintivos, eles nos devolveram a carteira de motorista de um de nossos membros, que havia sido confiscada.

Depois de Altamont, os problemas com a justiça se multiplicaram. Sharon já havia me criticado por carregar muitas questões do clube nas costas. Eu estava exagerando. Ela sentia que os membros me tratavam quase como um deus. Eu não tinha o direito de falhar. Eu vivia totalmente chapado de pó, mas como era presidente do clube, ninguém pegava no meu pé – como eu mesmo fiz com outros membros ao apoiar a aprovação da regra proibindo drogas injetáveis. Eu cheirava tanta farinha que nem sabia mais o que estava fazendo.

Durante um fim de semana de farra, deitando o nariz na coca na sede do clube em Brookdale, eu quis testar o meu limite. Consegui passar nove dias acordado e fiquei absolutamente maluco. Depois dessa, eu me toquei que tinha perdido o controle. Embora se tratasse de uma droga muito popular, eu tive sérias dúvidas sobre continuar usando. Passei dois finais de semana tentando me desintoxicar sozinho, mas, sem chance. Eu tinha um real problema com a cocaína.

Certa noite eu estava dirigindo um Cadillac detonado pela Avenida Skyline em Oakland, com outros dois membros. Seguíamos outros Angels num Pontiac quando dois guardas florestais numa viatura entraram na pista entre os dois carros. Pouco tempo depois, eles perceberam que o Pontiac estava andando com a traseira rebaixada e suspeitaram que se tratasse de caça não autorizada na região do parque. Sinalizaram para o Pontiac encostar, mas ao invés de parar, eles arrancaram, e os guardas iniciaram uma perseguição.

Os guardas e o Pontiac fizeram o nosso Cadillac comer poeira. Ambos os carros estavam tão à frente de nós que quando eles fizeram a conversão para a via principal em meio ao nevoeiro, nós os perdemos de vista. Fizemos o retorno para pegar o caminho certo, seguimos em frente e vimos o Pontiac destruído na beira da estrada. Os guardas tinham atirado num dos pneus e, depois de uma curva brusca, o Pontiac capotou e o reforço foi chamado. Todo mundo no carro pulou fora e saiu correndo. Quando os guardas abriram o porta-malas do Pontiac abandonado, encontraram dois caras amarrados lá dentro. Eles eram *prospects* sendo testados para entrar no clube. Um pequeno arsenal de armas também foi encontrado no Pontiac.

Com nossas armas escondidas no Cadillac, não marcamos bobeira e passamos reto pelo Pontiac capotado. Luzes piscando e sirenes apitando, outro carro de polícia veio atrás de nós. Desesperados, decidimos jogar as armas pela janela. Eu tinha um porta-munição preso ao meu cinto, então eu desabotoei o cinto, coloquei no piso, tirei o porta-munição e joguei pela janela. Infelizmente, antes de pararmos, meu amigo pegou o meu cinto – com uma fivela dos Hell's Angels e meu nome gravado nela – e jogou para longe. Péssima ideia. Quando os policiais viram meu cinto e as armas voando pela janela, eles pararam para coletar as coisas. Rapidamente a polícia juntou as peças: Hell's Angels dirigindo um Pontiac a toda velocidade com dois *prospects* amarrados no porta-malas; outros Hell's Angels seguindo-os num Cadillac todo ferrado. Algo não cheirava bem. Estávamos encrencados.

Os policiais levaram os dois *prospects* que estavam no porta-malas para o hospital Highland, pois um deles tinha ferimentos no pescoço (causados pela espora da bota do outro *prospect*). O ferido era um fugitivo, então ele deu um nome falso no hospital. O pessoal comprou a história dele e deu entrada. Logo que pôde, ele fugiu do hospital, saiu pelos fundos e foi para a casa de um amigo a algumas quadras dali. Batendo na porta, e ainda sangrando bastante, ele caiu desacordado no chão. Completamente assustado, seu amigo chamou uma ambulância, que o levou justamente para o hospital Highland. Àquela altura a polícia já tinha descoberto que ele era um fugitivo.

Fui preso e acusado de sequestro seguido de agressão física, mais algumas outras acusações por posse de armas. O sequestro era crime grave (com possibilidade de pegar pena de morte), por isso fomos jogados na cadeia sem direito a fiança. Enquanto estávamos atrás das grades, a Suprema Corte dos Estados Unidos aboliu a pena de morte na Califórnia. O juiz Lionel Wilson (que mais tarde se tornaria prefeito de Oakland por um bom tempo) nos concedeu a fiança.

Por volta de fevereiro de 1972, havia um sem número de outras acusações contra os Hell's Angels. Poucos dias depois que fomos afiançados, outros dois membros de Oakland enfrentaram uma acusação pelo assassinato de um cara chamado Bradley Parkhurst. Parkhurst teve o baço rompido depois de ser chutado. Segundo o que fiquei sabendo, ele tentou cumprimentar os caras de um jeito meio doido, com gestos malucos. Quando um dos Angels disse pra ele "cumprimentar que nem homem", Parkhurst respondeu "Foda-se". Ele foi mandado pro chão e o seu baço pagou o preço. Assim que o pessoal vazou, os amigos dele chegaram e constataram que ele estava inconsciente. Pensando que ele estivesse chapado, provavelmente tentaram recuperá-lo com alguma substância e largaram o cara na sala de espera do pronto socorro, onde ele morreria logo depois.

As manchetes de jornal gritavam HELL'S ANGELS quase todos os dias no final de 1972. Nossa casa era um caos. Sharon sofreu um acidente de moto em pleno verão, em que quebrou a perna e foi flagrada por posse de metanfetamina. Em setembro, dois Angels pegaram prisão perpétua pela morte de Bradley Parkhurst. Ao final daquele mês, Tiny, uma das estrelas da manifestação contra a guerra do Vietnã de 1965, foi declarado desaparecido pela esposa após um sumiço repentino. Ela ligou para a polícia, desesperada. Ninguém nunca mais teve notícias do Tiny. Já tínhamos perdido Terry the Tramp por conta de uma overdose após o lançamento de Hell's Angels '69.

Mas de todos os casos de mortes e espancamentos que rolaram, nenhum se equipara ao que veio a seguir – um julgamento por triplo assassinato, uma das mais longas jornadas criminais na história judicial de Oakland. Logicamente, fui arrastado para o epicentro daquele calvário.

Na manhã do dia 21 de maio de 1972, três homens foram mortos por tiros à queima roupa numa casa na rua Sol, em San Leandro. Os três homens mortos – todos na casa dos vinte anos – foram identificados como Kelly Patrick Smith, Willard Thomas e Gary Kemp. Kemp vivia do outro lado da rua e andava direto com o Thomas e o Smith. Agentes do FBI encarregados da investigação encontraram três armas no apartamento do Kemp – armas que haviam sido dadas como roubadas em outro estado. Os corpos foram descobertos às 6:35 da tarde; vizinhos declararam ter visto um homem com aparência de 35 anos e cabelo comprido junto de uma mulher de cabelo preto, aparência de uns 25 anos, saindo da casa na manhã de domingo por volta das 9:30, meia hora antes dos peritos encontrarem os três homens mortos. Além do misterioso casal, a polícia queria interrogar o colega de quarto de Thomas e Smith na rua Sol, Richard Rounder (um nome falso).

Naquele mesmo domingo, a alguns quilômetros de distância, o cubano Severo Agero foi executado numa casa em Oakland Hills. Agero foi encontrado descalço e com roupas dentro da banheira. A polícia rastreou o último endereço fixo de Agero: McAllen, no Texas. Os executores jogaram gasolina pela casa e atearam fogo na cozinha. A polícia chamou o ocorrido de homicídio seguido de incêndio culposo. Estima-se que a morte tenha ocorrido às 11:30 da manhã, cerca de duas horas depois do triplo assassinato que acontecera nas proximidades em San Leandro.

De acordo com os jornais, os dois revólveres de baixo calibre usados no triplo assassinato em San Leandro também foram usados no caso da banheira. A polícia ainda descobriu que Agero também mexia com drogas junto com o Kemp.

Eu podia não conhecer Willard Thomas, Kelly Smith ou Severo Agero, mas conhecia Richard Rounder e seu amigo Gary Kemp. Àquela altura, eu tirava um troco vendendo pequenas quantidades de heroína. Eu comprava quinze gramas de heroína do Kemp e fazia render para trinta, vendendo uma droga de boa qualidade nas ruas. Eu também imprimia carteiras de motorista falsas para os amigos cujas carteiras tinham sido suspensas.

Como parte de pagamento pelas drogas, eu estava fazendo identidades e carteiras de motorista falsas sob encomenda do Kemp e dois outros caras, Kelly Smith e Willard Thomas. Algumas noites antes, um amigo do Kemp havia me entregado um bolo de retratos de Polaroid com todas as informações para os documentos. Como eu também queria comprar umas armas, no meio das fotos também constavam algumas de armas que o amigo do Kemp estava vendendo. Para fazer as identidades, eu tinha uma sala escura secreta na minha casa, construída dentro de um closet. Guardei todas as fotos que o amigo do Kemp me deu. Rounder também sabia do meu quarto escuro.

Naquele domingo em que a polícia descobriu as vítimas, eu estava em Golf Links dormindo quando alguém deixou o Rounder na minha casa. Três caras do clube – Gary Popkin, Sergey Walton e Whitey Smith – também estavam na casa quando Rounder passou por lá. Estava ficando tarde, e Rounder precisava de uma carona até sua casa, então entramos todos no carro do Gary para acompanhá-lo até onde ele morava, na rua Sol. Quando chegamos no bairro, a rua inteira do Rounder estava bloqueada. Havia policiais por todos os lados. Fiquei nervoso e mandei o Gary continuar dirigindo.

Seguimos para a casa do Kenny Owen, na avenida Barlett, em Oakland. Saí do carro e entrei para falar com Kenny. "Chefe, você ficou sabendo o que aconteceu com o Rounder?", ele me indagou logo de cara, pois sabia que ele era meu amigo.

"Conte-me", eu disse.

"Ele acabou de ser assassinado."

Dei risada. "Que besteira. Ele está lá fora no carro."

Kenny insistiu: "Não! A mãe do Rounder acabou de ligar e dizer que ele tinha sido morto."

"Kenny, como diabos ele pode ter sido morto quando ele está lá fora dentro do meu carro?"

Fui até o carro e levei Rounder para dentro da casa.

"Sua casa está cheia de policiais e sua mãe acha que você foi morto."

Bom, agora sabíamos que pessoas tinham sido assassinadas na rua Sol, embora não soubéssemos exatamente quem, e o mais importante, o motivo. Obriguei o Rounder a ligar para sua mãe. Disquei o número e dei para ele o telefone. Fiquei irritado com tanta hesitação.

"Diga para a sua mãe que você está vivo e bem, seu paspalho!"

Havia três caras mortos em sua casa, e todos sabíamos que a polícia ia querer interrogá-lo a respeito.

"Vou lhe dizer uma coisa. Não conte à polícia que você estava comigo", falei para Rounder. Se ele mencionasse meu nome, então eu imagino que os policiais iam querer falar *comigo*. Como eu já tinha um sequestro e as penas por posse ilegal de armas nas costas, tudo o que eu menos precisava era da polícia querendo me perguntar coisas. Rounder estava atônito, sem saber como agir.

Dois dias depois, a polícia levou Rounder para interrogá-lo sobre a morte de Severo Agero. Os policiais concluíram que Agero fora supostamente morto com um tiro da mesma arma que matou as pessoas na casa da rua Sol.

Eu estava dormindo na minha casa quando o assassinato aconteceu, e imagino que Rounder provavelmente também não estava envolvido na morte de Agero. Se Agero tinha sido morto no mesmo dia com a mesma arma que o trio da rua Sol, e se Rounder estava comigo, ele não podia estar envolvido... Alguém o deixou em casa, e até hoje eu não sei quem foi.

Os policiais estavam ficando cada vez mais intrigados. Eles queriam descobrir o que Rounder sabia sobre Agero. Rounder afirmou que não sabia de nada, que nunca tinha estado na casa em Mountain Boulevard e que não fazia ideia de quem tinha matado Agero e botado fogo na casa. O fogo apagou todas as impressões digitais, mas a polícia encontrou um saco de lixo e latas de cerveja do lado de fora com digitais.

Rounder estava obviamente suando frio. Ele afirmou que não tinha matado Agero. Pra piorar, ele colocou a culpa na gente (Whitey, Sergey, Gary e eu). Ele disse que eu tinha atirado no Agero usando uma pistola com silenciador, disfarçado com uma peruca. Caramba, ele tinha visto até a fumaça saindo do cano do revólver.

Eu não só não havia matado ninguém, como sabia que na época os cartuchos sem fumaça eram bastante populares, então ninguém ia acreditar naquele lance da fumaça saindo da arma.

A polícia arrastou Rounder e o colocou diante de um juiz, e sem colocá-lo sob juramento ou contar ao juiz que ele havia dado diferentes versões da história, eles entraram com um pedido de prisão para Gary, Whitney, Sergey e eu. Rounder virou um informante e a principal testemunha deles.

Nesse dia em que o Rounder acusou a gente, eu tinha ido ao casamento da minha sobrinha. Quando cheguei em casa, Sergey, Anita Walton e Gary Popkin vieram fazer uma visita. Sharon tinha acabado de costurar um *patch* para um de nossos membros. Eu já me preparava para me recolher.

Seja lá quem foi embora por último, não fechou o portão direito.

Estávamos todos assistindo uma antiga refilmagem de *Annie Oakley* na televisão quando escutamos um barulho na porta, um barulho muito mais alto que o normal. Algo estranho estava acontecendo, beleza. Trinta e nove policiais cercavam a casa, com megafones em punho.

"Saiam com as mãos para cima. Nós temos uma ordem judicial."

Eu não fazia ideia do tamanho do problema. Disse para os policiais passarem o mandado por debaixo da porta. Eles não foram exatamente gentis. Quando eu vi que era um mandado por assassinato, a primeira coisa que pensei é que devia ser por causa de alguém em quem tínhamos batido. Nunca se sabe. Eu não sabia o que estava acontecendo, então abri a porta. Os policiais apontaram suas armas para nós e ordenaram que nos sentássemos no sofá da sala enquanto eles depenavam a casa.

Rounder contou a eles sobre meu quarto escuro, onde havia drogas, armas e fotos de armas, e agora fotos de vítimas de assassinato. A polícia levou um tempo para achar porque a camuflagem era perfeita. Caso Rounder não soubesse da existência do quarto, os policiais jamais descobririam. O acabamento era perfeito, não deixava sinais. Dentro do quartinho havia fotos de Rounder, Kemp, do cara morto, Kelly Patrick Smith, além de nomes e dados para documentos falsos, assim como fotos de Gary, Sergey, Whitey, minhas e de outros – um apanhado de pessoas mortas na rua Sol e mais um monte de Hell's Angels. Os policiais fizeram uma montanha nos fundos da casa com tudo que encontraram na residência e no quartinho. Presos no sofá, nós não sabíamos o que eles estavam levando como evidência.

Agora eu estava na merda, ou era o que os policiais achavam. Sergey, Anita, Gary e eu fomos agrupados, enquanto Sharon foi deixada para arrumar a bagunça. Eu tinha mais ou menos dois mil dólares em dinheiro espalhados pela casa. A lei era que se eles encontrassem dinheiro na casa, tinham que contar na presença de todos. Quando o policial tentou contar o dinheiro para a Sharon, ela negou até o fim. Para completar, os policiais resolveram inspecionar o sofá e encontraram mais drogas e armas. Depois dessa, Sharon foi levada para a prisão separadamente e a fiança dela foi estipulada em US$16.000 – um valor alto para 1972.

Nosso plano era livrar a Sharon primeiro. Ela podia trabalhar com um investigador e ajudar na defesa no tribunal. O resto de nós estava fodido. A fiança era de US$150.000, muito alta para qualquer um de nós. Estávamos fadados a morar no presídio de Alameda por tempo indeterminado.

Como o caso de Sharon era por posse de drogas, os policiais quiseram separá-la de nós quatro no caso do assassinato. A princípio, eu recusei permitir que isso acontecesse. Embora ela tivesse que passar por cima de sua convicção, sentimos que talvez a presença dela conosco no julgamento pudesse criar uma imagem melhor. Poderia cativar o júri. Sharon era a cartada certa. No final, deixei quieto. O risco era muito grande. Eles incluíram a Sharon no caso das drogas, separado da acusação de assassinato. Seríamos julgados juntos mais para frente por posse e venda de drogas, depois do caso de assassinato.

A acusação afirmava que nós havíamos espalhado gasolina pela casa em Oakland após uma negociação de cocaína em que o Agero se indispôs conosco. Um fogão na cozinha detonou a explosão e o incêndio. Ainda que nenhum de nós exibisse marcas de queimaduras pelos nossos corpos. De acordo com o testemunho de Rounder, Agero guardava cocaína numa mala azul. Uma idêntica mala azul apareceu na minha casa quando fomos encurralados e levados presos.

Então as coisas começaram a ficar ainda mais estranhas com um *quinto* assassinato! Isso estimulou a acusação. Uma mulher fora encontrada morta – seu corpo tinha sido escondido no porta-malas de um carro abandonado. A imprensa depois reportou que a mulher morta era prima de Sergey Walton! No caso contra Sergey, Whitey, Gary e eu, a acusação dizia que a razão para o assassinato de Agero tinha a ver com uma venda de US$90.000 em cocaína, e o triplo assassinato era uma vingança dos Hell's Angels em reação à morte da mulher. Todas as histórias que Rounder contou para a polícia aconteceram três, quatro e cinco dias após os quatro assassinatos originais. Estávamos em custódia antes mesmo de saber de uma quinta morte. Enquanto os jornais sugeriam que tínhamos matado os três caras na rua Sol por vingança, até hoje eu nem tenho certeza se a garota que mataram era mesmo prima do Sergey.

Antes do início do julgamento, eu pensei sobre a minha defesa. O que eu fiz? Eu estava fortemente envolvido, eu era um Hell's Angel, e eles iam dar um jeito de me pegar. Eu decidi dizer ao júri que lidava com heroína, mas que não tinha matado ninguém.

O julgamento foi uma palhaçada desde o começo. Ao nos julgarem todos juntos, eles acharam que o júri teria uma imagem mais ameaçadora na sua frente: um assustador grupo de assassinos.

Um informante da cadeia declarou que eu tinha escrito alguns bilhetes para Sergey e isso poderia estragar o nosso caso. Meu advogado veio até mim e questionou por que eu não contei para ele sobre os bilhetes. Na verdade, eu só tinha escrito um bilhete para Sergey. Mas a acusação tinha um bolo de bilhetes na mão. Quando eu examinei os bilhetes, notei que nem era a minha letra.

O bilhete com a minha caligrafia mencionava a nossa venda de armas para um policial de Oakland. Eu mencionei esse negócio com a polícia na esperança de que reduzissem as fianças para os Angels presos.

Embora uma testemunha da polícia tenha negado um fato concreto, o juiz ficou puto quando soube das negociatas de armas com os tiras. "Nenhuma corte", ele disse, "deve conceder fiança diante dessas circunstâncias", e ele queria saber quem era o policial envolvido.

A outra testemunha estava tão assustada que literalmente tremia nas bases. O juiz olhou para baixo a partir da sua bancada e perguntou, "Filho, você está com medo?".

"Vossa excelência, eu estou com muito medo."

"Você foi ameaçado por alguém nesta corte?". O juiz olhou para nós, os Hell's Angels.

"Sim, senhor, eu fui ameaçado."

"Ameaçado por quem?"

"Por um sargento na delegacia, vossa excelência. Se eu não disser exatamente o que ele me instruiu a dizer, ele vai me colocar na cadeia pelo resto da minha vida."

O juiz tirou o cara do púlpito.

O julgamento durou uns quatro meses, aos trancos e barrancos. Eles nunca encontraram a verdadeira arma do crime, mas identificaram como sendo uma pistola fabricada na Inglaterra para a CIA, com um tambor diferente, aparentemente uma arma rara. Ao invés da bala sair do tambor girando no sentido horário, ela gira para fora, em sentido anti-horário. No lugar de apresentar o objeto do crime como prova, a acusação escreveu para o Smithsonian Institution, que enviou uma réplica da arma para mostrar ao júri. Eu nunca tive uma arma desse tipo.

Outra evidência circunstancial era a mala azul, que o amigo de Kemp tinha usado para levar drogas para minha casa. Eles afirmavam que eu possuía uma chave que combinava com a que fora encontrada com o Agero e que abria a maleta. Meu advogado trouxe uma dúzia de chaves que também eram capazes de abrir a maleta azul. Ele argumentou que alguém na corte provavelmente também possuía alguma chave capaz de abrir a mala. O júri pareceu convencido.

Quando o júri finalmente se recolheu para discutir o veredito, eles pediram para ver onde todos nós estávamos, e imediatamente perceberam que éramos inocentes. Eles continuaram discutindo o caso por mais alguns dias até chegarem à conclusão final. Eles provavelmente pensaram que, se nos declarassem inocentes muito rápido, ficaríamos folgados.

Gary, Whitey, Sergey e eu fomos declarados inocentes no assassinato. Quando anunciaram minha inocência, eu derramei lágrimas de alívio e agradeci pessoalmente aos jurados. O juiz ficou visivelmente zangado.

A acusação estava muito brava com aquele desfecho depois de tanto empenho. Uma vez que grande parte da minha defesa incluía relatos anônimos das encrencas que passei durante meus anos de cocainômano, após o veredito eles imediatamente começaram a me perseguir por causa das minhas confissões de tráfico de drogas. O juiz assumiu meu caso de drogas imediatamente.

Eu sabia que estava encrencado. Cara, eu tinha muita coisa pendente, uma lista de acusações. Você praticamente precisava de uma máquina registradora para listar tudo. Então, eu teria que enfrentar um julgamento por drogas e um por sequestro ao mesmo tempo. Além de tudo isso, eu fui acusado mais uma vez pelos federais por posse de três armas ilegais. Era um beco sem saída. Tinha chegado a hora do *Vamos Entrar num Acordo,* no melhor estilo Sonny Barger. Aqui estão as sentenças e os acordos que quebramos. Uma conversa bem complicada.

Eu fui condenado pela posse (para venda) de trinta e sete gramas de heroína, o que acarretava de cinco a quinze anos na Califórnia. Com a minha condenação por maconha de 1963 (posse de dezenove baseados), eu corria o risco de pegar de 10 a perpétua, o que significava que eu teria que cumprir uma pena mínima de dez anos até ter o direito a uma audiência de condicional. A posse de 1 grama de cocaína dava de seis a cinco anos, mas com a mesma quantidade de maconha, a pena aumentava para entre cinco e quinze anos, sob o argumento de que 1 grama pode ser fumado por até cinco pessoas.

Depois que fui declarado culpado por posse de drogas, o juiz incluiu todos os casos por heroína, maconha, Seconal e cocaína numa única sentença de quinze anos a perpétua. O caso do sequestro foi cancelado, e os casos por posse de armas foram reduzidos para sentenças de dois anos de vigência concomitante – quer dizer, as condenações foram aplicadas todas ao mesmo tempo ao invés de me obrigar a cumprir uma na sequência da outra.

Os federais, pensando que era o fim da linha para mim e que jamais voltaria a pegar a estrada novamente sobre uma motocicleta, tentaram emplacar suas acusações junto com as sentenças em curso. Na cabeça deles, eu teria que passar quinze anos atrás das grades antes da minha audiência de condicional. Me disseram que eu só teria chance de uma soltura depois de cumprir trinta anos – no ano de 2002.

Eles realmente pensavam que tinham me pegado. As forças da lei estavam satisfeitas em 1973. Elas celebravam a notícia de que eu, o fundador do Hell's Angels Motorcycle Club de Oakland, seria mandado para a prisão e provavelmente passaria o resto da minha miserável vida num presídio de segurança máxima. Boatos sobre o meu infortúnio foram rapidamente espalhados: eles diziam que eu poderia passar o resto do século trancafiado. Pela primeira vez na minha vida, ao invés da cadeia local, eu fui levado para o presídio do estado.

Preso na Folsom Prison.
Acima: Aqui estou eu (primeiro à esquerda) levantando peso em Folsom. Hoje, os detentos não podem mais fazer supino com tanto peso assim.
Abaixo: Formatura do colegial, quando estava encarcerado (primeira fila, terceiro a partir da esquerda).

11

NA CADEIA: OS ANGELS NUMA FRIA

A primeira vez que me jogaram numa cela foi em 1957. Eu estava em minha moto indo embora de uma festa em Alameda de volta para Oakland – e estava bastante embriagado. Bati num carro estacionado. O dono do carro batido era um rapaz sossegado. Ele me acompanhou até em casa tentando ser solícito, mas, infelizmente, eu estava tão bêbado que botei a culpa *nele* por parar o carro bem naquele lugar!

Acordei na manhã seguinte na cadeia.

Só fiquei bêbado desse jeito umas três ou quatro vezes na vida, e cada uma terminou sendo uma experiência ruim. Eu estava sentado na minha cela na manhã seguinte quando um policial chegou e me perguntou, "Ei, você é o Sonny e tem uma irmã chamada Shirley?".

"Sim."

Ele me levou para uma sala com as paredes cor de verde-vômito e me deu o telefone.

"Aqui, ligue para sua irmã."

Shirley tinha ligado para a cadeia várias vezes na noite anterior e os atendentes disseram pra ela que não conseguiram me arrastar até o telefone. De qualquer forma, eu estava bêbado demais para conseguir conversar.

Quando fui preso, os policiais pegaram minha moto e a apreenderam. Usando um dinheirinho que tinha guardado, Shirley deu um jeito de liberar primeiro a moto, e entregar para mim na delegacia. Ela sabia que, assim que eu ficasse sóbrio, acabaria sendo liberado.

Fui solto depois de quatro dias, e terminei na frente de um juiz sob acusação de dirigir embriagado, e pude ver em primeira mão quão enlouquecedoras essas sessões podem ser. O cara à minha frente estava na marinha e enfrentava uma acusação similar. Ele confessou a culpa. O juiz suspendeu a sentença dele, e o deixou ir embora. Poxa, eu pensei que teria o mesmo tratamento, então dei um passo à frente e me confessei culpado também. Não tive a mesma sorte; peguei noventa dias e uma multa de US$250. O juiz reduziu sessenta dias para condicional, mas eu ainda tinha trinta dias para cumprir. Eles tiveram que me conduzir até Santa Rita.

Santa Rita não ficava muito longe de Oakland, onde os subúrbios ficam agora, pela velha rodovia 50, atualmente a interestadual 580. A cadeia era integrada ao sistema penitenciário de Alameda, um presídio de segurança mínima que recebia homens e mulheres. É mais conhecido por ter sido o destino dos estudantes presos no campus da universidade de Berkeley durante os protestos do Movimento pela Liberdade de Expressão. Muitos Hell's Angels também já passaram pelas grades de Santa Rita.

A caminho da penitenciária, paramos no Tribunal de Alameda, onde, depois de um erro dos policiais, eu passei dois dias numa cela especial. Eles não costumam manter alguém como eu – um réu primário – naquele tipo de unidade. Mas lá estava eu, um rapaz de dezoito anos numa cela para quatro pessoas com dois outros caras, ambos presos por duplos homicídios. Um era um cara negro destinado à câmara de gás. Ele tinha matado sua namorada e o cara que estava com ela. Os dois assassinos me perguntaram por que eu estava ali. Quando eu contei para eles a minha história de dirigir embriagado, eles não acreditaram. É aí que está a insanidade do sistema.

Quinze anos depois, em 1972, eu fui parar de novo no mesmo complexo presidiário em Alameda. Eu fui parar ali pela morte de Agero, e havia outros dois caras comigo na cela, também por assassinato.

Então eles trouxeram um moleque de uns dezoito anos. Perguntei o quê ele tinha feito. Ele tinha roubado o cartão de crédito da mãe de sua namorada e fugido para o Havaí. Ele me perguntou por que eu estava ali.

"Assassinato", respondi.

"Assassinato?"

Assim como eu, no passado, aquele garoto tentava fingir que não estava assustado. Na real, ele estava tão assustado que, se o liberassem logo no dia seguinte, eu não acho que ele seria capaz de voltar a arrumar encrenca pelo resto da vida. Mas o juiz deu a ele noventa dias sob vigília em Vacaville. Eu ainda estava na mesma cela quando ele foi trazido de volta três meses depois, transformado num verdadeiro gangster. Se o tivessem deixado ir, aqueles noventa dias na prisão não o teriam transformado num marginal. Mas uma vez que você está na prisão, cumprindo sua pena, e adaptado ao sistema, eles não te assustam mais.

Quando finalmente voltei de Santa Rita, o capitão me chamou na sala dele e me disse que não iam me tratar de modo diferente dos outros prisioneiros só porque eu era um Hell's Angel. Então eu perguntei a ele, "Você vai chamar todos os prisioneiros aqui para dizer isso?". Ele respondeu, "Não". "Então", eu falei, "você já está me tratando diferente." Aquilo deixou o cara maluco.

Minha primeira passagem pela cadeia de Santa Rita não foi tão ruim assim. Eu trabalhei no setor de motores, e como tinha conhecimento sobre motos, fiz manutenção dos cortadores de grama. O sistema não me transformou num bandido porque eu já tinha meu caminho traçado; eu só queria andar de moto e me divertir. De qualquer forma, em 1957, a passagem pela cadeia me mostrou a realidade das coisas. Mas o meu negócio era andar de moto com os meus camaradas, o tipo de gente que trabalhava com qualquer coisa só para ganhar o suficiente para curtir a vida. Eu andava com uns caras que não davam a mínima para o que pensavam deles, e não queriam nem saber se eu tinha ou não estado preso.

Entrei e saí da cadeia por muitos motivos, mas isso nunca me abalou. Desde a época da minha condenação a partir da confissão de que eu estava vendendo drogas, durante o julgamento de Agero, o sistema prisional faz parte da minha vida. Eu considerei a possibilidade de passar o resto da minha vida na cadeia um remédio difícil, bem difícil de ser engolido, mas não impossível.

Depois da condenação e da sentença, fui transferido para o Centro Prisional Vacaville. Vacaville é uma prisão nos moldes de um "centro de reabilitação", um ponto de parada do Centro Médico da Califórnia. Se você fosse do norte da Califórnia, é lá que passaria por uma triagem antes de saber o seu destino.

Por algum motivo, Vacaville abrigava muito mais "garotas" do que qualquer outro xilindró na Califórnia. Embora eu tivesse trinta e dois anos, eu fiquei um pouco impressionado quando me deparei pela primeira vez com um bando de travestis trancafiados lá. Olha, eu pensei que já tinha visto de tudo, mas aqueles caras pareciam mesmo mulher. Era muito estranho!

Eu estava preparado para enfrentar qualquer parada. Eu me achava durão. Estar na prisão não é a pior coisa do mundo. Eles podem te enjaular, mas não podem coibir a sua liberdade de pensamento. Minha mente era capaz de se adaptar a qualquer situação. Não dava pra ficar encolhido chorando, com saudade da minha moto. Além disso, você nunca sabia o que iria te acontecer. Num dia, você está cumprindo prisão perpétua, no outro está livre. Eu sabia como brigar no tribunal da mesma maneira que eu sabia brigar nos bares de motociclistas.

E aí, eu fui parar em Folsom Prison.

Eles chamam Folsom de "o depósito". Se te enfiam na prisão de Folsom, é geralmente porque você está seriamente encrencado. Praticamente todo mundo em Folsom está cumprindo perpétua ou penas longas, e os reclusos raramente – quando muito – são autorizados a sair mais cedo. Se você está cumprindo apenas cinco ou dez anos, as chances são de que você já tenha passado por outras cadeias e nenhuma delas tenha conseguido lidar com você. Como eles queriam manter a notoriedade de Folsom, as autoridades prisionais do estado fizeram dela "a última parada".

Folsom é a segunda penitenciária mais antiga da Califórnia, originalmente construída num terreno anteriormente ocupado por uma estação ferroviária. Suas paredes de granito são mundialmente famosas, delimitando cinco conjuntos de celas. Sua localização foi escolhida em razão da abundância de rochas nativas na região, que os antigos reclusos quebravam em pedaços pequenos para a construção civil. O Rio Americano não apenas oferece abastecimento de água, mas também uma fronteira natural. A prisão foi originalmente pensada para abrigar "presos servindo longas sentenças, criminosos habituais e incorrigíveis".

Minha pena agora tinha passado para quinze a perpétua no sistema prisional do estado. Fiquei em Vacaville por um período de noventa dias, durante os quais eu passava dezessete horas sem sair da cela. Eu era o presidente dos Hell's Angels; eu estava sendo encaminhado para a prisão de segurança máxima em Folsom.

Durante minha primeira semana em Folsom, os indiciamentos continuaram rolando. Os federais me indiciaram por sonegação de impostos e mais três posses de armas. Eu assumi a culpa e pedi um acordo, ao que o juiz me ofereceu o cumprimento de todas aquelas sentenças extras em concomitância com meu termo de prisão estadual, opção com a qual os promotores federais também concordavam. Se eu cumprisse uma certa quantidade de anos pelos crimes estaduais, paralelamente eu já me livrava também das condenações federais. Os federais não têm o costume de fazer esse tipo de acordo, mas eles acharam que eu estava colaborando. Todas as minhas confissões de culpa pouparam muito do tempo deles nos tribunais.

Até Folsom, eu nunca tinha passado um dia num presídio, só em celas de delegacia. Na prisão da cidade eu ficava numa cela vinte e quatro horas por dia, sete dias por semana. Para mim, o presídio tinha que ser melhor que aquilo. Eu tinha servido no exército, então a prisão se tornou apenas mais uma experiência cheia de regras e comandos. Ser um Hell's Angel era uma parte difícil da vida na prisão. O Estado da Califórnia pegava pesado com os clubes de moto, provavelmente por isso eu conhecia uma centena de detentos em Folsom, e havia certamente de cinquenta a setenta e cinco motociclistas da pesada lá dentro ao mesmo tempo, e unidos.

O nível de segurança de uma prisão define as articulações dos detentos. Os prisioneiros em San Quentin saem de suas celas nos vários intervalos ao longo do dia. Folsom não tinha movimento à noite, zero. Às oito horas da manhã, você podia sair para o jardim, mas às três da tarde voltava para a cela, e aquilo era o fim do seu dia.

Folsom era a única prisão de segurança máxima no estado àquela época. San Quentin, por mais que fosse uma prisão, não era de segurança máxima, mas eles tinham seu próprio jeito de resolver os problemas. Se você fosse um estorvo, eles te colocavam na solitária. Meses depois, eles talvez te tirassem de lá.

Em geral, eu andava com a turma dos motociclistas na cadeia. De todos os motociclistas, o número máximo de Hell's Angels a cumprir pena ao mesmo tempo em Folsom foram uns cinco ou seis. A presença de outros Hell's Angels lá dentro ajudava bastante. É uma bosta ver seus irmãos lá dentro, e você fica feliz quando eles vão para casa, mas é divertido tê-los por perto. Podíamos nos ver quase todos os dias. Tinha o Fu, Marvin, Grubby Glen, Whitey e eu. Doug the Thug entrava e saía, sendo levado e trazido de San Quentin. Outros motociclistas como Billy Maggot e Brutus também chegaram de San Quentin. Era o que chamávamos de "terapia do ônibus". Quando surgiam problemas em San

Quentin – conflitos raciais, drogas, violência, qualquer coisa –, eles pegavam todos e despachavam para lá, mantendo a região de onde eram removidos num limbo burocrático. "Terapia do ônibus" era outro nome para trocar o problema de lugar ao invés de resolvê-lo.

Tinha de tudo um pouco: membros de clubes e motociclistas independentes. Havia representantes de muitos clubes: Satan Slaves, Gypsy Jokers; todos os clubes da região tinham alguém lá dentro. Na prisão, membros de clubes diferentes sabiam que era a hora de se unir. Na prisão, não existe rivalidade entre os clubes.

Depois das três da tarde, o único momento em que te permitiam sair da cela era quando eles precisavam falar com você. Ainda assim, você ia escoltado, já que ninguém tinha permissão para andar sozinho no pátio depois das três.

Logo quando eu cheguei em Folsom, estava rolando um grande confronto entre brancos e negros no pátio. Balas começaram a voar. Eu não sabia em quem ou no que diabos eles estavam atirando, então me escondi, torcendo para não ser atingido. Mas logo eu aprendi. Quando você se depara com dois grupos oponentes se confrontando no pátio, ou você assume posição em um dos lados ou sai do meio do caminho.

Qualquer um visto sozinho à noite no pátio levava tiro. Bastava botar os pés para fora para ser um homem morto. Se você brigasse com alguém no pátio, os dois morriam, sem aviso prévio. Quando as coisas começavam a cheirar mal em Folsom, eles te matavam no ato, e só depois investigavam. Fazia parte do esquema tolerância zero de reabilitação deles.

Em 1973, você ainda não podia ler uma revista *Playboy* lá dentro. Televisores não eram permitidos. Rádios pequenos com fones de ouvido eram tolerados desde que funcionassem com pilha. No Pavilhão 1, onde eu ficava, não tinha água quente. Toda manhã, você recebia um pote com água quente para fazer a barba.

No verão de 1975, as coisas começaram a ficar um pouco mais relaxadas. O uso de uniformes e as proibições a revistas foram afrouxados, e até as TVs foram liberadas.

> Então! Você não vai acreditar nisso: cabelo comprido e bigodes estão na moda em Folsom. Eu queria muito que meu cabelo crescesse mais rápido, mas de uma coisa eu tenho certeza: não corto mais o cabelo enquanto estiver por aqui!!
> – 8/7/75, trecho de uma carta para Sharon

Os policiais me tratavam de maneira diferente porque eu era o presidente dos Hell's Angels. Eles eram mais gente fina comigo. Existia uma regra proibindo grupos de mais de cinco pessoas juntas. Certa vez, estávamos no pátio e havia oito ou dez de nós sentados no chão, falando besteira. O policial se aproximou e pediu para ver todos os nossos cartões de identificação. Eu debati um pouco com o policial sobre o assunto. Ele acabou voltando e nos devolvendo os cartões.

Um amigo meu trabalhava no escritório do conselho, onde o conselheiro e sua equipe conduziam os negócios. Ele me perguntou por que devolveram os nossos cartões com tanta rapidez. Depois fiquei sabendo que os policiais tinham recebido instruções de não me confrontar na frente dos outros detentos no pátio. Supostamente porque, sob minha "influência", os outros prisioneiros eram capazes de iniciar uma rebelião. Eu diria que, mesmo conduzindo as coisas numa boa, eu liderava um certo grupo.

Uma vez, eu mandei fazer um anel de prata do clube na loja de miudezas. Eu estava usando o anel no pátio quando uma das torres de atiradores jogou um facho de luz em cima de mim. Passaram um rádio dizendo para os policiais me pegarem. Ao invés de me imobilizarem no pátio, eles me chamaram para dentro do escritório e me revistaram à procura de uma faca. Eles queriam ficar com o anel, mas eu me recusei a entregar sem uma ordem por escrito. A única pessoa que poderia me entregar uma ordem era o capitão, portanto eles precisariam fazer uma requisição por escrito indicando infração pelo uso de um anel do clube. Depois eu dei queixa sobre isso. Meu caso é que eles me venderam aquilo, me deixaram encomendar na loja de miudezas, e não havia nada no regulamento que me impedia de usar. Ao invés de destruí-lo, eles queriam guardar junto com meus outros pertences pessoais até a minha soltura. Senti que tinha vencido pelo menos uma batalha.

Eu nunca precisei mijar numa garrafa até ser levado para Folsom, nem nas vezes em que fui encarcerado no distrito por posse de drogas. Eles afirmavam que testes de urina eram administrados periodicamente, mas meu nome parecia estar na lista duas ou até quatro vezes por mês. Azar, eu não ligava pra isso, eu estava limpo. Abandonei meu vício em cocaína assim que deixei o distrito. Se eles queriam ficar me testando, problema deles, isso só significava que alguém lá dentro acabou se livrando de fazer os testes.

Os conflitos raciais em Folsom não eram tão ruins quanto em San Quentin e Soledad. Podem ter rolado algumas tretas aqui e ali, mas todo mundo seguia levando a vida numa boa, comportando-se e interagindo. Havia alguns grupos: gangues de brancos, gangues de mexicanos, gangues de negros e de motociclistas; grupos como a Irmandade Ariana, La Familia e a Black Guerrilla Family (BGF). Embora eu tivesse amigos em todos os grupos, infelizmente na prisão tudo acaba virando uma questão racial e você tem que assumir uma posição. Esse é o problema; você não pode ficar neutro.

Eu lidava com o tédio do cotidiano na prisão lendo. Aprendi como afinar e tocar violão. Tive uma cela só para mim durante todo o tempo que fiquei lá. Minha atitude era: se você me encarcerou, você tem que cuidar de mim. Quando o regimento da prisão passou a permitir que os homens de família trouxessem sapatos e roupas de casa, eu insisti em continuar usando as roupas horríveis que o sistema me fornecia. Enquanto a maior parte dos sapatos dos outros prisioneiros era encerada ao estilo militar, eu usava meus sapatos foscos marrons dados pela instituição.

O café da manhã era servido às seis. Depois, você era conduzido de volta à cela. Às oito, eles abriam os portões. O pessoal que trabalhava na fábrica de placas de identificação batia o ponto. Você precisava de um status mínimo de custódia para trabalhar lá fora no pátio ou nos pavimentos frontais. Não havia muitas vagas disponíveis, e para descolar um trabalho remunerado, você precisava conseguir uma senha de pagamento, algo que eu nunca tive durante todo o meu tempo em Folsom. Eu não precisava disso.

Minha sorte era que eu conhecia um presidiário chamado Zeke.

Eu conheci o Zeke na cidade e fomos com a cara um do outro. Zeke era um criminoso da pesada. A última vez que eu tive notícias dele foi naquele programa de tevê *Os Mais Procurados da América*. Ele era um fugitivo novamente. Zeke entrava e saía da cadeia frequentemente, mas, quando eu cheguei a Folsom, ele estava lá.

Zeke me deu uma rápida introdução sobre como sobreviver e se comportar na cadeia. Ele foi até o balcão e me arranjou o emprego supremo: trabalhar no caminhão do lixo. Ao invés de ficar enfurnado pintando placas, fazendo sinais de trânsito, mexendo com ferramentas, ou trabalhando na metalúrgica, eu passava meu tempo na parte externa, uma posição privilegiada, sobretudo levando-se em conta as severas restrições de Folsom. Era a melhor tarefa do pedaço, e alguém tinha que fazê-la. Então que fôssemos Zeke e eu.

Todos os dias o pessoal colocava o balde de lixo para fora das celas. Então chegava a hora dos carroceiros recolherem o conteúdo do balde e empilharem o lixo. Na sequência, outro grupo de funcionários transportava as pilhas de sacos de lixo para dentro de grandes tanques – um metro de largura e dois de altura –, rolando-os para a caçamba do caminhão. Também havia contêineres com capacidade para cinquenta e cinco galões, onde esses grandes tanques eram esvaziados. Assim que o caminhão de lixo entrava no pátio, nós colocávamos uma leva de cinquenta e cinco galões na caçamba do caminhão. Os caras no caminhão esvaziavam os cestos na caçamba e devolviam para nós. Era só isso. Nosso trabalho encerrava-se em minutos.

O barato de se trabalhar recolhendo o lixo é que a atividade oferece regalias. Durante as reclusões em dias chuvosos ou quando o nevoeiro baixava, os únicos que saíam das celas éramos nós. Graças a essa mamata, eu conseguia até ir à área dos pesos e fazer meus exercícios depois de carregar o caminhão.

Regalias significavam muito em Folsom Prison. Durante o verão, no período da seca, os chuveiros eram racionados. Mas, como eu trabalhava recolhendo lixo, depois de desempenhar meu trabalho de dez minutos, eu precisava tomar um banho. Algum tempo depois, e eu já estava totalmente limpo.

Outro motociclista amigo meu, Scottie the Treeleaper[1], foi mandado para Folsom. Ele era bastante conhecido por roubos à mão armada e costumava agir no Golden Gate Park em pleno Verão do Amor. Scottie sentava no galho de uma árvore e ficava esperando alguém passar. Aí ele pulava da árvore e roubava as pessoas. Dei permissão ao Scottie para trabalhar no recolhimento do lixo comigo.

Quando a pena de morte foi revogada na Califórnia, noventa por cento daqueles que estavam no corredor da morte acabaram em Folsom, geralmente misturados aos presos comuns. Eu, na verdade, achei bem fácil a convivência com aquele bando de assassinos. Como por exemplo dois negros chamados Magrão da Pena de Morte[2] e Boca de Motor[3]. Eles eram sujeitos legais, mesmo tendo matado um preso em Folsom, um presidiário que era provavelmente um dos mais fortes – também negro – no complexo penitenciário. Ele era um famoso informante e homossexual. Ele cuspia na cara das pessoas, dizendo que, se ele era um cagueta, o que elas fariam a respeito? Ele tinha a moral de ser esfaqueado, arrancar a faca, nocautear o

---

1 Nota do tradutor: algo como "Scottie o Bandido da Árvore".
2 "Death Row Slim".
3 "Motormouth".

oponente e carregá-lo até a salinha para acabar com ele. Esse cara era casca-grossa. Ele era tão hiperativo que arrancava grama do campo quando corria. Mas ele desrespeitou o Magrão e o Boca, que certo dia ficaram esperando por ele escondidos atrás de uma pilastra, com tacos de baseball em punho. Eles quebraram o joelho do cara e bateram nele até a morte. Acabaram no corredor da morte, e quanto a pena de morte foi derrubada, Magrão e Boca de Motor retornaram para Folsom. Ambos trabalharam comigo no caminhão de lixo e nos tornamos bons amigos.

Na condição de veterano, eu ainda tinha direito a benefícios educacionais à parte. Professores voluntários da Escola Cordova para Adultos eram levados para dar aulas aos presos, tecnicamente (pelo menos na minha perspectiva) nos incluindo nos benefícios dos militares. Então dei entrada no pedido de benefícios militares e o Estado da Califórnia lutou vigorosamente contra mim. Eu venci. Passei a receber US$350 por mês na prisão como incentivo aos estudos. Eu mandava a grana para a Sharon, que estava segurando as pontas do lado de fora.

Quando chegou a hora de me matricular, o colegial não tinha vagas, enquanto no ensino fundamental ainda sobravam algumas. Eu progredi da quarta série até o primeiro colegial em dois anos – no fim das contas adquirindo meu diploma pelo Colégio da Cidade de Sacramento – e ainda ganhava dinheiro para isso! A vida poderia ter sido muito pior.

> Na semana que vem eu termino meus estudos em História dos Estados Unidos, Governo dos Estados Unidos e Inglês 1-A. Não acho que vou tirar menos do que B em todas, mas certeza mesmo eu só terei no final da semana. Conto pra você quando sair o resultado. Ainda vou fazer as provas de História da Califórnia, Governo da Califórnia, e Inglês 1-B no próximo semestre. Posso dizer que tenho sido um bom aluno.
> As apostilas de violão que você me enviou estão me ajudando bastante, também. Ainda não cheguei ao nível de tirar as músicas do Dylan, mas logo chegarei lá. As outras duas apostilas são mais fáceis. Já decorei algumas das letras e aprendi a tocar um pouco por causa delas.
> – 2/1/75, trecho de uma carta para Sharon

Como eu disse, Sharon deu o maior duro do lado de fora para atravessar a situação. Como ela era considerada minha cúmplice no crime, suas requisições de visita eram rotineiramente negadas. Eu tinha separado uma grana para ela, mas a verba acabou, então Sharon pegou uns bicos e fez faxina nos quartos de um motel de propriedade de um amigo meu – tudo para sobreviver. Certa vez, quando a companhia telefônica cortou a linha, os irmãos do clube instalaram um telefone público em casa.

> *Sabe de uma coisa? Eu assisti o Concurso Miss América numa noite dessas, como faço todos os anos desde que cheguei aqui. É mesmo uma pena que eu tenha atrapalhado a sua carreira, pois eu nunca vi nenhuma garota nesses concursos que você não seria capaz de derrotar. Aquele cartão postal em que você está posando para um anúncio da Santa Cruz coloca todas as candidatas no chinelo.*
> *– 19/5/75, trecho de uma carta para Sharon*

A prisão é um lugar muito, muito barulhento. O volume do barulho é sempre alto. Quando faz silêncio é porque alguma coisa aconteceu ou vai acontecer. Cadeias distritais; prisões metropolitanas; presídios. Todas as celas em que já estive têm exatamente o mesmo som: uma combinação de máquinas funcionando, pessoas conversando, o barulho do sistema de ventilação, vinte e quatro horas por dia, sete dias por semana. Quando o barulho cessa e o ritmo muda, ou as vozes somem, mas o barulho das máquinas persiste, tome cuidado. Todo mundo sabe que algo está para estourar.

Em 1977, um cara conseguiu fazer entrar uma arma. Foi quase como nos filmes. Eles usaram um menino de seis anos para ajudar a fazer o objeto passar. Um funcionário ficava responsável por abrir o portão da frente quando os caminhões de suprimentos chegavam para descarregar os produtos, que eram deixados lá dentro, a uma curta distância da sala de visitas. Ninguém podia chegar perto dos caminhões de entrega, mas um visitante levou uma arma e entregou para o garoto, que se dirigiu ao caminhão. Como ele era uma criança miúda, ninguém reparou quando entrou debaixo do caminhão e escondeu a arma no chassi. Uma vez lá dentro, o moleque correu de novo para debaixo do caminhão e pegou a arma.

O cano passou de mão em mão até chegar num cara, culpado pelo assassinato de uma dupla de patrulheiros rodoviários. Depois de matar dois policiais, ele sabia que estava fadado a passar o resto de sua vida em Folsom. Um dia, durante a contagem, ele disse para um guarda, "Eu tenho uma arma aqui e quero me render."

O guarda assoprou o apito e os atiradores chegaram portando rifles calibre .30. Ele era um sujeito sangue ruim, mas pelo menos foi transferido para outro estado; o sistema da Califórnia não oferecia mais segurança. O que ele deixou como legado para o resto de nós foi o confinamento e o absoluto caos.

O procedimento de confinamento foi levado à risca, e os policiais passavam revistando todos os beliches do presídio, recolhendo qualquer pedaço de papel encontrado nas celas. Eles jogavam fora cestos e cestos de papel e lixo, e é claro que *alguém* tinha que carregar tudo aquilo no caminhão.

> Tenho desfrutado de duas ou três horas fora da cela toda manhã no regime de confinamento. Scottie e eu somos levados sempre às 8:00 da manhã para estocar o lixo no caminhão, mas ele nunca chega aqui antes das 10:00 ou 11:00, então aproveitamos para deitar na grama e tomar um sol até sua chegada. É muito bom poder sair da cela, mesmo que por algumas horas. Eles até nos oferecem almoço porque somos trabalhadores externos. Ninguém mais ganha almoço durante o confinamento. Também ando praticando bastante violão durante o confinamento.
> – 20/7/77, trecho de carta para Sharon

Era um dia quente de verão e a prisão estava uma balbúrdia. Após a tarefa do lixo, Scottie e eu descansávamos no gramado. Vi o diretor vindo em nossa direção, acompanhado por um grupo de oficiais do estado de Sacramento. O incidente da arma pelo jeito havia sido uma falta grave, já que os guardas andavam desnorteados, esperando o primeiro a sair da linha. Os oficiais se aproximavam enquanto lá estávamos nós, estirados ao sol, comendo sanduíches de carne. Eu fingi que não tinha visto o diretor e falei alto:

"É, quando eu escrever meu livro sobre o confinamento de 1977, vou contar como eles nos deixavam isolados, estirados naqueles gaveteiros, batendo na gente para descobrir se havia mais armas..."

O diretor parou e olhou pra mim. "E quer saber, Barger, os leitores serão capazes de acreditar."

Vinte e um meses depois que dei entrada em Folsom, Sharon finalmente ganhou permissão para me visitar. Ela já arrumou encrenca logo de cara quando os guardas encontraram uma chave de algema no chaveiro dela. O lance é que ela usava uma algema para travar a moto. Shirley também foi barrada por causa de uma velha chave de baú. Os policiais acharam que a chave era capaz de abrir grilhões. Sharon teve o direito às visitas suspenso.

Em 1976, a penitenciária de Folsom lançou um programa para visitas conjugais. A lista de espera era muito, muito comprida. Finalmente abriu uma janela na lista. Sharon estava morando com seu irmão em Santa Cruz quando recebeu a estridente ligação do meu advogado pela manhã. Sharon dirigia uma van Econoline branca, que também servia de escritório móvel para me ajudar nos recursos aos meus casos. Ela tinha uma pequena escrivaninha parafusada nos fundos para escrever intimações e anotações de pesquisas.

No caminho para Folsom, Sharon esmagou seus comprimidos de Benzedrina, abriu uma lata de Coca-Cola, jogou o pozinho dentro da lata e bebeu o negócio até chegar ao presídio. Uma peça de lingerie pendia sobre o espelho retrovisor. O presídio contava com um pequeno trailer para as visitas íntimas, nada parecido com uma lua de mel. Enquanto estávamos juntos lá dentro, um sino de escola podia soar a qualquer momento dentro do trailer, o que significava que eu tinha que sair para os guardas fazerem a contagem. Era bem humilhante, mas Sharon e eu aproveitamos ao máximo e passamos um fim de semana inteiro juntos. Depois, continuei dando um jeito de nos encontrarmos com mais frequência.

Quando Sharon ganhou novamente o direito de me visitar com regularidade, ela trouxe mensagens de gente me perguntando o que fazer a respeito dos negócios do clube. Minha resposta foi, "Eu não sei. Eu estou aqui dentro; você está aí fora. Se vira!". Folsom provou ser o teste máximo de sobrevivência tanto para Sharon como para os membros do clube de Oakland. Eu perdi metade dos anos setenta trancado.

É claro que eu pensava em fugir. Eu estava cumprindo prisão perpétua. Para mim, cinco anos já pagavam pelo que eu tinha feito. Assim que completei cinco anos lá dentro, fiquei certo de que acabaria sendo liberado. Não sabia quando

Um adesivo "Free Sonny Barger".

nem como, mas tinha a certeza de que venceria no final. Pelo meu bom comportamento, trabalhei para que reduzissem minha pena. Quando entrei, minha custódia era máxima. Antes de sair, minha custódia era mínima. Ao reduzir a custódia, eu conseguiria ser transferido para uma prisão mais branda. Logo eu estaria sob um esquema de segurança mínima que me permitiria simplesmente sair andando e escapar, ao estilo Timothy Leary.

Mas eu nunca precisei arquitetar minha fuga. Tudo que eu precisava fazer era sacudir o sistema e cedo ou tarde ele se quebraria em pequenos pedacinhos. Ainda mexendo os pauzinhos do lado de fora, Shirley e Sharon decidiram contatar o mais famoso advogado de São Francisco, Melvin Belli, para tentar abrir meu horizonte. Elas pegaram o número na lista telefônica de São Francisco e ligaram para o escritório dele. Um advogado chamado Kent Russell trabalhava no escritório de Belli na época, e a sua especialidade era lidar com direitos civis insólitos e lances criminais. Belli deu uma pesquisada em informações sobre os Hell's Angels e decidiu que o caso cabia no perfil de Kent.

O fato de que eu fora acusado novamente e sentenciado tão rápido depois de enfrentar o caso do assassinato de Agero lhe pareceu armação. Por mais que eu ganhasse o direito à liberdade condicional depois de cumprir quinze anos de minha sentença, isso não significava que eles eram obrigados a me deixar sair; eles poderiam me segurar até quando bem entendessem ou até que eu completasse pelo menos trinta anos. Ou até o século seguinte.

Durante toda a minha estada em Folsom, nós enfrentamos o efeito da posse de maconha. Minha passagem por posse de maconha de 1963 virou o fundamento de todo o resto dos meus crimes. Mas Russell descartou a tática anterior de atacar as consecutivas sentenças que recebi. Precisávamos de um novo ângulo para contestar a ficha suja por posse de maconha.

Russell fez algumas pesquisas e os registros não mostraram evidência de que o réu demonstrava entendimento sobre as consequências de sua confissão. A corte, quando incluiu minha declaração na condicional, não leu essas informações para mim. Agora Russell via uma brecha para atacar a condenação da maconha. Quando eu fui condenado por posse de maconha, isso representava um crime grave. Mas, no começo dos anos setenta, já não era nem considerado delito. A condenação por maconha era agora um fraco fundamento incriminatório, e as outras sentenças logo se dissolveriam com ela.

Com a aprovação do projeto de lei 42 no senado, a lei do Estado da Califórnia baniu as sentenças imprecisas. Em resposta à pressão pública por procedimentos mais "duros", o projeto de lei 42 foi aprovado com o argumento de impor "sentenças precisas", o que significa que os juízes não tinham mais o direito de estipular sentenças de cinco, dez ou quinze anos até perpétua.

Os promotores se viram numa sinuca de bico. Posse de 19 baseados não era mais algo tão sério em 1977 como em 1963, portanto, se a corte federal no fim das contas removesse a condenação por maconha, isso derrubaria as violações por armas, porque eu já não poderia mais ser considerado um criminoso quando as possuía. Fui colocado diante do conselho popular para receber uma nova sentença, como se eu estivesse sentado num tribunal.

Todas as minhas sentenças combinadas agora totalizavam menos do que os cinco anos com acréscimos que eu já havia cumprido.

O governo sentiu que nós tínhamos um argumento legal consistente e que venceríamos o recurso para derrubar meu flagrante de fumo. Com algumas ressalvas, o governo acabou aceitando o argumento e deu baixa no caso. De acordo com o decreto do conselho popular, eu poderia ser solto em até 120 dias, uma vez que minha sentença já estava praticamente cumprida. Retornei para minha cela.

Uma hora depois, o tenente Buchanan disse que eu precisava me apresentar imediatamente no escritório do conselho prisional. Quando cheguei lá, perguntei para ele se eu poderia ligar para minha mulher a fim de pedir a ela que me levasse umas roupas para a hora da minha partida. O conselheiro me disse que o tempo era curto. Ordenou que eu ligasse para a Sharon e informasse que ela deveria estar às oito horas da manhã do dia seguinte em Folsom – sozinha –, e então eles me soltariam.

Engoli em seco. Ao curso de um dia, fui da prisão perpétua ao direito de voltar para casa na manhã seguinte.

Normalmente, eles proíbem todas as ligações dos internos, feitas ou recebidas, na prisão, quando algo quente – como a minha soltura – está rolando. Quando voltei do escritório do conselho, atônito, um interno amigo meu chamado John estava puto.

"Eu não sei o que está pegando, mas algum babaca vai ser solto amanhã de manhã, e por isso eles não querem me deixar fazer minha ligação."

O babaca era eu.

Concordei em ser solto na manhã seguinte sem alastrar a notícia – 3 de novembro de 1977 –, sob a condição de que a Sharon fosse me buscar desacompanhada, ou seja, sem o rugido de uma centena de Hell's Angels sobre rodas. Na real, depois de passar cinco anos no xilindró, o que menos me preocupava era ser solto com festa. Sair daquele lugar imediatamente era muito melhor do que ter que aguentar mais 120 dias; enfrentar essa contagem regressiva seria uma barra.

Sharon foi me buscar num Corvette novinho, e ela estava linda. Deixamos Folsom para nunca mais voltar; entre os presidiários, costuma-se dizer que traz má sorte visitar qualquer prisão onde você já tenha cumprido pena.

No fim das contas, penso que, quando eu já estiver velho demais para dirigir uma moto ou comer umas minas, ao invés de ir morar num asilo para ex-soldados, prefiro mesmo é dar um jeito de voltar para a prisão. Na prisão, os velhos detentos são tratados com respeito. Eles te compram cigarros e sorvete e escutam suas histórias. Essa ideia me parece muito mais divertida do que jogar palavras cruzadas com os geriátricos.

Enquanto caminhava pelos corredores de Folsom rumo à liberdade, eu só ficava imaginando o quão putos e frustrados os federais deviam estar se sentindo em me ver de volta às ruas pilotando minha motocicleta e desfilando meu visual. Ao longo do ano seguinte, os federais secretamente arquitetaram o segundo round. Eles tinham uma nova arma para erradicar o Hell's Angels MC. Chamava-se RICO.

KEEP AMERICA FREE SUPPORT YOUR LOCAL HELLS ANGELS

IF YOU THINK YOU'RE TOUGH INSULT A BIKER

Nós contra os federais: Lurch manda um recado para o sistema.

12

RICO É O CARALHO: A LEI COM UM NOME ESQUISITO

Era uma vez um policial chamado William Zerbe, que trabalhava na delegacia do município de Solano. Trabalhando em parceria com a DEA e o FBI, ele começou a atuar como um agente do FBI, por vezes no encalço de nossos membros em Oakland.

Zerbe e eu nunca nos cruzamos, mas na época em que ele trabalhava com seus comparsas federais, em fevereiro de 1978, Zerbe bateu de frente com um Hell's Angel chamado James "Jim Jim" Brandes. Preocupado com as complicações decorrentes de sua arriscada profissão, todos os dias Zerbe saía de casa, caminhava alguns metros e ligava seu carro de longe, usando um controle remoto.

Zerbe era um tira cauteloso, exceto por uma manhã, o dia em que ele estava saindo para ir ao tribunal do município testemunhar contra Jim Jim por acusações relacionadas a drogas e armas. Ele estava parado em sua costumeira posição, pronto para acionar o controle remoto. Só que, ao invés do carro explodir, a bomba estourou bem do lado dele. Embora gravemente ferido, ele escapou da morte por um triz.

Ao mesmo tempo, em San Jose, um sargento da polícia chamado Kroc também foi atingido por uma bomba. Kroc era outro que tinha prendido Jim Jim.

Na primavera de 1978, deu-se início a uma abrangente investigação sobre o ataque sofrido por Zerbe. Nessa época, eu estava perto de completar quatro meses no presídio distrital por violação de condicional. Fui levado a Solano para dar meu testemunho diante do júri. Eu nem sabia que o interesse deles era no lance do Zerbe. Tudo o que eu sabia era que a lei tinha me mandado para um lugar contra a minha vontade, por isso, quando perguntaram meu nome, eu respondi, "Vão se foder".

O promotor ficou furioso. Mais um comentário como aquele, ele avisou, e eu poderia "ficar ainda mais tempo preso". Eu usava grilhões acorrentados à cintura, e algemas, e ainda por cima estava preso à cadeira. Com a experiência adquirida em Folsom Prison, perguntei a ele: "O que você vai fazer, colocar mais correntes em mim?".

Até o promotor deu risada.

Eles me colocaram na presença de um juiz, que me ordenou a falar ou eles poderiam me fichar por desacato. Eu disse a ele que meu sobrenome era *Desacato* e acrescentei que ele não tinha motivos para fazer isso. Fui sequestrado da cadeia, meu advogado não estava ciente do meu paradeiro e eu não ia colaborar com nada, já que eu não reconhecia aquela sessão. "Pega todo o sistema e enfia no meio do seu cu", foi o meu comentário.

O juiz me indiciou por desacato e me despachou para uma cadeia próxima. A notícia de que eu estava na sala do tribunal se espalhou, porque também havia outros membros do clube e amigos intimados. Eles me viram acorrentado, sendo conduzido pelos corredores até a sala do júri. Até aquele momento, a polícia ainda nem tinha informado meu advogado (Kent Russell) sobre onde eu me encontrava, portanto ele procurou outro juiz para registrar um boletim de desaparecimento. No dia seguinte, eu estava de volta à cadeia de Alameda sem vestígios de culpa por desacato. Oficialmente, eu nunca deixei a cadeia municipal.

Ainda que não houvesse indícios da participação de Zerbe nas explosões, foi uma coisa muito audaciosa para ser ignorada pelos homens da lei. A polícia (tanto a estadual quanto a municipal) tentava frequentemente ferrar com os Hell's Angels, passando acusações relacionadas a armas e drogas, e com mais ganhos do que perdas – amparados pelos nossos advogados para peitar o sistema –, nós superamos essa barra. A lei estava ficando um tanto frustrada com o jogo de gato e rato.

O governo também estava bravo com o fato de que não me desvinculei do clube depois que saí da cadeia, mas eu me recusei a jogar o jogo deles. Muitos prisioneiros em condicional teriam abaixado as calças para o governo e, temerosos, mantido distância de um grupo tão conhecido como os Hell's Angels. Mas mesmo eu não sendo mais oficialmente uma liderança do *chapter* de Oakland, muitas pessoas atribuíam a mim o comando da organização. Quando algum irmão ia para a cadeia, tentávamos dar um jeito de cuidar de seus filhos e família. A sede do clube era um lugar onde o pessoal promovia jantares de Ação de Graças. Esses aspectos rotineiros do clube os agentes da lei nunca quiseram enxergar.

Como a polícia não tinha o poder de desmantelar o clube por meio de prisões e julgamentos, o governo precisou criar uma nova estratégia para atacar a estrutura dos Hell's Angels como uma organização criminosa. Assim eles poderiam chegar nos membros que não tinham cometido atos criminosos propriamente ditos, mas que simplesmente andavam junto com uma galera que tinha problemas com a justiça. A partir do momento em que o governo concluiu que, por exemplo, os Hell's Angels operavam laboratórios de metanfetamina e lucravam com todas as transações envolvidas no comércio da droga, eles precisavam elaborar um plano para transpor a tradicional evidência de conspiração e apenas estipular que o simples ato de fazer parte do clube era o suficiente para nos pegar.

Então, veio o RICO.

RICO é a sigla para Racketeer Influenced and Corrupt Organizations (em português, Organizações Corruptas e Influenciadas por Mafiosos). Trata-se de um estatuto federal que fazia parte do pacote de Controle do Crime Organizado, aprovado pelo Congresso em 1970. O RICO era uma variação das tradicionais leis de conspiração e da legislação contra o crime que vieram das leis contra formação de quadrilha dos anos 1950. Seu argumento de sustentação era que os grupos do crime organizado estavam começando a se tornar lucrativos e poderosos. Os especialistas da lei sentiam que as gangues ou quadrilhas tinham se tornado perigosas demais para a sociedade e que, por meio de suas lideranças hierárquicas e táticas conspiratórias, os criminosos poderiam causar riscos e distribuir lucro entre seus chefes e adeptos.

O foco do RICO não repousava sobre criminosos individuais, mas em acusações federais direcionadas a um grupo de pessoas. Em termos jurídicos, esse tipo de associação é chamada de "empreendimento". Qualquer associação – mesmo uma organização legal como uma pequena empresa, um grupo político ou um motoclube – poderia ser rotulado de "empreendimento" pelo governo.

Os primeiros casos RICO visavam as organizações ao estilo de máfia, e os federais e a polícia estadual uniram suas forças. Toda uma nova indústria de aparatos da lei foi criada.

Os promotores federais, com a ajuda do FBI, do Departamento Antidrogas e dos agentes da lei na Califórnia decidiram que exista um empreendimento criminoso, uma "gangue", chamada Hell's Angels, e que as atividades de todos os seus membros constituíam conspiração criminosa. Na perspectiva do RICO, crimes individuais podiam ser combinados para evidenciar um "padrão de subversão" que violava as leis federais e estaduais. Os federais pegavam crimes antigos (mesmo aqueles já resolvidos judicialmente) e elaboravam um caso para sustentar acusações formais de conspiração em grupo. Quaisquer atividades criminais pelas quais fôssemos considerados culpados poderiam acarretar algo como vinte anos de prisão para cada caso.

Um dos repórteres do canal de televisão local chamou o RICO de "a lei com um nome esquisito". Agora, o governo tinha um trunfo contra nós.

Uma emboscada em massa cuidadosamente elaborada pelos federais fora originalmente agendada para o alvorecer de 14 de junho de 1979, mas, com medo da informação vazar, os federais mudaram para o começo da noite anterior. Foi quando a chapa começou a esquentar.

Todo mundo do clube estava convocado para se encontrar no clubhouse de Oakland às oito horas do dia 13 de junho. Sairíamos todos de lá para ir jantar num restaurante em Alameda, para celebrar o décimo aniversário de Michael Malve como um Hell's Angel de Oakland. Para que todos chegássemos na sede do clube às oito era preciso sair de casa entre sete e sete e meia. Enquanto estávamos chegando na sede, a polícia estava bisbilhotando nossas casas. Primeiro eles invadiram a casa do Jim Jim pela porta de vidro. Como eles tinham visto o Jim Jim saindo, concluíram que não havia mais ninguém na casa. As invasões foram testemunhadas pelas câmeras de TV, para o noticiário da noite. Eles deram início a um show de valentia, gritando ao entrar na casa vazia, quando um agente enroscou o seu coturno no vitrô. Rolou toda uma encenação de polícia-e-ladrão.

Até hoje, os policiais juram que nós fomos pegos pela polícia de Oakland antes da emboscada. Mas não havia nenhum policial de Oakland participando das batidas. Na real, os federais sequer notificaram a polícia local porque eles suspeitavam que tivéssemos um informante infiltrado.

Recebemos a primeira ligação enquanto aguardávamos a chegada de todos na sede do clube. Os federais tinham invadido a casa do Sergey Walton. Ele não estava em casa, tampouco conosco. Em seguida, outra ligação: estavam revirando a casa do Mouldy Marvin diante das câmeras de TV. Ele também havia partido. De repente, todo mundo começou a ligar para casa. Se os federais atendessem seu telefone, você fugia. Quando eu liguei para a minha casa, ninguém atendeu, por isso não fugi. Aqueles que sobraram decidiram prosseguir com o plano de sair para jantar. Eu estava com o cinto de dez anos do Michael e os US$700 que coletamos para o evento no bolso da minha jaqueta.

Andamos apenas cerca de três quadras saindo do clubhouse quando os federais nos cercaram. Vários carros adesivados e não adesivados em volta de nós. Os caras saíram dos veículos, alguns ventindo jaquetas azuis com o escrito amarelo – FBI – nas costas. Eu não pude acreditar em como os policiais estavam levando aquele negócio tão a sério, colocando em prática seu treinamento de confronto e coletes à prova de bala e apontando suas armas para nós. Fomos colocados com as pernas e braços abertos de frente para o muro, com guardas postados às costas de cada um de nós com uma arma na nossa nuca.

"Mãos ao alto e não se mova!"

"O que diabos você quer que eu faça, afinal?", eu respondi. "Que eu não me mova ou que coloque as mãos para o alto?".

Os federais não estavam de bom humor.

Sharon e eu fomos algemados e colocados no banco de trás de um Impala branco e sem pintura. Ao invés de irmos direto para o Edifício do Governo Federal em São Francisco, ficamos rodando sem rumo pelo estuário de Oakland. Eu já suspeitava que aqueles malditos finalmente tinham tomado coragem para nos matar. Minhas mãos foram algemadas para trás, e eu tentava elaborar uma estratégia para conseguir me mexer e morder a jugular do motorista.

Enquanto eu pensava em sussurar meu plano para a Sharon, o cara ao volante virou-se e me perguntou, "Ei, Sonny, como que faz para chegar a Government Island?"[1].

Os federais estavam perdidos!

Eles nos levaram para essa ilha nas imediações de Alameda onde improvisaram um posto policial para nos colocar. Sharon e eu fomos tirados do carro

---

[1] Hoje chamada Coast Guard Island, é uma ilha artificial no estuário de Oakland, entre Oakland e Alameda, na Califórnia.

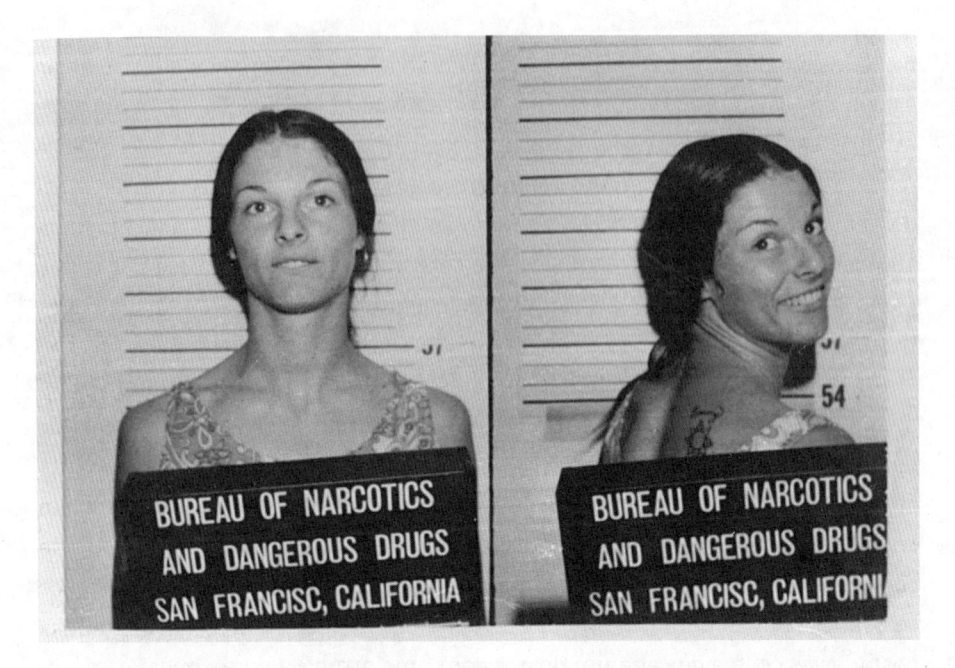

Sorria para a câmera (da cadeia)! A foto da ficha de Sharon, no caso RICO.

e conduzidos para um campo aberto que se parecia com um acampamento militar. Os outros que tinham sido presos foram chegando em grupos. Eles colocaram todos nós em cadeiras contra a parede ao redor do perímetro da sala.

Muitos policiais vestidos com camisas havaianas fotografavam o pessoal na sala – alguns ali eu não via há anos, uma galera que costumava colar nos rolês do clube e acabaram rodando conosco.

Todo mundo ficava me perguntando o que estava pegando e qual era a acusação dessa vez, mas eu não tinha a mínima ideia por que *todos* havíamos ido parar naquele lugar.

Depois que colheram nossas digitais e tiraram mais uma porção de fotos, fomos levados em grupo para o outro lado da Bay Bridge[2] até uma cadeia federal no topo do Tribunal Federal de São Francisco. Os homens foram colocados de um lado e as mulheres do outro. Ficamos lá sentados tentando adivinhar qual era o lance.

---

2 Ponte que liga as cidades de São Francisco e Oakland.

No dia seguinte os noticiários matinais – que assistimos na televisão da sala de visitas – abriram com a nossa história, mostrando os federais e as invasões da noite anterior. Só então tive noção da intensidade da operação, dado o número de casas dos Hell's Angels que tinham sido arrombadas, inclusive a minha. Na TV, as autoridades foram mostradas carregando caixas cheias das minhas coisas como evidência. Todas as minhas paradas foram confiscadas: bandeiras, pôsteres, placas e até tanques de gasolina com o emblema da caveira.

Os âncoras acusavam os Hell's Angels de serem uma organização criminosa chefiada por mim (na realidade, eu nem era mais uma liderança do clube desde que fora solto de Folsom, em 1977). As acusações prosseguiram, afirmando que os Hell's Angels estavam envolvidos num forte esquema de produção e comercialização de metanfetamina. Éramos traficantes de drogas e também envolvidos com prostituição. O promotor federal G. William Hunter (costumávamos brincar que ele devia ser parente de Meredith, a vítima de Altamont) deu uma entrevista e disse que "o clube é uma fachada que eles usam para perpetuar atividades criminosas". As alegações de Hunter incluíam ainda extorsão e assassinato. Da boca de Jerry Jensen, o diretor regional da DEA, veio a seguinte declaração: "Esta operação [referindo-se à série de prisões da noite anterior] é extremamente importante no sentido de que não se trata apenas do indiciamento de crimes isolados, mas de toda uma organização. A organização dos Hell's Angels age contra as leis dos Estados Unidos."

As acusações só aumentavam. Fomos acusados de subornar juízes e promotores, de pagar propina a policiais e de dar apoio a uma vasta rede de advogados e fiadores. Tínhamos cadernos com listas de frequências de rádio da polícia, telefones das casas dos policiais, das namoradas (e namorados), e até números sem nome. De acordo com um apresentador de jornal, o nosso controle do mercado da metanfetamina era tão poderoso que – como as companhias de petróleo – poderíamos aumentar e abaixar o preço baseados em nossa estratégia de mercado.

Quando o noticiário acabou, percebi que estávamos encrencados. Eu realmente não sabia nada sobre as leis do RICO. Achava que tínhamos sido presos por levar uma com os policiais e por lidarmos com drogas. Mas esse indiciamento, logo eu descobriria, era diferente. O governo queria mesmo era iniciar uma guerra para destruir o clube de uma vez por todas.

Vestindo meu macacão laranja, fui entrevistado na cadeia por um repórter de um telejornal. "Hell's Angels é uma organização, um grupo de pessoas que se reúne para andar de moto e se divertir, ir a festas, esse tipo de coisa", eu expliquei. "Só porque certos membros dos Hell's Angels já cometeram crimes no passado não significa que nossa organização seja uma organização criminosa."

O aspecto perigoso do RICO é como o processo se desenrola no sentido de provar o "empreendimento conspiratório" – como os membros são todos parceiros no crime. Mesmo alguém indiretamente conectado pode ser incluído e atrelado à conspiração. Por exemplo, se eu vendo drogas para uma pessoa e, vamos dizer, outro Angel também vende drogas para a mesma pessoa sem que eu nem saiba disso, os três já estão envolvidos numa conspiração. O governo estava tentando provar que, se um Angel era culpado, ou mesmo se ele fora julgado por assassinato, nós todos sabíamos e havíamos conspirado com ele naquele assassinato. Eles queriam mostrar – e provar – que éramos uma "gangue" envolvida em atividades criminosas e que essa era a razão pela qual mantínhamos relação. Uma grande baboseira, mas não deixava de ser uma enrascada das piores. Muitos membros haviam cometido variados atos corriqueiros de violência ao longo dos anos. Agora era a hora de nos unir e realmente agir como um clube. Nossa Primeira Emenda (que diz respeito ao direito de associação) estava em jogo.

Quando os Hell's Angels foram a julgamento em outubro de 1979, ninguém ainda tinha conseguido vencer o RICO. *Ninguém.* Se você fosse preso, era a hora de entrar em pânico, porque você estava fadado à condenação; não tinha escapatória. O poder de uma acusação do RICO geralmente significava uma confissão de culpa e um acordo – rápido! Os Hell's Angels foram os primeiros a darem as mãos, erguerem as cabeças e encararem o julgamento.

Nossa primeira prisão pelo RICO baseava-se em uma série de acontecimentos – no nosso caso, a tentativa de assassinato com explosão cometida contra Zerbe e Kroc, além de todas as mortes que aconteceram em torno do clube, toda venda de drogas, e até as condenações pelas quais eu estive em Folsom e cumpri pena. Quando o governo te indicia através do RICO, eles podem virtualmente te condenar novamente por tudo aquilo que você já foi preso.

Nosso caso RICO era chamado *Os Estados Unidos da América contra Ralph Barger, Jr., e associados.* Até as últimas semanas que precederam a primeira emboscada, eu estava no topo da lista, seja por ordem alfabética ou como principal liderança. Dos vinte e oito originalmente indiciados, dez ganharam o direito de recorrer por conta das infrações relativamente menores. Um membro foi preso com uma arma. O acordo era que, se ele confessasse a culpa por posse de arma, seria livrado do caso RICO. Nós permitimos, já que não fazia sentido o cara correr o risco de ficar quarenta anos preso por ter uma arma.

Alguns dos réus não eram Hell's Angels, como por exemplo Sharon, Anita Musick e a mulher de Burt Stefanson, Charlene. Entre os dezoito que foram a julgamento estavam: Johnny Angel, Burt, Bobby England, Michael Musick, Al Perryman, Manuel Rubio e eu, todos membros do clube de Oakland.

Minha fiança foi estipulada em US$ 1 milhão, depois mudou para US$ 2 milhões. Sharon tentou arrecadar a grana enquanto estava presa; muitos de meus amigos ofereceram suas propriedades. Eu finalmente disse a ela para desencanar da fiança porque sabia que não dava para escapar. Após meses e meses na cadeia aguardando o julgamento, acabei sendo levado ao encontro de um magistrado que veio com a proposta de abaixar a minha fiança para US$ 100.000 se eu prometesse que não voltaria a participar das atividades do clube quando fosse solto. Eu sugeri a ele que pegasse sua fiança e enfiasse no rabo. Como todos os Hell's Angels que estavam na cadeia, falei que preferia voltar para lá e ficar junto com eles do que caminhando pelas ruas. Depois daquele desabafo, o juiz disse ao meu advogado: "Eu sabia que não deveria ter feito aquela proposta."

Durante meu período na cadeia, amigos do clube publicaram um informe de página inteira no *San Francisco Chronicle* alertando as pessoas sobre os perigos envolvendo as acusações do RICO contra os Hell's Angels. O anúncio custou US$ 10.000 e foi pago através de doações. O governo estava atropelando todos os nossos (e consequentemente os seus) direitos constitucionais. Eles arrombaram nossas portas e janelas e nos levaram embora algemados. Independentemente da sua posição no espectro político, o anúncio argumentava: entenda que o governo está depenando seus direitos com a suposta teoria de te proteger dos chamados grupos subversivos.

Colocamos nossos advogados para trabalhar, traçando nossas estratégias. Muitos advogados se sentiram intimidados pelo RICO e consideraram a hipótese de fazermos acordos. O governo nos ofereceu acordos de cinco anos de prisão para evitar o julgamento. Mas, em nossas reuniões coletivas, a decisão foi unânime: ninguém se declara culpado e todos vão a julgamento. Explicamos a todos os advogados envolvidos em nossa representação no caso que ninguém poderia pressionar seus clientes individuais a cooperar e fazer acordo com os federais ou falar contra qualquer outro Hell's Angel indiciado. Nenhum advogado alegaria que seu cliente não fazia parte do grupo ou tentaria culpabilizar alguém. Na condição de Hell's Angels, estávamos determinados a peitar esse caso. Ou venceríamos ou iríamos para a prisão juntos.

Trabalhamos duro preparando o caso, acompanhando o andamento das moções. Eu lia cada pedaço de papel que saía do tribunal. Eu ia ao tribunal todos os dias em que havia uma sessão. Ocasionalmente havia alguns problemas, até com outros Hell's Angels em julgamento. Quando o juiz e as autoridades federais não queriam deslocar todos sob custódia nas ocasiões em que o júri não estava presente, ainda assim eu fazia questão de aparecer. Acabei irritando os outros réus algumas vezes com a minha insistência para que todo mundo aparecesse no tribunal. Havíamos firmado um acordo e eu teimava que todos fossem.

O julgamento logo se tornou um fiasco e, no meio de tudo isso, tentamos nos divertir ao máximo. Com um time de dezoito advogados e dezoito réus, um conjunto de assentos de múltiplas fileiras foi construído na sala do tribunal, e cartões de identificação com nomes eram colocados em todas as mesas. Cada advogado e réu precisava sentar sempre no mesmo lugar, já que era impossível para o juiz memorizar o nome de todo mundo.

Havia tantos réus que era capaz de um advogado não escutar o nome de seu cliente ser mencionado por dias. Os dois poderiam passar semanas só assistindo o desenrolar da coisa, como se estivessem num seminário ao invés de um julgamento. Daí, finalmente, chegaria a vez deles de dançar em frente ao júri e interrogar um informante ou algum agente da lei.

Uma grande sala foi escolhida para acolher o julgamento, que era normalmente usada para grandes assembleias e cerimônias de naturalização. Se um advogado precisasse interrogar alguém, a pessoa tinha que caminhar por todo o corredor até o púlpito. Era mais ou menos como estar no senado. Entre os advogados que encabeçavam nossa defesa estavam Kent Russell, Frank Mangan, Richard Mazer, Alan Kaplan e Judd Iverson. Um time de quatro promotores do governo, capitaneados por Robert Dondero, eram nossos adversários legais.

Barreiras de metal foram instaladas do lado de fora, os assentos foram removidos da sala do tribunal, e os oficiais instalaram divisórias à prova de bala, embora não houvesse proteção alguma entre os réus e o juiz. As janelas foram cobertas de modo que ninguém do lado de fora pudesse bisbilhotar. A paranoia do governo por segurança ia além. Toda manhã eles nos submetiam a detectores de metal na entrada do tribunal, e os oficiais ainda nos revistavam com detectores portáteis de metal. Esse tipo de aparato raramente era visto nos tribunais em 1979.

Convocados do júri eram enviados de São Francisco à fronteira de Oregon como potenciais jurados. A maioria acabava sendo dispensada por conta da potencial duração do julgamento. Eles também se intimidavam com a nossa aparência. Normalmente vestíamos roupas comuns no tribunal, mas quando realmente queríamos chamar a atenção e irritar o juiz, aparecíamos com a tradicional roupa laranja da prisão.

Durante o dia, éramos mantidos em celas que ficavam no sexto andar, três ou quatro pisos acima da sala da corte. Eles conduziam oito ou dez de nós de cada vez antes do julgamento, o elevador subia e descia sem parar até que o oficial responsável ficasse enjoado. Um dos elevadores quebrou, despencando por alguns metros até que os amortecedores entrassem em ação. Ficamos presos lá dentro por algumas horas. Um dos oficiais, vindo de Fresno, suplicou, "Será que não dá para parar com isso? De onde eu venho, o prédio mais alto é um quiosque da Fotomat[3]".

Algumas das mulheres faziam coisas malucas para ajudar os rapazes a se sentirem melhores. Durante nossa estada na cadeia de Alameda, na região central de Oakland, dava para notar que havia certa distância entre cada pavilhão através de uma pequena janela. Da minha cela, eu conseguia enxergar com dificuldade a rua que dava acesso à faculdade Laney. Sharon costumava ir com o meu cachorro até um determinado ponto por ali e acenar. Ela até teve a ideia de vestir um casaco e um chapéu no cachorro e tentar entrar com ele na sala de visitas. A namorada de Gary Popkin uma vez alugou um barco a remo e as garotas remaram até o meio do lago Merritt. Elas ficaram com os peitos de fora e se exibiram para seus homens, que as observavam pela janela.

Embora isso seja praticamente impossível de se fazer nos dias atuais, Bobby Durt costumava levar uma câmera de vídeo para a área de visitas e fazer umas gravações. Nem parecia que ele tinha entrado com a câmera escondida. Era um jeito que encontramos para aliviar o stress durante aqueles tempos sisudos e difíceis.

---

3 Nota do tradutor: Populares quiosques de revelação de fotos nos Estados Unidos durante os anos 1970.

Os noticiários publicaram manchetes afirmando que o nosso julgamento era O MAIS COMPLEXO E CARO DA HISTÓRIA DE SÃO FRANCISCO. O negócio estava mesmo projetado para durar um longo período, mas nossas artimanhas de fato passaram uma rasteira na agenda do tribunal. Semanas viravam meses.

Quando você está na cadeia por *muito* tempo, você tem o direito a três refeições quentes por dia. No começo do nosso julgamento, eles nos acordavam pela manhã e nos davam uma cumbuca de cereais frios. Depois passávamos o dia todo no tribunal, com sanduíches de almoço. Então, quando a sessão acabava, éramos levados de volta para as nossas celas, onde nossas refeições eram novamente sanduíches, servidos num ridículo prato de metal, gelado como pedra. Depois de semanas nesse perrengue, finalmente cheguei ao limite.

"Eu quero uma refeição quente na hora da janta, e se vocês continuarem me trazendo somente esses sanduíches nojentos, que ao menos venham acompanhados de um prato de sopa."

Diante da negativa deles, espalhei todo o jantar pela cela, arremessando aquela merda nas paredes. Eles fizeram vídeos das paredes manchadas e mostraram para o juiz, que por sua vez disse que aquilo era luxo para nós. Meu argumento era que se nós teríamos que encarar um julgamento de três dias e eles quisessem nos alimentar com sanduíches, não haveria problema. Mas, depois de três meses, precisávamos de refeições.

No fim, acabamos recebendo sopa junto com o pão – uma pequena vitória, mas na cadeia esse tipo de coisa é importante, especialmente quando você precisa lutar a sua vida inteira para escapar da prisão.

Após um dia particularmente controverso no tribunal, o juiz finalmente me alertou que era melhor eu começar a agir como um réu. Respondi que só começaria a agir como um réu quando *ele* começasse a agir como um juiz e, o promotor, como um promotor de verdade.

"Até lá, você que se foda."

Meu advogado tremeu nas bases.

Alguém que estava assistindo bateu palmas, o que deixou o juiz bastante nervoso. O juiz bateu o martelo. "Quem aplaudiu? Eu exijo saber quem aplaudiu".

Um motociclista negro dos Dragons, que tinha apenas um braço, levantou a mão.

Algumas testemunhas do governo beiravam o bizarro. Um dos promotores leu uma carta que Big Al certa vez escreveu para uma garota em outra prisão, na época em que ele estava cumprindo pena em Folsom. Big Al é um filho da puta engraçado. Essa garota era namorada do irmão de sangue dele, mas Albert não via isso como empecilho e continuava tentando xavecar a menina. Ele começou a cascatear em suas cartas dizendo que havia conseguido juntar um milhão de dólares.

"Gata", ele escreveu, "nós podemos nos divertir". A carta prosseguia descrevendo todas as coisas incríveis que ambos poderiam comprar e os lugares que visitariam e as roupas que ela vestiria. A lorota só aumentava. Ao final da carta, lia-se algo como "E para todos vocês, idiotas estúpidos que estão lendo isso, eu estou apenas brincando. Assinado, Big Al."

Mas isso não impediu um promotor acéfalo de ler a carta seriamente como evidência diante do júri, que olhava para ele pensando, "eis o idiota estúpido que está lendo a carta". Como se não bastasse, quando chegou ao final da carta, o promotor leu, "Assinado, Sr. Biggle."

De vez em quando, à noite na cadeia, eu escutava Albert gritando, "Chefe, Chefe, eles estão me matando! Socorro! Socorro!". Os guardas então corriam até a minha cela. "Barger, você tem que descer e fazê-lo parar".

Chegando lá era só um monte de Angels fazendo cócegas no Albert, que rolava no chão, gritando. Os policiais não sabiam o que estava acontecendo. Eu disse a eles que parassem de me encher o saco. Era a porra do trabalho deles.

Certa manhã, lá pelas cinco horas, a cadeia ficou mortalmente silenciosa, e com isso, eu quero dizer, realmente s-i-l-e-n-c-i-o-s-a. Geralmente é normal escutar todo tipo de gritos e conversas, é o som característico do ambiente. Mas daquela vez o barulho era nulo. Então um cara, outro detento – que não era Hell's Angel – surgiu na frente da minha cela.

"Acabamos de dominar a cadeia. Você quer sair?"

"Sem chance!", eu respondi. "E também *não* destranque o pavilhão H. Independentemente do que os caras de lá disserem a você". Isso mostra o quanto eu estava convencido de que nós venceríamos aquele maldito caso RICO. Com ou sem rebelião, para mim pouco importava se os presos tinham dominado a cadeia ou se tivesse acontecido uma fuga em massa. Não iríamos estragar o nosso caso enquanto estivéssemos à frente da situação.

Outros fugitivos chegaram arrastando um guarda para a minha cela, chutando e insultando o cara.

"Vai, seu valentão filho da puta. Não é você que gosta de bater nas pessoas? Então toma essa."

O agente tomou uma bela de uma bicuda nas costelas. Ele estava implorando, "Por favor, não me mate. Eu tenho mulher e filho".

Os detentos tinham aparentemente conseguido descolar algumas armas primeiro, daí fizeram um guarda de refém até arranjarem um molho de chaves, e então soltaram um monte de presos. Eu não saí do meu lugar, nem quando a merda explodiu. Deitei olhando para o teto, e fiquei só escutando, de boa no meu colchonete. Então um grupo de guardas veio correndo pelos corredores, atirando. A situação estava beirando o caos. Quando passaram pela minha cela, me viram relaxado no meu canto e perguntaram calmamente, "Bom dia. E aí, o que está acontecendo?".

Um dos guardas olhou para mim e sorriu. "Barger, você é mais esperto do que eu imaginava".

De volta ao julgamento, era armas e drogas, armas e drogas, armas e drogas. O papo do governo ficava sempre girando em torno de barris gigantes, caixas de armas confiscadas e drogas ilegais. Aí vinha um inexpressivo agente de estado que fornecia os detalhes concretos de cada montante para ajudar a estabelecer as ações apropriadas aos casos. Nós nunca nos importamos com o que os agentes de estado diziam. Aquilo já era clichê, de qualquer forma: algumas daquelas acusações já tinham rolado dez anos antes. Nossos advogados seguiam questionando, "E daí? Onde está a ligação dos Hell's Angels com uma organização criminosa?". Não havia provas de que aquilo fazia parte da política do clube, e por mais que eles tentassem, o governo não conseguia mostrar um único minuto de nossas reuniões em que a pauta fosse drogas e armas.

A única coisa que o governo conseguiu revelar foi a nossa regra sobre não trapacear nos negócios envolvendo drogas, lá das antigas, quando nós imprimimos as nossas regras e acabou vazando nos jornais. Criamos essa regra como uma forma de garantir o comportamento honesto e correto dos nossos membros. Os promotores tentaram usar o velho estatuto do clube sobre esse lance de não dar mancada na hora de comprar ou vender drogas para provar que nós estávamos negociando entorpecentes no âmbito do clube, o que era extremamente inconsistente.

Outra testemunha do governo, um químico da DEA, atestou que um de nós manufaturava drogas que eram "100% puras". Como todas as testemunhas e também a declaração dele foram pelo ralo, o juiz advertiu que, se eles não trouxessem testemunhas com credibilidade para depor, ele seria obrigado a declarar o caso encerrado. Tenho para mim que o juiz não queria que o tribunal de apelação assistisse ao registro das sessões porque ficava claro que as testemunhas do governo eram fracas. Ao longo da jornada, de repente senti que a imprensa estava começando a vir para o nosso lado.

À vezes dá para prever qual será a próxima jogada do governo – ou quem eles vão enquadrar – pelo que você lê nos jornais ou vê no noticiário televisivo. Antes da nossa prisão coletiva, foram veiculadas muitas histórias sobre os Hell's Angels a partir de fatos fornecidos não por evidências diretas, mas por informantes e "fontes confiáveis". Após um mês de campanha na imprensa, na sequência vem a grande emboscada. Como resultado, depois de ler e assistir às histórias nos jornais, o público pensa, "É isso aí, agora esses malditos finalmente tiveram o que merecem."

Certamente não foi por acaso que os federais premeditaram os acontecimentos e levaram a imprensa para acompanhar as emboscadas. Tudo aquilo rendia ótimas imagens para a televisão: a polícia e as equipes antidrogas fazendo o seu trabalho, prendendo a corja da sociedade, atendendo às expectativas de um público incauto. A imprensa sempre vai privilegiar testemunhos dramáticos em detrimento de informações que os refutem. É por isso que parecemos culpados na televisão e nos jornais. A mídia frequentemente reporta aquilo que os traíras dizem, mas raramente divulga o contraponto que expõe (com veemência) as imprecisões contidas nos testemunhos de seus informantes.

Depois de passarem tantas testemunhas falidas do governo pela bancada, os jornalistas começaram a perceber que alguma parada estranha estava acontecendo. Um repórter televisivo chamado Mike O' Connor produziu uma matéria de duas partes sobre o julgamento para a KTVU de Oakland, revelando a situação vulnerável em que qualquer organização poderia se encontrar caso o governo fosse ao seu encalço e a indiciasse sob os parâmetros do RICO.

O governo apresentou dúzias de testemunhas, e então chegou a minha hora de depor. No começo, os nossos advogados não queriam que eu falasse. Advogados criminais raramente querem que seus clientes tomem uma posição. Kent Russell e Frank Mangan, porém, sabiam desde o começo do meu desejo de falar. Ao contrário das testemunhas do governo, eu ofereci ao júri uma abordagem franca e honesta. Eu disse com firmeza: "Com certeza, tomarei uma posição".

Nossos advogados (alguns dos quais eram ex-promotores) me acomodaram numa sala, instruíram-me e prepararam-me até que estivesse pronto para replicar qualquer questão que o governo pudesse possivelmente perguntar. A tensão se instaurou em nossa equipe de defesa, mas nada me impediria de ir até lá e falar a verdade. Nossos advogados ficaram decepcionados; eles sentiam que o governo tinha uma premissa fraca e que eu apenas colocaria em risco as coisas ao dar a cara para bater.

Na bancada, eu fui interrogado pelo meu advogado, por procuradores representando os demais réus e, é claro, os promotores do governo. Boa parte do meu testemunho baseava-se na minha trajetória pessoal, remontando aos meus 18 anos e à fundação do *chapter* de Oakland. Eu neguei que os Hell's Angels tivessem uma política de atividade criminosa. Frisei que éramos um clube, e não uma gangue. Gostávamos de andar de moto juntos, eu afirmava repetidamente.

Cinco dias se passaram desde que eu havia dado minha versão dos fatos e o nosso time percebeu que o espetáculo acabara. Com tudo o que falei, nós sequer elaboramos um plano de defesa. Focamos apenas nos argumentos palpáveis. Agora estava tudo nas mãos do júri.

Alguns dos argumentos finais eram trapaceiros e vazios. Todos os dezoito advogados deram seus argumentos conclusivos, o que tornou difícil prender a atenção do júri. Quando chegou a vez de Kent Russell, ele havia planejado aquela enorme retórica desconstruindo as supostas transações de drogas. Ele usou uma bela assistente para atuar como uma atraente *hostess* frente ao circo televisivo. Ao final, apontamos sete diferentes histórias conflitantes envolvendo negociações de drogas, e ninguém conseguia acreditar que elas realmente tivessem acontecido.

Assim que os argumentos foram ouvidos, o júri se retirou para determinar um veredito. Em nenhum momento o júri pareceu estar indignado conosco. Na verdade, ao longo de todo o julgamento, viramos todos uma grande família. Na condição de Hell's Angels, nos comportamos relativamente bem, o que contradizia aquilo que o júri supostamente deveria sentir dentro de uma sala de tribunal à prova de balas. A linguagem corporal do júri nos deixava convencidos de que eles não nos enxergavam como os monstros que diziam que éramos.

No final de junho de 1980, os jurados informaram ao juiz que eles estavam num impasse. O juiz falou com os advogados antes que os outros sob custódia e eu chegássemos. Ele achou por bem dispensar o júri para discutir. Russell e a equipe se encontravam numa situação estressante. Ninguém queria estender o martírio daquele longo julgamento, e normalmente, na lei criminal, o advogado de defesa costuma avisar ao seu cliente que um júri em dúvida pode ser uma coisa positiva. Sem a minha presença para tomar uma decisão, Russell e Mangan estavam de mãos atadas. Eles pediram ao juiz que enviasse o júri novamente à deliberação – para horror dos outros advogados de defesa.

O juiz instruiu o júri a continuar a discussão. Ele comunicou aos jurados que eles não poderiam me inocentar dos crimes desvinculados do caso RICO sem inocentar o restante dos réus.

O júri retornou e absolveu Sharon, Ron Elledge e a mim das acusações vinculadas ao caso RICO por falta de unanimidade a respeito dos atos pressupostos. Portanto o juiz instruiu o júri a marcar um X nos nomes dos inocentados no formulário do veredito. Não havia acusações palpáveis o suficiente para nos enquadrar em atos de crime organizado, segundo o júri.

O governo não podia conceder nossa liberação imediata. Diante da discordância do júri, eles quiseram me submeter a mais uma sessão de defesa. Depois, disseram que me soltariam se eu assinasse um termo de desvinculação do clube.

Mais uma vez, eu recusei.

No dia 2 de julho, enquanto eu aguardava a liberação, Russell falou com a imprensa. "Nenhum dos Angels foi declarado culpado por crime organizado. O Hell's Angels Motorcycle Club foi inocentado. O governo falhou em provar que o clube em si constitui um empreendimento ilegal."

"É fácil provar uma conspiração", continuou Russell, "e o governo falhou nisso após dois anos de investigação, milhões de dólares e a compra de testemunhas que foram reveladas mentirosas em seus depoimentos."

O custo do processo saiu caro para ambos os lados. Em nossa defesa, gastamos algo em torno de US$ 1 milhão a US$ 2 milhões, enquanto o governo gastou perto de US$ 3 milhões a US$ 5 milhões. Num dado momento, eu disse a eles que, se nos pagassem US$ 5 milhões, os Hell's Angels se comportariam feito um grupo de garotos cristãos escoteiros e eles nunca mais ouviriam falar de nós. Naquela época – 1979 – nós protagonizamos o maior julgamento da história do governo federal e também o mais longo processo criminal do RICO.

O desenrolar todo durou mais de um ano. Fomos presos em junho de 1979, o júri foi convocado em outubro, e o veredito foi declarado em julho de 1980. Eles mudaram o indiciamento três vezes, e o julgamento durou nove meses e meio.

A acusação ficou indignada e quis emplacar uma segunda rodada. Demos uma coletiva de imprensa para confrontar publicamente o custo e a duração do fiasco do caso. Oito Hell's Angels foram mantidos presos para o segundo caso, mas, ao invés de me julgarem novamente, eles expiraram as acusações contra mim. Porém, os Hell's Angels Burt Stefanson, Alan Passaro, Manuel Rubino e Ron Elledge acabaram multados e presos pela maioria das acusações por posse de armas depois de um segundo julgamento mais comedido. Embora eu tenha sido liberado em agosto de 1980, o segundo round foi outra grande perda de tempo e dinheiro.

Eu provavelmente jamais deveria ter sido incluído no caso original. Quando a coisa emergiu, eles me elegeram como o cara da linha de frente, o cara que eles queriam incriminar. O governo apostou suas fichas. Eles pensaram que nós íamos amarelar e dedar uns aos outros, que é o que aconteceu com a maioria dos casos RICO anteriores aos nossos.

Com a absolvição, fui até o Departamento de Trânsito e tirei uma carteira de motorista temporária. Eu não queria mais passar por qualquer coisa parecida

Eu após a sentença do caso RICO e treze meses na cadeia municipal de São Francisco.

novamente ou ser preso por qualquer coisa. Eu era considerado o motociclista mais descolado do país, e sequer possuía uma carteira de motorista. O noticiário me filmou indo embora na minha moto, como um homem livre... Um homem livre com habilitação.

Durante minha primeira noite fora da cadeia, Willie Nelson fez um grande show no Oakland Coliseum. Deacon e Fu promoveram o show através da Magoo Produções. O clube inteiro estava lá. Eu usava um enorme chapéu de caubói e bebia uísque de uma pequena garrafa enquanto Willie dedicava "Whiskey River" para mim e Sharon. Willie não escondia dos repórteres que era meu amigo e declarou à imprensa que estava feliz em finalmente me ver fora da cadeia.

Meses depois de toda a história, a imprensa teve uma segunda chance de cobrir os Hell's Angels quando eu fui convidado para comparecer a um restaurante em São Francisco a fim de participar de um almoço com uma associação de advogados criminalistas. O grupo normalmente promovia almoços com proeminentes juízes ou advogados como palestrantes convidados. Eu levei Cisco, Deacon, Fu, Mike e Sharon comigo ao evento. Quando chegamos lá, a casa estava lotada e os jornalistas compareceram em massa. Um advogado disse: "Não víamos uma virada de mesa dessas desde F. Lee Bailey."

Alguém me perguntou sobre o processo de recrutamento de novos Hell's Angels. "Nós não recrutamos", eu respondi. "Nós nos reconhecemos. Quando nos deparamos com algum de nós, ele então passa a fazer parte do grupo."

Durante o almoço, eu discursei para aquele grupo de advogados, vestidos com ternos e gravatas, sobre o RICO. Alertei a todos que o governo nunca ficará por cima ao espalhar mentiras a respeito de seus alvos. "O governo fortaleceu as nossas bases ao tentar nos incriminar. Eles nos uniram ainda mais e fizeram papel de palhaços tentando forjar todos os tipos de conspirações. Suas lorotas simplesmente não funcionaram".

Embora tenhamos vencido o caso, o lance do RICO pesou sobre os ombros do Hell's Angels MC. Durante o julgamento, perdemos mais de cinquenta membros só na Califórnia. Membros que não sacaram o jogo dos federais se sentiram intimidados, com medo de serem os próximos da lista caso continuassem no clube.

Todos que abandonaram o barco durante o caso RICO entraram na minha lista negra, como desleais, cagões e falsos irmãos. Recusei-me a manter qualquer tipo de contato com aqueles que desistiram. Existem duas opções: você pode deixar o clube de modo honrado, ou você pode ser expulso de modo desonroso. O clube permitiu que membros se desvinculassem e partissem, mas aos meus olhos, todos aqueles que caíram fora deveriam ser banidos, esquecidos, em respeito aos amigos leais como Johnny Angel e Big Al Perryman, que amargaram na cadeia com os melhores de nós.

Qual a conclusão do caso RICO? Eu sinto que nossa vitória impediu que o processo alcançasse aquilo que os promotores públicos desejavam, que era jogar por terra os direitos garantidos pela Primeira Emenda. Ao longo do processo, o governo planejava colocar uma porção de grupos marginalizados na cadeia e impedir que as pessoas se congregassem com quem bem entendessem. O lado criminoso do RICO poderia muito bem ter saído completamente do controle caso não tivéssemos feito o que fizemos e reagido àquela opressão.

"Não existe ninguém mais baixo nesse mundo do que um traidor do seu próprio clube... e isso inclui Anthony Tait."

13
TRAÍRAS, INFILTRADOS E INFORMANTES DO GOVERNO

Certa vez nos reunimos e elaboramos um perfil do típico traíra infiltrado nos Hell's Angels. Em geral, os traíras são os valentões que falam alto, e que curtem intimidar as pessoas e agir como durões quando estão em grupo. Eles estufam o peito e bradam sobre o quanto amam o clube e como estarão ao nosso lado para o resto de suas vidas. Quando eles fazem alguma merda e são pegos pelos gambés, ao invés de enfrentar a barra, eles caguetam os irmãos para salvar a própria pele. Numa organização como os Hell's Angels, que é baseada na irmandade, na liberdade e na palavra, um traíra é um verdadeiro inimigo.

Os informantes sempre querem estar ao lado dos vencedores.

Considerando toda a trajetória dos Hell's Angels ao longo dos anos e o número de membros que temos e já tivemos mundialmente, até que não foram tantos os desertores. Um já é muito para mim. Cuzões como Anthony Tait e George "Baby Huey"[1] Whethern se aproveitaram do clube e escreveram livros a respeito, e isso é uma parada que me deixa realmente puto. Jim Jim Brandes, o membro de Oakland que acendeu o estopim do caso RICO, acabou se revelando um traíra que passou informações do clube por alguns anos. Quando finalmente foi desmascarado, Jim Jim se enforcou na cadeia na noite anterior à sua sentença, ao invés de retornar à prisão com a pecha de informante.

---

1 Nota do tradutor: O apelido faz referência à aparência de George Whethern. "Baby Huey" era o personagem de um desenho animado popular nos anos 1950 nos Estados Unidos. No Brasil, foi ao ar com o nome de "Huguinho, o Bebê Gigante".

Tanto Wethern como Tait foram incluídos no Programa de Proteção à Testemunha. De acordo com o que os informantes da máfia me disseram, na condição de testemunha protegida, você permanece seguro somente até quando a polícia se cansa de mimar você. Aí é boa sorte, vire-se, e defenda-se por si mesmo.

Depois de atirar em seu amigo Zorro no começo dos anos setenta, George Wethern abandonou o *chapter* de Oakland e mudou-se com sua mulher e filhos para uma pequena cidade ao norte da Califórnia, chamada Ukiah, a pouco mais de cinquenta quilômetros de distância. Mesmo depois de sair do clube, Wethern continuou sendo uma pedra no meu sapato. Eu tinha minhas próprias batalhas judiciais para enfrentar. Estava com a corda no pescoço. Por que eu perdia meu tempo tentando manter o George afastado da cadeia? O que mais poderia acontecer?

É aqui que entra Whispering Bill[2] na situação.

Quando Wethern foi embora de Oakland em 1972, havia um membro chamado Bill Pieffer, mais conhecido como Whispering Bill. Bill passou pelo clube de Richmond antes de ser transferido para Oakland, e foi diagnosticado com um câncer de garganta em estágio tão avançado que sua morte chegaria logo. Whispering Bill vendia drogas para um cara que era proprietário de um enorme caminhão de diesel, e de acordo com relatórios da polícia, o sujeito estava devendo muito dinheiro para o Bill. Então os dois armaram um plano para explodir o caminhão do cara e pegar o dinheiro do seguro que pagaria a dívida ao Bill.

Quando o caminhão explodiu, a seguradora ficou seriamente desconfiada. Eles pressionaram o dono do veículo até que ele finalmente cedesse e admitisse que devia uma grana de drogas para o Pieffer. À época em que o Pieffer foi preso, ele sabia que tinha no máximo mais um ano de vida. Whispering Bill não queria passar seus últimos dias numa prisão fétida, portanto ele negou sua participação na explosão e me indicou como culpado. Por mais que os policiais quisessem acreditar nele, ao avançarem nas investigações, a história dele não se sustentava. Foi provavelmente uma das poucas ocasiões em que os policiais de fato me livraram de um crime sem me arrastar para a cadeia e me darem uma canseira antes.

---

2 Nota do tradutor: "Bill Sussurrante".

Whispering Bill finalmente admitiu a culpa, mas numa última manobra desesperada para se livrar da cadeia, ele ofereceu um pequeno mimo aos policiais em troca de um acordo. "Eu posso contar a vocês sobre dois corpos enterrados na propriedade de George Wethern em Ukiah."

Ele contou à polícia que dois motociclistas da Georgia foram supostamente enterrados em Ukiah. De acordo com os jornais que li mais tarde – e eu realmente desconhecia tudo isso – dois motociclistas estavam numa festa em Richmond quando um foi assassinado. Alguém matou o outro cara para evitar que a história se alastrasse.

A partir da letra dada por Whispering Bill, a polícia baixou no rancho do George em Ukiah com cães farejadores. Durante a busca na casa, os policiais encontraram certa quantidade de maconha. Isso colocou George numa fria. Eles falaram pro George que um flagrante por posse de maconha (sobre ele e sua mulher) significava que seus filhos seriam mandados para adoção. "Você nunca mais verá sua mulher", ameaçaram. "Ela vai apodrecer na cadeia assim como você, e nenhum dos dois voltará a ter contato com seus filhos."

George surtou e fez um acordo secreto. Em troca de revelar onde os corpos estavam enterrados, ele receberia uma sentença mais branda. Os jornais da Califórnia estamparam manchetes que diziam coisas como O CEMITÉRIO DOS HELL'S ANGELS e CORPOS ENCONTRADOS EM RANCHO EM UKIAH.

Quando levaram George e sua mulher presos, enviei Sharon para ajudar a cuidar dos filhos deles, mas ela foi tratada como se fosse uma inimiga. Por mais que eu achasse que éramos todos iguais, comecei a suspeitar de alguma coisa estranha. Descobri que Wethern e sua família haviam integrado o Programa de Proteção à Testemunha e que tanto Whispering Bill como George tinham me caguetado como o cara por trás dos corpos encontrados no rancho.

O caso acabou indo para o tribunal, e com a informação dada por Wethern, alguns Hell's Angels de Richmond foram culpados. Chegaram até a oferecer a um deles (o Rotten Richard) certas facilidades caso ele depusesse contra mim. Ele não aceitou a oferta, e continua preso por conta disso.

Sentindo-se acuado na cadeia local e provavelmente com peso na consciência por ter agido como um maldito traidor, George posicionou dois lápis afiados diante de seus olhos e bateu com a cabeça na mesa, furando seus dois globos oculares. Sua tentativa de suicídio deu errado, e ele ficou temporariamente cego.

O maior traíra de todos, no entanto, foi Anthony Tait. Alguns traíras se embrenham no circuito dos agentes da lei e passam a dar palestras nos departamentos de polícia a respeito dos perigos das "gangues de motociclistas fora da lei". Um tipo como Anthony Tait, um infiltrado traidor no HAMC, tenta se autopromover como um ótimo investimento para o governo vendendo a ideia de que ele sabe mais sobre os segredos íntimos dos Hell's Angels e a respeito de seu funcionamento do que qualquer outro cidadão no mundo.

Tait ingressou no *chapter* do Alasca em 1982. Ele acabou virando nosso representante na Costa Oeste em meados dos anos 1980. O clube o elegeu depois que ele se voluntariou para o trabalho. Ele sempre pareceu dispor de grana para viajar até a Califórnia ou à Costa Leste para as reuniões. Quando assumiu como representante da Costa Oeste, ele comprou uma moto zerada em Indiana, despachou, e deixou guardada por lá. A julgar pela maneira como ele esbanjava por aí, imaginei que ele lidasse com drogas ou algo do tipo. Eu não sabia que era a grana do governo.

Como representante da Costa Oeste, Anthony Tait ia muito à minha casa. Ele se vestia como um traficante alinhado, com correntes de ouro e anéis. Tait andava numa Harley full dresser e usava botas de caubói de cores claras, para que pudesse ser facilmente reconhecido nas fotos investigativas da polícia. Ele geralmente guardava sua moto numa loja da Harley em Oakland, então, quando chegava de Anchorage, bastava que dirigisse por uma curta distância do aeroporto até a sede do clube.

Tait não aguentava dirigir por longas distâncias numa motocicleta. Ele sempre passava mal e vomitava. Certa vez, participamos juntos de uma *USA Run*, e eu me lembro que Tait arranjou outro cara para dirigir a moto no lugar dele. Passamos um pano porque parecia que ele estava doente por alguma razão. Olhando agora, ele provavelmente estava com o cu na mão com a possibilidade de ter que acelerar tão rápido para acompanhar o trem. Ou talvez ele tivesse mesmo é medo de andar de moto, ponto final. Na época, não sabíamos que Tait era um traíra a serviço dos federais, apenas esperando por uma deixa para foder com o clube. Tait teve sua chance quando um Hell's Angel chamado J. C. Webb foi morto numa briga de bar.

Antes de entrar para o clube, Webb fora um membro do Outlaws MC no Kentucky. Se soubéssemos que ele era um ex-Outlaw, seu ingresso no clube jamais seria aprovado, para começo de conversa. Quando você aceita um membro que já fez parte de grandes clubes rivais, algum problema sempre acontece. No caso de J. C. Webb, algo ainda maior ocorreu.

Depois que realizamos nossa *USA Run* no Colorado, em agosto de 1986, a maioria de nós foi embora cedo direto para Oakland, para comparecer ao enterro de Doug "The Thug" Orr. Enquanto isso, J. C. Webb e sua companheira, Lori, resolveram dirigir sozinhos até o Kentucky para visitar seus parentes antes de voltarem ao Alasca.

Webb agiu discretamente, já que era um Hell's Angel entrando no território dos Outlaws. Enquanto bebia numa taverna chamada Fred's Bronken Spur Bar, Webb encontrou dois Outlaws de sua época. Aparentemente os três entraram numa discussão. A mulher de Webb então entrou no bar e se ligou que a situação estava tensa. A discussão continuou do lado de fora do bar depois que Webb puxou uma arma e apontou para um dos Outlaws, um cara chamado Little Ray Mullen – ou Cool Ray, como alguns o chamavam. O Outlaw tinha ordenado ao J. C. que jogasse seu *patch* dos Angels no chão e vazasse dali.

"Vá se foder", J. C. respondeu a Cool Ray.

Três disparos foram dados, e um deles atingiu Webb. O tiro foi fatal. Webb derrubou sua moto depois de tentar dar a partida, e acabou desmaiando e morrendo na área de estacionamento. Os Outlaws caíram fora, e a mulher de Webb pegou a arma dele e escondeu.

Recebi uma ligação dizendo que um Outlaw havia matado um Hell's Angel, portanto corremos até o Kentucky para investigar. As pistas eram extremamente escassas. Por sua vez, os federais, agarrando-se à oportunidade, convocaram seu capacho Anthony Tait para a missão.

Nós ainda não sabíamos que Webb tinha sacado a arma primeiro. Por quase um ano, cuidamos das questões relacionadas ao funeral e à investigação criminal. Num dado momento, Tait me abordou e perguntou o que o clube deveria fazer a respeito. Para ser honesto, por mais que os outros membros do clube estivessem putos, eu não compartilhava da mesma sede de vingança. Mas, como de costume, eu me coloquei à disposição para dar meu conselho. Achei que Tait já tinha tomado uma posição por si mesmo a respeito de como proceder. Então minha resposta foi simples: "Se o caso envolve dois Outlaws, então dê um tiro em cada um e fica tudo certo. Merda, esse negócio não é da minha conta, e vocês nunca vão descobrir os responsáveis por isso".

Baseado no meu comentário ao Tait, o FBI espalhou a informação de que os Outlaws e os Hell's Angels estavam prestes a travar uma guerra. Aquilo nem de longe era verdade. Sim, tínhamos disputas pessoais e tudo mais, só que não se tratava de uma guerra. O cara que atirou no Webb acabou confessando a culpa por algo que basicamente foi um confronto justo. Quando a fumaça começou a baixar na investigação, e quando nós descobrimos que Webb havia sacado a arma primeiro, comecei a juntar as peças. Deveria estar claro para Tait a decisão a ser tomada.

Tait, por sua vez, viajou por todo o país, de *chapter* em *chapter*. Ele foi até um dos *chapters* e disse que precisava de alguns explosivos. Daí chegou em outro pedindo armas. Então, acabou comprando umas anfetaminas de uns membros do clube de Oakland. Toda vez que Tait e eu sentávamos para discutir assuntos do clube, ele pegava seu pager e colocava entre nós na mesa. Hoje em dia eu suspeito que aquilo era uma escuta.

Se existia uma grande guerra conspiratória entre os Angels e os Outlaws, por que Tait abordava os Hell's Angels individualmente ao invés de convocar uma reunião geral? Afinal, ele era nosso representante na Costa Oeste. Acredito que a resposta é a seguinte: se ele tivesse colocado esse assunto como uma pauta do clube, não haveria um consenso. Como Webb era um membro ativo do Alasca, na pior das hipóteses, alguém do Alasca poderia ter simplesmente atirado em algum Outlaw e passado a régua em toda a treta.

Integrantes de vários *chapters* ao redor do país (Alasca, Califórnia, Carolina do Norte e do Sul e Kentucky) caíram na armadilha do governo. Em junho de 1987, o FBI admitiu ao seu informante que eles não possuíam evidências o suficiente para me prender, uma vez que eu não havia propriamente conspirado com ninguém. Durante o desenrolar da novela, meus conselhos eram todos para que Tait fizesse a porra que bem entendesse a respeito. O tempo urgia; o governo precisava de mais evidências para me pegar.

Sharon e eu tínhamos acabado de voltar de Fremont quando Tait apareceu na porta da minha casa. Ele entrou anunciando sua partida para Chicago com o objetivo de explodir a sede do clube dos Outlaws, e trazia consigo fotos do lugar. Na hora de sua partida, por sorte, ou talvez por instinto, eu o lembrei de levar embora suas fotos. Aquilo poderia ser usado mais tarde como evidência contra mim. Ele ficava me dando detalhes de seu plano em Chicago. Ele queria conselhos, sugestões, qualquer coisa.

"Se é isso que você acha que deve fazer, então faça", eu falei pra ele.

"Pode ser que alguns inocentes paguem o pato", ele replicou.

"Esse é o preço que se paga por andar com caras como aqueles."

Então veio a tática derradeira. Tait disse que tinha feito reserva num hotel no centro de Oakland, e me pediu para ir até lá e dar uma bagunçada no quarto assim que ele partisse, só pra deixar a impressão de que ele dormiu no pico. Este seria seu álibi. A camareira confirmaria que arrumara a cama pela manhã.

"Pode deixar que eu cuido disso", falei.

Tait partiu. O FBI instalou escutas e câmeras no quarto do hotel e reservou o quarto do outro lado do corredor. O problema é que eu não fui até lá. Ao invés disso, enviei um membro de Oakland chamado Irish O'Farrell para bagunçar o lugar e molhar as toalhas.

"Olha só", eu disse ao meu camarada Irish, "pega essa grana. Vá com a sua mulher até lá, leva um vinho, peça algum serviço de quarto, e divirta-se. Apenas aproveite a oportunidade e depois vá embora". Irish fez exatamente isso. Já estava tudo pago pelo Tait.

A sede dos Outlaws nunca foi explodida, mas eu fui preso por conspiração incendiária interestadual. E como eu havia mandado o Irish até o hotel, ele acabou preso como cúmplice da conspiração. Em outra tentativa de me afastar e destruir o clube, os federais decidiram emplacar nosso caso de conspiração em Louisville, no Kentucky, certos de que seríamos declarados culpados por lá. Cerca de trinta e cinco pessoas (incluindo vinte e dois Hell's Angels) foram acusadas de conspiração, deflagrada por conta do assassinato de J. C. Webb e baseada na informação com que Anthony Tait supriu os federais a respeito do suposto atentado. Irish e eu fomos presos em novembro de 1987 e levados a São Francisco. A pior acusação contra nós era a de transportar explosivos através das fronteiras do estado com a intenção de matar, mutilar ou causar ferimentos às pessoas. Normalmente você não pode ser culpado por um crime federal a não ser que envolva conexões interestaduais. De acordo com o FBI, uma vez que a sede do clube dos Outlaws em Chicago era um lugar onde membros de

Ralph "Sonny" Barger

Michael "Irish" O'Farrell, membro do clube de Oakland.

outros estados iam para visitar e passar a noite, tecnicamente tratava-se de uma conexão interestadual. Pois é, forçaram a barra.

Tudo aquilo era uma grande piada. Nem me preocupei em lutar pela extradição. Eu disse à magistrada que enfiasse no cu dela e me mandasse logo para o Kentucky.

Passados cinco meses, dos vinte Hell's Angels levados a julgamento, dezoito foram declarados inocentes. Irish e eu fomos declarados culpados de conspiração com objetivo de violar o estatuto federal e cometer assassinato.

Soltos sob fiança, nós retornamos à Califórnia para cuidar das nossas coisas. Irish acabou sendo enviado a uma prisão federal de segurança máxima em Atlanta; e eu, para uma penitenciária federal em Englewood, Colorado.

Duas semanas antes de irmos para a cadeia, Irish e eu marcamos uma celebração à noite com um pessoal, para curtir e fazer um último jantar em grupo. Reservamos uma mesa num restaurante e aguardávamos pelo Irish quando recebemos uma ligação de sua namorada.

Más notícias.

Irish passara o dia todo enchendo a cara num bar e acabou arranjando treta com um ex-presidiário que ele conhecia. Irish chamou o cara para a briga. Evidentemente eles já tinham saído na mão antes e o sujeito não quis dar a chance de Irish bater nele de novo. Ele matou o Irish no estacionamento, esfaqueando-o repetidas vezes nas costas, peito e pescoço. Com Irish caído no chão, deu quatro tiros em suas costas com uma pistola calibre .25.

Enquanto eu fazia os arranjos finais antes de partir para a prisão, enterramos o Irish. Foi um sentimento estranho. Mais um dedicado Hell's Angel estava morto.

Até hoje, os visitantes do meu website, sonnybarger.com, continuam publicando mensagens como "Foda-se Tait", sobre aquele traíra maldito.

Eu nunca serei capaz de entender por que os policiais acolhem esses patéticos oportunistas. Já vimos assassinos frios sendo soltos da cadeia em troca de testemunhos contra os Hell's Angels por envolvimento com drogas. Quais são as prioridades do governo? Teve um cara que negociou seu testemunho contra nós em troca de ser inocentado de múltiplas condenações por assassinato (incluindo a morte de um homem de setenta anos durante um período de soltura). E ainda por cima ele recebeu todas as suas armas de volta, mais um cachê de US$ 100.000. Quem é pior? Os traíras ou os agentes da lei com suas maquinações?

Fosse transpondo sentenças na cadeia, acidentes de moto ou tretas brutais, como um gato com mais uma vida para viver, eu sempre consegui dar a volta por cima, subir na minha moto e seguir em frente. Eu era capaz de peitar os juízes, informantes e motociclistas rivais olhando bem dentro de seus olhos. Até que um dia chegou o momento de enfrentar a maior batalha da minha vida... Contra um inimigo invisível instalado dentro do meu próprio corpo.

De volta para a estrada, um mês depois da cirurgia de 1982.
(foto: cortesia de Keith Allende)

14

TAZ VENCE O CÂNCER

Eu tive minha dose de batalhas: policiais, mulheres, prisões, o governo, clubes rivais, informantes. Mas nenhuma batalha foi maior do que uma que enfrentei em 1982. Meu aniversário de 44 anos estava se aproximando quando tudo veio abaixo.

Voltei para Cleveland naquele ano quando um membro do clube chamado Jack estava sendo julgado pela morte de um integrante dos Outlaws. Eu senti uma forte dor de garganta ao longo do julgamento, mas estava nevando e eu imaginei que tinha algo a ver com o mau tempo. Depois que o julgamento de Jack terminou com sua absolvição, decidi acompanhar outra sessão em Akron (Ohio). Um Hell's Angel chamado Jimmy tinha uma audiência por conta de um lance envolvendo registros de veículo, nada demais. A parte ruim é que ele teve que ficar atrás das grades enquanto seu advogado preparava a apelação. Dei as caras para ver se havia algo que eu pudesse fazer para corrigir a situação.

Akron era território dos Outlaws. Durante a apelação do Jimmy, instalei-me numa casa segura e agilizei um esquema para a Sharon voar ao meu encontro. Ela chegou do aeroporto de Cleveland. Ao caminhar em direção à porta da frente, armas pipocaram de todas as janelas. Sua primeira reação (uma atitude esperta) foi correr para dentro de modo a evitar ficar na linha de tiro. Ela entrou com tudo pela porta da frente. Eu estava sentado no primeiro degrau da escada, acabado, e com as mãos na orelha.

Sharon ficou brava, e com razão.

"Com qual garota eu devo ficar brava por não ter te alimentado e por ter deixado você ficar doente desse jeito?", ela perguntou.

Uma semana depois, nosso voo de volta à Califórnia apenas fez com que minhas dores de garganta e ouvido piorassem. Passei cinco meses me sentindo que nem merda. Chega de viagens por um tempo, pensei. Eu tinha uma espécie de bolota bloqueando minha garganta, e me recusava a ir ao médico. Bebia dois frascos de Chloraseptic[1] todos os dias só para que pudesse falar. Eu ficava sem voz depois de cada reunião do clube. Sharon me deixava quieto e assumia as coisas da casa, cuidando para que o nosso novo cachorrinho, que eu tinha trazido conosco, não fizesse barulho ou me importunasse. Meu humor mudou como consequência de como eu me sentia, e o negócio estava ficando perigoso.

Por exemplo, tínhamos um novo armário para o banheiro e Sharon pediu a dois membros que fossem em casa instalá-lo. Quando eles terminaram o serviço, fui lá ver como tinha ficado e achei que estava muito próximo dos canos. Num surto de raiva, peguei um machado na garagem, arranquei o armário inteiro da parede e o lancei no meio da rua.

Em outra oportunidade, a Sharon chegou em casa e encontrou todas as gavetas da cozinha jogadas no chão. Os talheres e todos os utensílios estavam espalhados pela cozinha. Eu tinha aberto as gavetas para procurar algo e encontrei as coisas um pouco desorganizadas e bagunçadas. Daí eu esvaziei tudo ao estilo Angels. Sharon possuía aquelas elegantes tampas de cerâmica para as bocas do fogão. No mesmo ataque de raiva eu peguei uma marreta e detonei tudo, esmigalhando em pedacinhos. Então, pra completar, também destruí o fogão.

Alguma coisa terrível estava me consumindo. Eu era um Hell's Angel, considerado um perigo para a sociedade e impossível de se conviver. Eu ainda me recusava a ir ao médico porque tinha plena certeza de que logo me recuperaria. A verdade é que só piorava.

Um farmacêutico amigo da Sharon permitiu que ela consultasse seus livros médicos. Eles checaram as informações e suspeitaram que eu estivesse com câncer na garganta. Afinal de contas, eu fumava Camels há trinta anos, três maços por dia, sem filtro. Sharon tentou falar com alguns médicos ao telefone.

"Ele não quer marcar uma consulta", ela dizia para eles. "Você não pode ao menos escutar a sua voz no telefone?"

Eles acharam aquilo um absurdo. "Traga-o aqui", eles respondiam.

---

1 Nota do tradutor: Popular analgésico para dor de garganta nos Estados Unidos.

Sharon tentou de tudo para me convencer. Ela chamou membros como Jim Jim e Tom para tentarem me fazer mudar de ideia. Embora tivessem boas intenções, eles diziam coisas malucas para mim, como "Olha aqui, Sonny, nós vamos ficar muito bravos se você estiver com câncer". E então iam embora, fazendo com que eu me sentisse pior ainda.

Sharon e sua amiga Linda finalmente pegaram a lista telefônica, marcaram uma consulta com um otorrinolaringologista perto de casa e decidiram que me levariam ao médico, mesmo que fosse preciso armar algum plano para isso. No dia da consulta, Sharon vestiu uma roupa bem sensual e chegou falando que a amiga dela ia passar em casa para levar a gente num certo lugar. A amiga dela era um arraso e a Sharon estava toda sugestiva, lasciva e disponível, então eu dei um salto da cama e me vesti numa velocidade impressionante.

Eu estava crente de que o destino era a casa da amiga dela, onde rolaria um pouco de ação, quando de repente saquei que tínhamos estacionado na frente de um consultório médico. Já que estávamos lá mesmo, joguei a toalha. Ao ver a expressão na cara do médico que examinava minha garganta, imediatamente me liguei que estava em apuros. Eu fiquei tentando me enganar. Tipo, não tem ninguém doente aqui!

No dia seguinte me levaram para uma clínica, onde o médico fez uma biópsia. Tive que esperar duas semanas pelos resultados. Duas malditas longas semanas.

Meus piores medos se confirmaram.

O médico falou que eu já estava nos estágios finais de um câncer de laringe. É por isso que meu ouvido doía tanto. O câncer progrediu muito rápido e aparentemente já havia se espalhado pela parte de cima e debaixo da minha garganta.

"Por que você não veio antes ver esse negócio?", ele questionou.

"Eu suspeitei que fosse algo sério", confessei, "mas eu achava que uma operação só pioraria o câncer, fazendo com que se espalhasse por todo o meu corpo. E então eu morreria com certeza."

O médico me encaminhou para o Centro Médico da Universidade da Califórnia em São Francisco, que dispunha de um corpo médico de dez doutores especializados em tumor. Meu médico no CMUC agiu com rapidez. Minha situação era tão grave que eles armaram imediatamente os preparativos para uma cirurgia, explicando que eu poderia parcelar o pagamento, de acordo com a minha situação financeira. Sharon explicou que eu era um veterano, e que não tinha como arcar com as taxas do parcelamento. Eles disseram a ela que eu poderia então tentar uma solicitação junto à Associação dos Veteranos. A cirurgia custaria US$ 100.000, então eles interromperam o processo e encaminharam minha documentação para o hospital Fort Miley, da Associação dos Veteranos em São Francisco.

Quando a Sharon me contou que eu seria transferido para o hospital da AV, argumentei contra. Minha ideia de um hospital da AV era um edifício sombrio com amputados transitando em cadeiras de rodas, um lugar aonde soldados velhos iam para morrer. Sharon se encontrou com os médicos de Fort Miley e alertou o pessoal para tomar cuidado com o meu comportamento agressivo. Saí do CMUC e fui visitar o hospital da AV. Depois da biópsia, eles apenas sugeriram que eu fosse para casa, ficasse de boa, descansasse e curtisse por alguns dias.

"Devo parar de fumar?"

"Não se preocupe com isso por enquanto."

Pelo andar da carruagem, minha expectativa de vida era de somente mais algumas semanas. Fiquei realmente aborrecido. Lá estava eu prestes a morrer, com pouco ou nada de tempo para sair por aí acabando com a raça de todo mundo que eu não gostava.

Quando dei entrada em Fort Miley, a notícia vazou na mídia. O HELL'S ANGEL SONNY BARGER É DIAGNOSTICADO COM CÂNCER. Os federais logo começaram a sondar o hospital buscando acesso ao centro administrativo para reunir o máximo de informação possível a meu respeito. Repórteres televisivos apareceram com suas equipes. Finalmente o diretor do hospital ficou de saco cheio e expulsou a imprensa e os federais. A AV prezou pela minha privacidade e não compartilhou minhas informações.

Meu médico explicou todo o procedimento e falou que se fosse preciso remover minha laringe ele tentaria ao máximo preservar os músculos do meu pescoço. Ele disse que, após a minha recuperação – caso eu me recuperasse – eu provavelmente não seria mais capaz de levantar o braço à altura da cabeça, muito menos dirigir uma moto, em razão dos danos aos músculos da minha garganta e ombro. Com uma garganta como a minha – absolutamente danificada por um câncer avançado –, meu médico pressupôs que os pulmões também já tivessem ido pro saco. Quando vítimas de câncer de garganta são operadas, eles arrancam tudo de um lado, costuram você, esperam uma semana, e depois repetem o procedimento para arrancar a outra parte.

Conversei com uma nutricionista antes da operação: "Olha", eu disse a ela, "eu sou um filho da puta enorme, um peso pesado, e você não vai conseguir me alimentar o bastante". Ela me passou porções dobradas. Quando fui ligar para a Sharon do orelhão da área dos pacientes, tinha um paciente indignado gritanto ao telefone. Ele estava zangado.

"A comida é horrível, os médicos são intolerantes e eu vou embora daqui assim que desligar esse telefone. É melhor que você esteja lá na porta para me buscar!". Ele estava fora de controle, do mesmo jeito que eu nos meses anteriores.

Vendo aquele cara tentando arrancar o telefone da parede, eu pensei, "cara, é tudo uma questão de como você encara a vida". De repente, passei a confiar nos meus médicos. Eles iam me dar comida em dobro, eles me tratavam respeitosamente, e eles iam fazer o melhor que pudessem. Foi quando eu decidi que venceria aquele monstro, o maldito câncer.

Fiquei angustiado com a anestesia, preocupado com o lance de ficar totalmente dopado. Algum agente do governo poderia tentar entrar escondido no meu quarto e extrair umas informações de mim. Coloquei os Hell's Angels de Oakland de guarda na porta do quarto, vinte e quatro horas por dia, em duplas. Os Angels se deram bem com a segurança do hospital e foram bem-sucedidos em manter a polícia, os repórteres e os oficiais do governo afastados. Minha papelada médica jamais circulou pelo hospital. Se precisassem consultar minhas informações, alguém tinha que levar pessoalmente em mãos a cada exame agendado.

Fui até a sala de operação na cadeira de rodas, fumando um Camel. Entrei na faca por oito horas e meia: eles foram minuciosamente cortando em volta de cada músculo do meu pescoço como prometeram, preservando o máximo que podiam, removendo minhas cordas vocais e gânglios linfáticos. Foram meus linfonodos que salvaram a minha vida; eles fizeram seu trabalho e absorveram as células cancerígenas invasivas. O que os médicos suspeitaram que fosse um tumor era na verdade um linfonodo inchado. O câncer não conseguiu se espalhar pelo resto do meu corpo. Meus pulmões ainda estavam em boa forma.

Após a cirurgia, repousei na cama do hospital, incapaz de falar. Lurch postava-se à porta em vigília, então eu lhe escrevi uma mensagem num pedaço de papel.

"E aí, Lurch, tudo bem com você?"

Lurch olhou pra baixo e viu o papel. Lambeu a ponta do lápis, escreveu alguma coisa e repassou o papel para mim.

"Tudo bem, Chefe". Até na hora de escrever, Lurch era um cara de poucas palavras.

Escrevi de volta, "Eu posso ouvir. Só não posso falar!"

Depois que eles extirparam o câncer, fui mandado de volta para o CMUC, onde me encaminharam ao centro de radioterapia. A sala de radioterapia não era nenhuma brincadeira. Eu vi criancinhas bem debilitadas na sala de espera, cujas cabeças raspadas ostentavam um X tatuado bem na região onde aplicariam o tratamento de radiação. Eu já tinha muitas tatuagens, e trazia apenas duas pequenas marcas no pescoço, o que permitiria ao médico aplicar a radiação sempre no mesmo local.

Passei por trinta e sete sessões de radioterapia. Algumas vezes as máquinas estavam quebradas e foi preciso remarcar as sessões. Eu me acomodava na sala de espera e ficava escutando as pessoas mais velhas reclamando e xingando, enquanto as crianças que levavam uma vida incerta riam e corriam pelo lobby. Isso colocou as coisas em perspectiva para mim outra vez. Eu queria viver novamente.

Viver sem cordas vocais significava ter que reaprender uma porção de coisas básicas: comer, respirar e se comunicar. Quando você engole comida ou ar, suas cordas vocais determinam para qual direção irá a comida ou o ar, rumo aos seus pulmões ou seu estômago. Se você come um pedaço de bife, seu cérebro automaticamente informa suas cordas vocais para que fechem os pulmões. Quando você bebe um copo de água e engasga, isso significa que o sinal não foi reconhecido com rapidez o suficiente pelo cérebro e, portanto, o líquido seguiu pelo caminho errado. Quando você inspira, suas cordas vocais automaticamente fecham o acesso ao seu estômago. Ao ter minhas cordas vocais removidas pelos médicos, fiquei com um caminho aberto tanto para o estômago como para os pulmões. Foi preciso reaprender a comer.

Também tive que aprender todo um novo método de comunicação. Eles fizeram um buraco na parte da frente do meu pescoço, conectando a traqueia ao meu pescoço. Quando me recuperei, eles fizeram outro buraco na parte de trás na minha traqueia e inseriram uma válvula de plástico de mão única na parte da frente do meu esôfago. Quando eu fecho com o dedo o buraco da minha garganta, o ar não consegue sair, armazenando-se na válvula. Então eu vibro um músculo da minha garganta, que produz o som que você escuta quando eu falo. Eu tenho que substituir a válvula mais ou menos a cada noventa dias. Ela vai se desgastando.

As pessoas dizem que eu falo como o Marlon Brando em *O Poderoso Chefão*. Embora exista uma certa aspereza em minha voz, eu posso me expressar livremente, e não dói. O único som que não consigo pronunciar é a letra h. A comunicação virou uma reação física. Ao longo dos anos, tornou-se automático o hábito de levar a minha mão à garganta enquanto eu estou pensando em algo que quero dizer. Algumas pessoas criticam que eu desenvolvi certo comedimento com as palavras. Você não faria o mesmo?

Ninguém apostou que eu sobreviveria, me recuperaria sozinho e ficaria ainda mais forte. No dia em que deixei o hospital, subi na minha moto, sentindo-me completamente energizado. Eu tinha vencido o câncer. Antes da operação, eu conseguia levantar 84 quilos em dez repetições. Quando saí do hospital e voltei a fazer academia, passei a levantar 130 quilos, e ainda consigo.

Por causa da minha garganta, comecei a usar um capacete que cobre a cabeça inteira e instalei um pára-brisas na minha moto. Um adesivo no pára-brisas informa às pessoas que eu fiz uma laringectomia e que respiro pelo pescoço. Do lado deste adesivo na minha Harley FXRT, tem outro adesivo do personagem de desenho animado Diabo da Tasmânia. Alguns dos integrantes do clube me deram um novo apelido: Taz. Por causa da minha voz rouca.

De vez em quando, eu vejo imagens de um antigo vídeo meu na televisão e escuto minha voz original com aquele sotaque californiano anasalado. Mas, acredite ou não, a qualidade da minha voz hoje em dia é melhor do que antes da cirurgia. Minha vida foi salva pela Sharon e pelo fato de que minha cabeça funcionou do jeito certo e eu permaneci ativo. Andar bastante de moto e não ficar entocado em casa me ajudou a desenvolver uma ótima capacidade pulmonar. E aquele Camel que eu fumei a caminho da sala de cirurgia foi o meu último cigarro, ponto final, caso encerrado, finito.

Os Hell's Angels de Oakland e alguns amigos, em 1995.
(foto: Tina Hager)

15
OAKLAND NO RETROVISOR, ESTRADA CAREFREE PELA FRENTE

Fui enviado ao Instituto Correcional Federal de Englewood, Colorado, depois da minha condenação por conspiração incendiária em 1987. O promotor do governo em Louisville redigiu uma carta para o departamento de prisões alertando-os acerca do fato de que eu era o "líder dos Hell's Angels". Ao chegar lá, eles não quiseram me aceitar. De acordo com a carta, eu não poderia integrar uma atmosfera de clube de campo, que é como eu dificilmente descreveria Englewood. Quem quer ficar no Colorado em pleno inverno, com neve até o pescoço? Então me transferiram para o Instituto Correcional Federal de Phoenix.

Eu estava meio inseguro a respeito do Arizona porque não sabia como a minha garganta reagiria ao clima seco do deserto. Eles me deram uma cela com uma janela, que me deixavam manter aberta, com permissão para amenizar o sistema de ar condicionado usando um gerador Honda para fazer funcionar um umidificador de ar. No fim, adaptei-me ao clima rapidamente. Hoje, até prefiro um clima mais quente e seco.

Durante meu primeiro inverno em Phoenix, a temperatura chegava a atingir 32 graus. Enquanto isso nevava como se não houvesse amanhã no Kentucky, onde eu fui condenado. Vestindo um shorts e exibindo um belo bronzeado, eu deitei no gramado sobre uma colorida toalha de praia, bebendo uma lata de Coca. Um amigo tirou uma foto minha assim. Eu revelei a foto e mandei pelo correio para Cleveland Gamble, o líder da promotoria no meu julgamento por conspiração, no gélido Kentucky. Na foto estava escrito: "Estimado Cleve: Inverno em Phoenix. Grato, Sonny Barger."

Ralph "Sonny" Barger

A foto que mandei para o promotor de Louisville, para ilustrar o final do inverno no Instituto Correcional Federal de Phoenix, em 1987.

Eu cumpri minha pena em Phoenix sem nenhum incidente e saí em 1992. No total, foram cinquenta e nove meses. Fui solto por bom comportamento.

A Harley-Davidson parou de fabricar minha moto preferida, a FXRT, em 1992. Se você quisesse uma, tinha que pesquisar – elas eram muito difíceis de achar. Um amigo que era dono de uma loja da Harley no Vale Central da Califórnia encontrou uma das últimas FXRTs em Los Angeles e levou até Oakland para mim. Ele deu uns toques finais nela, como um carburador Screaming Eagle, mas não foi instalado direito e estava dando problema. Fui até a casa do Deacon para dar um jeito no carburador. Liguei para o Cisco no clubhouse de Oakland para avisá-lo que chegaria um pouco atrasado. Se o clube tivesse alguma coisa para fazer, eles poderiam seguir em frente sem a minha presença.

"Nem a pau", falou Cisco. "Vamos esperar pela sua chegada, Chefe."

Acabou que uma centena de camaradas esperava por mim quando eu cheguei, ao lado da minha nova FXRT. Uma grande festa com o tema de "Bem-vindo de

Volta, Sonny" (organizada pela Sharon e meu irmão de Oakland Guinea Colucci) estava prestes a começar na área rural de Hayward. Eu queria poder dizer que foi uma surpresa, mas eu vi a nota em duas revistas de moto. Subi na minha nova motocicleta e todo o clube dirigiu junto até Hayward como nos velhos tempos.

A festa atraiu cerca de cinco mil pessoas. Eu estava tecnicamente violando minha condicional ao me reunir com milhares de conhecidos "foras da lei". Mas que se foda, eu prometi que nunca mais passaria um dia sequer na cadeia. Até o diretor em Phoenix ligou e perguntou se eu podia descolar pra ele algumas camisetas da festa com a estampa de "Bem-vindo de Volta, Sonny". Foi uma festa daquelas, a maior de todas as que eu já participei. A imprensa estava lá, e a polícia também, acampada numa área aberta do outro lado, tirando fotos, gravando vídeos e checando as carteiras de motorista do pessoal.

Falei para a galera do clube de Oakland que, se algum dia tivéssemos um *charter* no Arizona, eu me mudaria para lá. O Dirty Dozen Motorcycle Club fez um pedido para se converter em Hell's Angels em 1994. Eles eram amigos e aliados, em atividade no Arizona por mais de vinte e cinco anos. Eles não possuíam *charters* fora do Arizona e raramente viajavam para fora do estado na condição de clube. O desejo deles era de se tornarem nacionais, e a maneira mais fácil era se juntar a um clube que já gozava de abrangência mundial. E esse clube era o Hell's Angels.

Uma vez que o Dirty Dozen virou *prospect* do HAMC, eu fiquei de fora das políticas. Quando eles se tornaram oficialmente Hell's Angels, entrei com meu pedido de transferência. O clube de Oakland ficou chocado quando eu me levantei durante uma reunião em agosto de 1997 e requisitei uma carta de transferência. Cisco achou que era brincadeira e perguntou quem mais queria se transferir. Johnny Angel levantou a mão. Como eu era um membro destacado, eles me concederam a carta. Dez dias depois do meu aniversário de sessenta anos, em 18 de outubro de 1998, me tornei oficialmente um Hell's Angel do Arizona, do *chapter* de Cave Creek.

Oakland agora era passado. Eu carreguei um trailer com todas as minhas coisas que estavam em Golf Links. Eu tinha vendido a casa de Golf Links – meu lar por trinta anos – para um membro do clube, mantendo-a como uma marca registrada no seio da família Hell's Angel.

Eu me dou bem com o deserto; é a nova Califórnia. É vasto e livre. O clubhouse de Cave Creek não fica longe da minha nova casa. Existem *chapters* dos Hell's

Angels nas cidades de Phoenix e Mesa, assim como Nomads em Flagstaff. Todos são ex-*chapters* do Dirty Dozen. Quanto mais motociclistas, mais diversão.

O Sudoeste é uma área em expansão para os Hell's Angels, já que pretendemos chegar ao Novo México e Colorado. Estamos trabalhando nisso para valer, porque não somos nem da Costa Leste nem da Oeste. Somos do Sudoeste, e nossa presença aqui representa uma nova fronteira. Para chegar ao Colorado e Novo México, sinto que precisamos marcar presença em eventos como a Four Corners, de modo a colaborar para o crescimento do clube. Precisamos criar nossas próprias *runs* e atividades a fim de atrair novos *charters*, e estou tentando contribuir para que isso aconteça.

Quando piloto minha motocicleta pela região onde vivo, passo pelo Instituto Correcional Federal onde fiquei por quase cinco anos. Cruzando a Estrada Carefree, olho para a direita e lá está a prisão. É ótimo estar livre.

Certa manhã eu estava dirigindo na Carefree quando um xerife viu meu *patch* dos Angels e quis embaçar na minha. Ele piscou sua lanterna e me fez encostar. Mostrei a ele a minha habilitação. O xerife olhou para a minha carteira de motorista, balançou a cabeça e olhou de volta para mim. Ele murmurou alguma coisa para si mesmo e foi até o rádio.

Rapidamente um policial de Phoenix chegou. Ele caminhou na minha direção e disse, "Deixe-me ver a sua habilitação da Califórnia."

"Oficial, eu não tenho uma habilitação da Califórnia. Eu tenho uma habilitação do Arizona."

O policial de Phoenix tirou os óculos de sol. "Você está tentando me dizer que você, Sonny Barger, agora é um residente do Arizona?"

"Eu tenho uma casa no Arizona, minha moto está registrada aqui, e eu possuo uma habilitação do Arizona. Se isso significa que sou um residente, então a resposta para a sua pergunta é sim."

Ele foi novamente ao encontro do xerife e os dois trocaram algumas palavras. Aí ele veio.

"Vou te deixar ir embora com uma advertência dessa vez". Ele saiu andando e, de repente, virou-se e disse, "E bem-vindo ao Arizona, Sr. Barger".

A imprensa publicou alguns artigos sobre a minha chegada. Depois que as histórias se espalharam, a polícia local estacionou na minha porta. Um guarda abaixou o vidro do passageiro e tirou fotos da minha casa, garagem e jardim. Quando liguei para a delegacia perguntando o que diabos estava acontecendo, eles disseram que não sabiam do que eu estava falando. Liguei para um repórter do *Phoenix Republic*, e depois de apurar, ele voltou com a mesma história: nenhuma foto foi tirada, não estavam me vigiando, nada jamais acontecera.

Olhando para trás, ao longo dos mais de quarenta anos no clube, eu quase posso dividir as fases por décadas. Formamos o clube nos anos cinquenta para festejar e andar de moto. Durante os psicodélicos anos sessenta, os Hell's Angels viraram uma lenda. Cidadãos, policiais e escritores passaram a divagar e a fantasiar sobre os *patches* que usávamos. Em suas mentes corrompidas, inventavam o que bem entendiam a nosso respeito. Os filmes venderam a imagem de que éramos os malucos mais selvagens que já passaram pela face da Terra desde Genghis Khan e seus guerreiros.

Os anos setenta foram uma era gângster para nós. Eu vendi drogas e me meti em um monte de encrencas. Os outros clubes tentaram acabar com a nossa moral. Os negros e os latinos não gostavam da gente; os brancos tinham medo de nós; os hippies se afastaram; os caipiras também não nos suportavam mais. Éramos odiados por todos. Ficamos isolados.

Os anos oitenta foram o período em que pagamos por todo e qualquer crime que cometemos e alguns que não cometemos. Com coisas como as acusações por conspiração, a década de oitenta representou um extenso borrão marcado por julgamentos. Alguns dos informantes bancados pelo governo eram sorrateiros e determinados a nos destruir. Foram esses tipos que se revelaram os traíras mais fétidos.

Em 1998, celebramos o quinquagésimo ano dos Hell's Angels como um clube. Uma enorme festa foi organizada em nosso local de nascimento – San Bernardino – e Hell's Angels de todos os cantos viajaram até a sede do clube em Berdoo. Dezenas de Hell's Angels de Oakland seguiram em massa pela chuvosa Estrada 5. *Chapters* de regiões tão longínquas como o nordeste dos Estados Unidos e o Canadá pilotaram em grupo até a festa. *Chapters* estrangeiros voaram até lá, cruzando o país em motos alugadas. O ambiente do bar no clubhouse virou um museu, com

Ao lado da minha esposa Noel.
(foto: Justice Howard)

placas e outros adereços espalhados. Membros de todo o mundo tiveram a oportunidade de beber cerveja juntos. Alguns clubes simpatizantes da Grécia e da Itália – interessados em se converter em futuros *chapters* dos Hell's Angels – apareceram para mostrar seu respeito. Eu posei para muitas fotos, ao lado de membros jovens e velhos. Centenas de Hell's Angels estavam presentes, sem contar com as dezenas que foram barrados nas fronteiras ou na alfândega e não puderam comparecer. Nos fundos da sede, havia muitas motocicletas estacionadas, com tanques de gasolina lindamente pintados e cromos reluzentes.

Naturalmente, os policiais estavam de olho. Os federais canadenses tinham alugado um prédio ao lado do lugar da festa e ficaram a postos com seus blocos de notas e instrumentos de vigilância. Cinquenta anos depois, os policiais continuavam curiosos a nosso respeito. Mais cedo naquele ano, as autoridades estaduais e federais deram uma batida na sede do clube em Oakland. Mas ao invés de procurarem por armas e drogas, eles levaram embora nossas CPUs e armários com arquivos.

Perto da virada do século, caramba, nós vivemos de tudo. Andar de moto e festejar continuava sendo a razão mais importante para se tornar um Hell's Angel. Além da irmandade. Contamos com uma porção de jovens membros que seguram a onda e mantêm a tradição de organizar *runs* e festas da pesada. Essa, afinal, é a base sobre a qual originalmente assumimos a forma de um clube. É bom demais estar em casa novamente e seguindo o caminho certo.

Em 1999, eu finalmente cruzei o oceano para participar de uma *run* na Europa. Desembarquei em Zurique acompanhado de Johnny Angel e Joe Richardson, ambos membros do *chapter* de Cave Creek. Johnny é o nosso representante americano na Europa. Acho que se pode dizer que eu era o convidado de honra.

Depois de celebrar com o pessoal do *chapter* em Zurique, pegamos as estradas europeias cheias de vento montados em Harleys full dresser. Percorremos as trilhas de moto e rodovias expressas da Áustria, Liechtenstein e Suíça. Quando cruzamos a fronteira da Suíça e entramos na Itália, um guarda da fronteira italiana tentou nos barrar – éramos mais de duzentos – detendo o trem inteiro e segurando o tráfego por quilômetros. Seu superior ficou maluco e falou para o cara que nos deixasse passar. Seguimos e fomos curtir em Milão.

O trem europeu era formado por Hell's Angels do mundo inteiro. Aquilo deixou clara a sintonia entre os membros americanos e internacionais. Você pode rodar pela Califórnia, Escandinávia, Austrália, África do Sul, Europa ou pelas florestas tropicais do Brasil, motociclistas são motociclistas, as máquinas são as melhores, e os Hell's Angels continuarão a acelerar até o fim da Terra. Até os agentes da lei atestam corretamente em seus manuais federais e relatórios institucionais do estado: o sol nunca se põe diante de um *patch* dos Hell's Angels.

Seguimos de volta para a Suíça, direto para os Alpes. Era a cadeia de montanhas mais alta que eu já havia percorrido: era tão íngreme que se revelava o trajeto através das nuvens. Eu estava no topo de tudo, aquilo era o máximo que já tinha experimentado – de corpo e alma – em comparação com Folsom Prison ou uma sombria cela de delegacia. Enquanto pilotava, pensei que, se pude aprender algo em minha trajetória de mais de quarenta anos como membro do clube, é que a liberdade custa caro. Refleti sobre o quanto eu precisava da estrada livre, um par de firmes guidões, um banco confortável e uma mulher agarrada a mim através de uma longa e sinuosa jornada.

    Meus pensamentos ganhavam força com o rugir de duzentas Harleys pelos Alpes. Eu sei que paguei um terrível preço pela minha liberdade. Aprendi da pior maneira que compreender meu coração é compreender o mal que habita dentro de mim. Não consigo me esconder atrás de tradições religiosas e heróis superficiais. É impossível evitar a natureza desumana do ser humano. Como um guerreiro, você precisa conhecer a dor e a tristeza junto com a alegria e a solidão. É para aqueles que desejam seguir acelerando – sempre em busca da liberdade – que eu escrevo estas palavras... E que os Angels possam reinar!

Hell's Angel

Trabalhando na minha moto, pouco antes da mudança para o Arizona e da transferência para o *chapter* de Cave Creek.
(foto: Tina Hager)

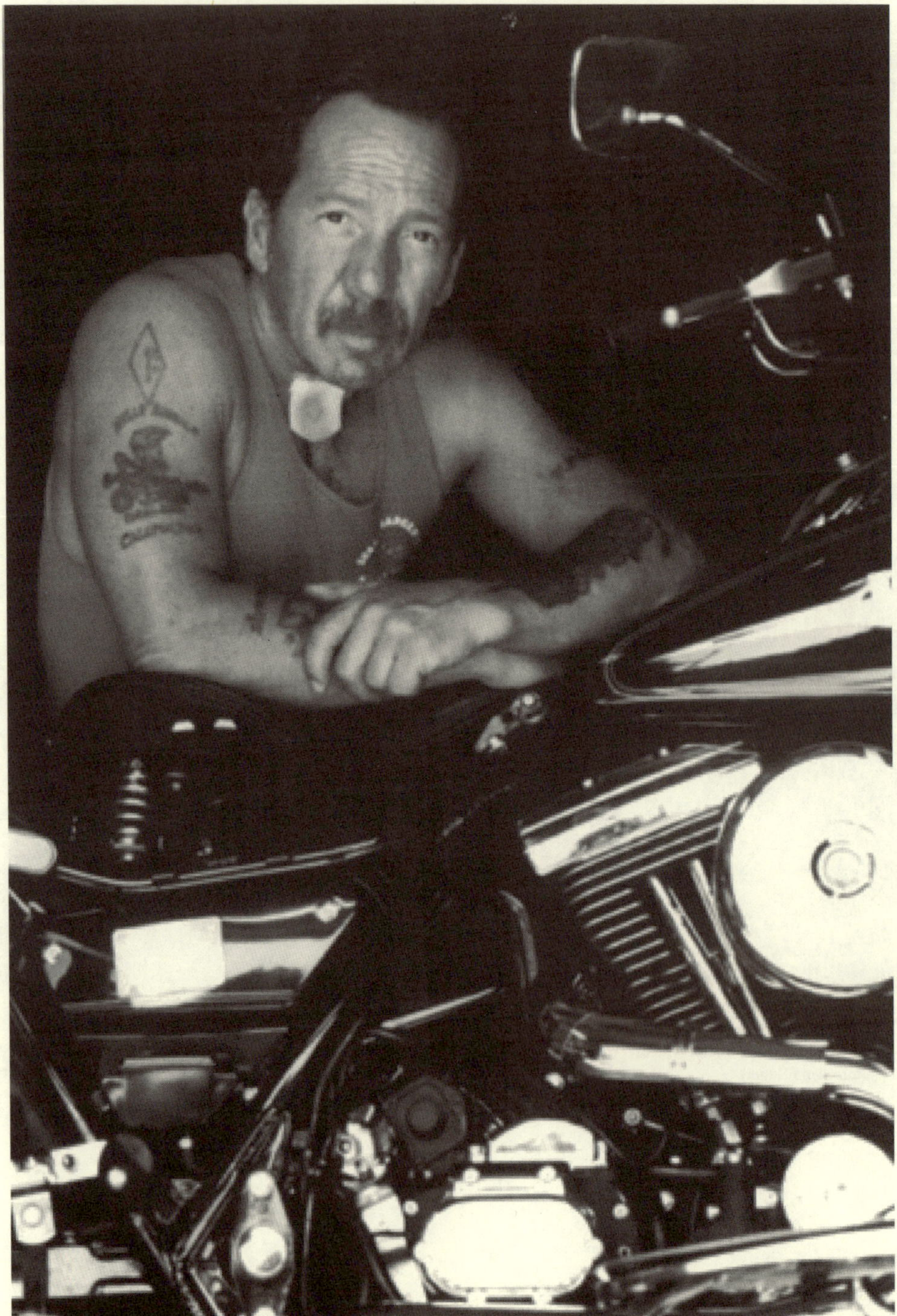

POSFÁCIO: O BALANÇO FINAL

A seguir, compartilho meu "histórico criminal" fornecido pelas autoridades. Trata-se de um apanhado bem completo, embora eu tenha certeza de que alguns delitos menores estão faltando:

Data da Prisão	Departamento Responsável e Implicação	Acusação
14/04/1957	DP de Alameda; Culpado; Três anos de condicional	Dirigir embriagado
17/02/1958	DP de Oakland; Culpado	Dirigir embriagado
18/03/1961	DP de Berkeley; Inocentado pelo júri	Desacato à autoridade
13/11/1963	DP de Oakland; Seis meses de condicional	Narcóticos
30/04/1964	DP de Oakland; Seis meses de prisão	Posse de maconha
13/02/1965	DP de Oakland; Condenado por agressão a mão armada com intenção de matar	Agressão a mão armada
16/10/1965	DP de Berkeley; Dispensado, nenhuma queixa apresentada	Agressão a mão armada
10/03/1966	Delegacia de Alameda; Seis meses de prisão	Agressão a mão armada
30/08/1968	DP de Oakland; Liberado	Posse de narcóticos
26/02/1969	DP de Norwalk; Implicação desconhecida	Posse ilegal, manufatura ou venda de determinado tipo de arma, posse de narcóticos
06/06/1970	ATF[1]; Implicação desconhecida	Compra ilegal de arma de fogo
11/06/1970	DP de Oakland; Acusações retiradas	Posse de drogas pesadas, comercialização de narcóticos
07/10/1970	Delegacia de Alameda; Implicação desconhecida	Posse de drogas pesadas, posse de narcóticos junto de posse de arma

---

1 Departamento de Justiça dos Estados Unidos, regula a comercialização de tabaco, álcool, armas de fogo e explosivos.

Data da Prisão	Departamento Responsável e Implicação	Acusação
30/10/1970	Oficial de Justiça dos EUA; Implicação desconhecida	Posse ilegal de arma
22/03/1971	Delegacia de Alameda; Implicação desconhecida	Criminoso portando arma de fogo, posse de armas perigosas, armazenamento de armas, posse de canivete
21/01/1972	DP de Oakland; Acusações retiradas	Sequestro, tentativa de assassinato, agressão a mão armada, criminoso portando arma de fogo
14/02/1972	Delegacia de Alameda; Culpado por cárcere privado; Sentenciado a Vacaville por tempo indeterminado em razão de posse de arma em concomitância com outras condenações	Agressão a mão armada, sequestro, delinquência
16/03/1973	Departamento de Justiça da Califórnia, Seção de Investigação; Implicação desconhecida; Registos criminais indicam "impossibilidade de associação com as acusações", mas assinalam sentenças de cinco a vinte anos, dois a vinte anos e seis a dez meses, todas em concomitância, além de dez anos a perpétua, consecutivamente	Posse de narcóticos, posse de maconha e drogas pesadas com intenção de comercialização
02/05/1973	Departamento de Justiça da Califórnia, Seção de Investigação; Condenado por cárcere privado; Sentenciado a seis meses a dez anos e seis meses a quinze anos, em simultaneidade; Liberdade Condicional em Alameda	Cárcere privado, ex-presidiário em posse de arma de fogo
13/06/1979	Oficial de Justiça dos EUA; Absolvido	Extorsão e formação de quadrilha
20/06/1987	Agência responsável pela prisão desconhecida; Culpado; 59 meses de prisão	Conspiração

EDIÇÕES ideal